読みながら考える
保険論

新訂版

田畑 康人 監修

伊藤 豪・田畑 雄紀 著

八千代出版

は し が き

　田畑康人・岡村国和の両名が協力して保険の入門書を書こうと話し合った
のは、今から 20 年ほど前に遡る。恩師の庭田範秋慶應義塾大学名誉教授に
は「君たちが入門書やテキストを書くのは 10 年も 20 年も早い」と常々いわ
れてきたが、二人は書きたかったのである。当時二人が書きたかった入門書
とは、「経済学のようにテキスト化された内容ではなく、お互いに自由に批
判できる内容で、しかも入門者としての読者も批判し考えることができる入
門書にしたい」というものであった。二人が出会うたびにこのような話をし
ていたにもかかわらず、それは実現しなかった。その理由は簡単である。二
人が理想とする入門書を書くには二人の能力があまりにも未熟で不十分で
あったからである。その意味ではまさに庭田先生のおっしゃる通りであった。

　そのような状況の中で私たち二人は、自分たち自身も保険理論の出発点か
ら見直さなければならないと考えた。なぜならば、保険について 30 年以上
も研究し続けてきたにもかかわらず、私たち自身がわからないことだらけで
あること、また、きわめて初歩的なことと思われる事項についても両者の意
見が食い違うことがしばしばあったからである。そして私たちは、「自分た
ち自身が十分に理解できなくて、受講生に教えることができるのか」という
素朴な疑問を持ったからである。

　また、「少なくともどこまで意見や考え方の一致がみられるのか、再確認
する必要がある」と考えた。さらに、一般消費者や受講生からは「保険は難
しい」と常にいわれ続けてきたが、私たち二人は、岡村ゼミと田畑ゼミの
10 年以上にわたるジョイントゼミナールを通じ、「難しいことをやさしく、
やさしいことをより深く」という点で二人の意見は一致した。

　「今回こそは何としても書こう」と決意したのは 2009 年の春であった。し
かし二人だけで書くのではなく、他の若手研究者にも手伝ってもらい、新た
な視点からの入門書を書き上げたいという点でも一致した。その際に最初に
浮上したのは福岡大学専任講師の伊藤豪君と同非常勤講師の根本篤司君（当

時）であった。両君は田畑・岡村両名の学部時代の教え子であると同時に、石田重森福岡大学名誉学長ならびに山口大学の石田成則教授（当時）に大学院で薫陶を受けた新進の研究者であったからである。

　このお二人の指導教授ならびに私たち二人はいうまでもなく庭田門下である。同じ恩師の下で育てていただきながら、私たち二人はあまりにも不肖の弟子であった。そのため何とか庭田先生にほんのわずかでも恩返しがしたいと考え続けていた。庭田先生からみれば、今でも本書の出版は早すぎたかもしれない。それにもかかわらず研究書ではなく入門書を書き、不肖の弟子の息子田畑雄紀まで執筆者に加えたことは、本当にご恩に反することであろう。だが、不肖の弟子が上述のような意識で入門書をしたためたことをお伝えすれば、「ご理解していただけるのでは……」と考えたのである。

　このような状況の中でどうにか原稿をまとめた矢先の 2010 年 4 月 27 日夜半、庭田先生の突然の訃報を受け取ったのである。私たち二人はまさに茫然自失の状態に陥った。庭田先生が重篤な病に冒されて手術されたことや、術後のご様子を私たち弟子一同こぞって心配していたのであるが、このようにあまりにも早くご逝去されるとは到底予測できることではなかった。私たち二人の真意については天国で苦笑いしながら、ご理解いただけると信じて、この稚拙な入門書を今は亡き恩師庭田先生に捧げたい。以上が『読みながら考える保険論［初版］』を上梓した経緯である。

　さて、今回［新訂版］上梓に至ったのは、岡村氏亡き後で（2021 年 4 月下旬に肺がんのため戻らぬ人となってしまった。詳しくは「あとがき」を参照されたい）、しかも田畑康人自身が完全に定年退職した後にもかかわらず、伊藤豪、根本篤司、田畑雄紀の 3 名が八千代出版の森口社長の仲立ちで 2023 年春ごろに後継の本を刊行する方向で話が進んだからである。しかし執筆の段階になると、詳しい理由は不明のまま根本氏は執筆者に加わることなく、私たちの前から去ってしまった。したがって執筆者は伊藤豪、田畑雄紀の二人だけになってしまい、田畑康人が監修に当たることになった。

　以上のような経緯で上梓された本書であるが、これは私の無二の親友岡村国和氏の墓前に供えたい。そう思うと、岡村氏の教え子であった根本氏の担

当部分がないことは、返す返すも残念である。根本氏を引き戻すことができなかったのはひとえに私の人徳のなさによるものと、天国にいる岡村氏に衷心から謝りたい。「本当に申し訳ないが、どうかご寛恕いただけるようあらためてお願いいたします」というのが、私、田畑康人の正直かつ素直な気持ちである。

　新訂版は１～３部で構成されるが、１部は増補改訂第４版と同じ「保険理論への招待」と題して田畑雄紀が１章～４章および６・７章を担当した。しかもその内容は、それまでに私田畑康人が書いたものをほぼ全面的に踏襲している。少し変わったところがあるとすれば、５章に「保険の経営形態」として伊藤氏が加筆したところである。１部全体にわたって保険理論の入門の入門、あるいは初歩の初歩を述べている。田畑康人としては「庭田保険学」の最も基礎的な部分をやさしく解説し、新たな時間的経過ならびに現実の変化を踏まえて保険理論の理解をより深められるように努力したつもりである。ここでは１部の内容についてあえて触れないでおく。読者諸氏にあらかじめ伝えておきたいことがあるとすれば、保険理論は庭田先生が目指した「保険学」にはいまだ遠く、「保険理論」としても統一性や科学性に欠けるというのが実情であるということだけである。

　２部は「生命保険」と題し、生命保険全体の基礎的部分について、その種類や制度的特徴、社会でのあり方などを軸とし、さらに現代的課題を含めて論じている。もとより保険学は実学であるので、理論はもちろん重要であるとしても実践・実務との融合も軽んじることはできない。生命保険の強調箇所の一つに、消費者の視点を踏まえつつ企業倫理・経営倫理の課題を論じた部分がある。これは保険学を愛して止まなかった恩師庭田先生の薫陶を直接・間接に受けた私たち全員の気持ちが込められている箇所でもある。そして３章に「生命保険と税金」を伊藤氏が新たに加筆した。これは上述の消費者の視点を踏まえたものであり、このようなことを含め、リスクの本質や保険の基礎、問題点そして現代的課題を素直に考えていただければ幸いである。

　本書最終部分の３部は、「社会保障の中核としての社会保険」と題して社会保障・社会保険の基礎的説明に加え、その主要問題とそれぞれの現代的課

題について、伊藤（2章、3章、5章）と田畑（雄紀）（1章と4章）の中堅研究者が新鮮な角度から存分に書いている。

　社会保障を論じる書の多くはその論調が悲観的であり、楽観的なものはほぼないといってよいであろう。それだけわが国の社会保障は財政的に苦しい状況にある。この原因はどこにあるのか。制度設計の誤りなのかそれとも運営の稚拙さによるものなのか。超少子高齢化社会の到来によるものなのか、これは判断が難しい問題である。しかし近年の社会問題にまで発展した公的年金の諸問題をみる限り、大方の国民の支持が得られていないことは事実であり、制度設計や見直しもさることながら国民として信頼し得る運営であったとは言い難い。

　このような状況で3部は、社会保障と社会保険の全体像を適度にデフォルメして概観し、社会保険の主柱となる制度が理解できるように配置した上で、少子高齢化社会を背景とした日本の公的年金、公的医療、介護保険等についてていねいに論じている。その論調は決して悲観的なものばかりではなく、事実を冷静に眺めつつも新たなスパイスがきいた味付けになっている。それがどのような形で表れているのかを考えながら読んでいただきたいと願っている。

　とにかくこの新訂版は、増補改訂第4版のように石田重森、石田成則両教授ならび一圓光彌関西大学教授への感謝を忘れるものではないが、一人になってしまった不肖の弟子田畑康人がご恩と感謝の気持ちを込めて庭田先生の墓前に捧げると同時に、わが親友であり根本氏の指導者でもあった岡村国和氏の墓前にも捧げたい。どうか天国でお二人にご一読いただき、残された私たちにさらなる鞭を与えていただきたいと願うばかりである。

　末筆になるが、本書ができあがるまでに編集方針からタイムスケジュールまで事細かにご助力の上、きめ細かく内部校正をして下さった八千代出版の森口恵美子さんに改めて御礼を申し上げたい。森口さんの仕事の手際よさにはただ驚かされるだけでなく、校正においてもその知識量と検索能力の秀逸さに本当に助けていただいた。この感謝の気持ちは監修者だけでなく、伊藤豪・田畑雄紀の二人も感じているところであろう。3名を代表して御礼申し

上げたい。

　最後に、改めて庭田先生と岡村氏のご冥福をお祈りし、執筆者代表の言葉とさせていただきます。

2024 年 1 月
能登半島地震の大被災地域である北陸および能登地方に大雪警報が発せられている 1 月末に。どうぞこれ以上の被害をもたらしませんように……

田 畑 康 人

目　　次

3部　社会保障の中核としての社会保険

1部

保険理論への招待

1章

現代社会における「危険」と保険

● キーワード ●

危険、**封建時代**、個人主義、自由主義、資本主義、自己責任、リスク、ペリル、ハザード、純粋危険、投機的危険、不確実性、情報の非対称性

1 保険理論からみるリスクとしての「危険」の概念

1 時代によって異なる「危険」の概念

　保険についてまったく知識がなく、まさにこれから保険を学ぼうとしている方には、突然**危険**の話から始まる本書に困惑されるかもしれない。しかし、保険論で扱う「危険」と日常の「危険」との違いを押さえておくことは、保険を学ぶに当たって非常に重要なことである。保険の世界での「危険」と日常で用いる「危険」の意味の違いに、違和感を覚えながらで構わないので、まずは読み進めてもらいたい。

　私たちは日常生活において「危険」とか「危ない」[1]という言葉を非常によく使う。幼い子どもが少し高いところに上ろうとすると「危ない（危険だ）から、やめなさい」とか、ドライブでスピードの出しすぎや脇見運転などをするときも「危ない・危険」という。

　また、「危険」の例を考えてみると、交通事故、火災や爆発、あるいは洪水、地震、噴火、テロ……など、たくさんの例が思い浮かぶ。学生たちは自らの勉強不足を知ってか知らずか、「明日の試験はヤバイ（＝危ない）」[2]など

1　ちなみに国語辞典（『広辞苑』第6版）で「危険」を調べてみると、「危ないこと。危害または損失のおそれがあること」とされ、「危害」については「生命または身体をそこなうこと」とされている。

ともいう。何かの勝負事や企業の戦略決定でも「これは危険な賭だ」ということもあるだろう。これら以外にも多くの場所・場合に「危険（危ない）」という言葉を用いて表現しているはずである。しかしそこで用いられている「危険」の意味はすべて同じであろうか。

ドイツには「危険なければ保険なし（Ohne Gefahr keine Versicherung）」という諺がある。また、アメリカの保険学会が発行する学会誌は、"*The Journal of Risk and Insurance*"という。これらの諺や学会誌のタイトルからわかることは、保険（insurance）が「危険」と密接に関わっているということである。しかし、「危険」の意味や人々の危険認識が時代や地域を越えて一致しているわけではない[3]。

たとえば、わが国の**封建時代**（ここでは江戸時代を例にする）[4]、士農工商という身分制度の中で最上位に属する武士について考えてみよう。武士が住んでいた家屋が火災や天災で失われたとしたら、その後の生活はどうなったであろうか。その家屋は藩主・領主からの拝領物であり、火災などの被害が生じた場合、藩主の名において再建されるか、別の家を拝領できた。たとえば大名屋敷などでも、失火（過失による出火）によって屋敷が焼失しても他家に延焼せずに自家の門が焼け残れば、責任は問われなかったという[5]。

また、一家の主人が病気などで急逝したとしても、その武士が得ていた家禄（禄高＝所得）は世襲であったため、跡継ぎさえいれば、遺族の生活が困ることはなかった。したがって、現代とほぼ同じ現象の火災や人の死であって

2　ただし、「ヤバイ」は「あいつサッカーがヤバイくらいに上手い」というように、「危険だと感じるほどに優れている」というような、よい意味で使われることもある。

3　筆者の田畑康人は、日本人の場合「危険」の意味や認識の違いを理解することが保険理論の出発点としてきわめて重要なことと考えているため、講義でも日本語の「危険」およびその意味や考え方について多くの時間を割いていた。

4　一般的に「封建制度（封建主義）」というのは feudalism の訳語（最初に訳したのは福澤諭吉『文明論之概略』）であるが、歴史学会などにおける統一的見解はいまだ存在しないようである。したがって、ここでは高校までの歴史の教科書的意味合いで、「土地を媒介とする人的従属関係（主従関係）」と「土地に対する権益」という2つの特徴を持つ時代をイメージしている。このような特徴は日欧の封建時代に共通してみられるからである（今谷 2008、p. 4、pp. 78-90）。

5　山本（1993、pp. 224-226）。ちなみに同書によれば、明確な規定はなかったが失火3回で江戸市外（朱引外）へ屋敷換えとなったという。なお Wikipedia で「江戸の火事」を検索すれば当時の様子をある程度知ることができる。

「村八分」と現代の「いじめ」

　本文中に述べたように、たとえ村人として仲間はずれにされる村八分になっても、特に火災や葬儀など（八分の残り二分）、本当に困っている場合は村人の一員として助けてくれたのである。したがってここでも火災保険や生命保険は不要であったが、もっと人間的に重要なことも発見できる。

　現代の子どもたちの世界や学校生活でよくみられる「いじめ」や「仲間はずれ」も村八分の延長線上にあると思われる。その証拠に、仲間はずれにすることを関東方面では「ハブにする」とか「はぶ」という。名古屋を中心とする東海地方では「ハバ」とか「ははばっち」というように「八分（はちぶ）」という発音から出ていることが類推される（読者の地方では子ども時代に何といっていたであろうか）。

　しかし昔からの「村八分」との決定的な相違は、最後の最後まで無視したり、死に追いやるまでいじめ抜いたりせずに、本当に困っているときには助けてあげた点である。最近では大人の世界、すなわち「企業内いじめ」や「企業内仲間はずれ」もあると聞く。こうしたことから、2022 年 4 月から「労働施策総合推進法（通称：パワハラ防止法）」が完全義務化されることとなった。このような時代であるからこそ、本来的な意味の村八分を理解し直してもらえれば、学校や企業のいじめや仲間はずれもそれほど大きな問題にまで発展せずに抑制できるかもしれない。保険論の出発点でこうしたことも考えてもらえれば、と願うものである。

も、武士たちは、保険理論で考えるような意味の「危険」としては認識する必要がなかったといえる。だからこそ、現代の私たちの生活で必要不可欠になっている火災保険も生命保険も必要なかったのである。

　現代風な意味で武士として生活に最も困ることは、藩の取りつぶしであった（江戸時代以前であれば、戦乱などによる領主の敗北であった）。したがって、そのようなことがないように自らの命に代えて藩主・領主に尽くしたのである。次に困ることは、世襲制度の中で世継ぎ・跡継ぎとしての子ども（特に男子）が生まれないことであった。家督相続ができなければ、経済的安定が保てなくなる（家の断絶）。したがって、その種の意味の危険対策として養子制度などがきわめて発展したと考えることもできる。

　また、江戸時代の人口の大部分（80％以上）を占めていた農民についても考えてみよう。農民の生活は藩の命令に束縛されるだけでなく、まさに**村落共同体**の決まり（掟：おきて）によって束縛かつ支えられ、村民一人ひとりの

自由はほとんどなかった。田植えも稲刈りも冠婚葬祭も村人が総出で協力し合っていた[6]。その代わり火災などが発生した場合、村人が消火や再建に協力してくれたのである。病気や災害の場合も同じであった。

　農民として最も生活に困ることは、村人として仲間はずれにされること、特に江戸時代以降行われ始めたといわれる**村八分**になることであった。しかしこの村八分とは、村人として8割（八分）方認めないという意味であって、完全に無視ないし仲間はずれにすることではなかった。残り2割（二分）、少なくとも火災と葬儀の際には、たとえ村八分になっていても助けてくれたのである。だからこそ村落共同体の中にいれば、火災保険も生命保険も不要だったのである（当時の商人や職人についてはどうであったか、ぜひ考えてもらいたい）。

② 現代社会におけるリスクとしての危険と保険の必要性

　他方、私たちが生活する現代社会はどうであろうか。図表1-1-1に示したように、現代社会では一人ひとりの国民が法の下に平等の人格が認められ（**個人主義**）[7]、公序良俗に反しない限り自由に活動する権利を有している（**自**

図表1-1-1　資本主義的経済社会におけるリスク認識の必然性

（監修者作成）

6　世界遺産で有名な岐阜県白川郷の合掌造りの家は、現代でも屋根の葺き替えや冬支度などについて、あらかじめ村で順番を決め、村人総出で作業をしている。

7　個人主義と利己主義を混同している場合も多いので注意を要する。個人主義は上述の意味で捉え、英語では individualism という。それに対して利己主義は「自己の利害だけを行為の規準とし、社会一般の利害を念頭に置かない考え方（『広辞苑』第6版）」で、英語では egoism である。ただし英和辞典でも individualism を個人主義と利己主義の両方で訳しているものもある。

由主義)。この個人主義的自由主義は経済活動にも当然認められる。このような経済運営を基礎とする社会を**資本主義**的経済社会という。逆にいえば、資本主義的経済社会の基本的精神が個人主義と自由主義であると考えてもよい。

　そして個人の自由に基づく経済活動の結果、利益が得られれば、それを私有できる。これは当然の権利である。それに対して経済的自由の結果、不利益が生じた場合、その不利益は私有しなければならない。すなわち、個人が義務として受け入れなければならない。起こったことすべてが個人の自由の結果であるから、原則的には誰も助けてくれない。したがって資本主義的経済社会では、個人はそこで生じた不利益を自らの力で処理することが原則となる。このような社会を**自己責任の社会**とか**自助の社会**という。だからこそ現代社会で経済生活・経済活動を営む私たちは、「個人として経済的不利益を被る可能性」[8]という意味で**リスク**（risk）としての「危険」を必然的に認識しなければならない。ここでいう個人とは単なる一人ひとりの個人を指すだけでなく、家計や企業、組織などを含む概念である。

　リスクの概念を最も簡単かつ広義に表現すれば、「不利益を被る可能性」とも表現できるであろう。このような概念は日常生活で日本人が用いている「危険」の概念にも通じる。「可能性」という言葉からもわかるように、リスクとは将来の事象・事柄・状態などを意味している。

　しかし保険理論では、そこに生じる不利益が経済的（金銭的）に評価できる事柄を研究対象とすることから、より厳密に「経済的不利益を被る可能性」として特定していく。そして肉体的不利益（肉体的苦痛・痛みなど）、あるいは精神的不利益（苦しみや悲しみ）を研究対象から除くのが一般的である[9]。このようにして、その不利益を被る主体を特定すれば、最終的にはリスクを「個

8　単に「不利益を被る可能性」とすれば、最広義のリスクまたは危険と考えることができよう。しかしここでは保険が主として個人としての経済活動に関わる経済的制度であるため、このように定義した。このようなリスクとしての危険の概念は、筆者である田畑康人の危険と保険に関する 30 年以上の研究結果から導かれたものである。リスクとしての危険をこのように捉えることによって、社会科学的な一つの方法論としての「歴史→理論→政策（または予測）」という考え方に従っても、リスクと保険の関係を理解しやすくなる（社会科学的方法論に関する筆者の見解については、愛知学院大学商学部〔2013、pp. 3-10〕および本書 1 部 3 章 column 3 を参照されたい）。なお、リスクと危険に関するより厳密な筆者の考察については田畑（2004、pp. 231-239）で述べている。

人として経済的不利益を被る可能性」と定義することができよう。

　人間は危険（ここではリスク）を認識すれば何らかの対策を必要とするであろう。その対策の一つとして考え出された制度が保険なのである。だからこそ、現代社会で経済活動する私たちは、上記のような意味でリスクとしての危険を必然的に認識し、その対策の一つとして保険を必要とするのである。

　もちろん、英語の risk（リスク）もかなり多義的で、保険やリスクマネジメントの専門書でも risk について明確な定義がなされない場合もある[10]。また、「危険とリスクの概念が、それを用いる科学者の数だけある」[11] ともいわれている。

2　「危険」の多義性と日本人の「危険」認識

　保険理論を学ぶ出発点において、リスクとしての危険を「個人として経済的不利益を被る可能性」と一応定義したが、日本語の「危険」はきわめて曖昧で多義的である。たとえば、リスクの他に英語の peril や hazard、danger、exposure、jeopardy なども日本語では「危険」と訳されるか英語をそのまま用いる。しかし保険理論では少なくともリスクの他に、ペリルとハザードについては以下のように明確に区別している。

- **リスク**（risk）：個人として経済的不利益を被る可能性（本書で用いる最も基礎的で最広義のリスクの意味）。
- **ペリル**（peril）：リスクを実現させる事象・事故そのもの。リスクの原因となる事故や災害。例として、交通事故、火災、地震、噴火、洪水その他の自然災害、病気、怪我など。
- **ハザード**（hazard）：ペリルの発生確率を高めたり、ペリルの結果生じる

9　ただし、保険理論が人々の精神的不利益や肉体的不利益を軽視するものではないことはあえて断っておきたい。不完全な形ではあるが、損害賠償における「慰謝料」などの概念は被害者側の精神的・肉体的苦痛（pain and suffering）に対するものである。

10　Harrington & Niehaus（2004）でも risk についての多義性を述べながらも（pp. 1-2）、必ずしも明確な定義はされておらず、いきなりビジネスリスクの種類とその例示から始まっている（pp. 4-6）。

11　土方・ナセヒ（2002、p. 189）。

不利益を増大したり悪影響を及ぼす事情・状態。たとえば、ペリルとしての交通事故を例とするならば、スピードの出しすぎ、脇見運転、悪天候、アイスバーンなど。

　地形や断層の関係から地震や洪水の被害が大きいと、各自治体などが予測する地域を地図に表したものをハザード・マップというが、このハザードの使い方が正しいのである。余談ながら、自動車についているハザード・ランプの意味もぜひ考えてみてほしい。日本ではハザード・ランプを感謝の意味で使う場合があるが、少なくとも英語のハザードに「ありがとう」という感謝の意味はない[12]。

　この他に、生命や身体が害される可能性や状況・行為についても日本語では「危険」というが、英語では danger という単語が主として用いられるようである。サッカーなどで最初の5〜10分および最後の5〜10分をデインジャラス・タイム（dangerous time）というが、それは選手たちの集中力が欠けやすい時間帯で、チームとして致命的打撃を受けやすいことを意味しており、決して risky time とはいわない。また、何らかの罠や策略に陥って各種の不利益の可能性に遭遇してしまう状況や状態については jeopardy という単語をよく用いるようである[13]。さらに、お金や財産などがリスクにさらされている状態やその程度については exposure という言葉が用いられたりする。最近では金融論などでも、外貨建て資産などが為替変動リスクなどにさらされている状態を**エクスポージャー**ということもある。また、将来に関する不透明感や不確実性に対しては uncertainty という言葉があり、「一寸先は闇」という意味で risk と無差別に用いられることもある。

　しかしこれらを日本語で表現しようとすれば「危険」または「危ない」ということになろう。これら以外にも英語にはそれぞれの状況を表す単語が数

12　また、医学や薬学などでも、喫煙が肺がんの発生確率を高めることを「スモーキング・ハザード（smoking hazard）」というそうである。この点については元愛知学院大学薬学部四ツ柳教授から示唆を得た。また、リスク、ペリル、ハザードの使い分けを明確にするために、それぞれ「危険」、「危険事故」、「危険事情」と訳し分ける場合もあるが（近見・堀田・江澤　2016、p. 4）、最近はカタカナ表記が一般的になっている。
13　たとえば、無実であるにもかかわらず何らかの事情で有罪になってしまうような状況や、「振り込め詐欺」などにだまされそうな状態といってよいかもしれない。

多くあるようである。また、中国語でも「危険」の他に、険情・険状、風険、危境など、きわめて多くの単語があり、意味的に重なる部分はあるものの、それぞれの「危険」な事象、状況、状態など使い分けて表現するそうである[14]。

　それに対して、なぜ日本語には「危険」一語しかないのであろうか。言葉や単語は、人々がその事象・状況などに関心を持ち、「表現したい」、「伝えたい」と思えば生まれてきたり、つくられたりするそうである。季節の移ろいや花鳥風月に関する日本語はきわめて多い。それは日本人がそれらの事柄に強い関心を持っていたからであろう。そうだとするならば、日本人の場合、各種の「危険」なことについてあまり強く関心を持たなかったか、持ったとしても danger などが中心で、それ以外の危険についてはあまり関心を持たなくても暮すことができたと考えることもできる[15]。

　しかし現代社会においては、危険（＝リスク）を直視し、客観的かつ冷静に判断し行動することが求められる。それが現代的リスクマネジメントの出発点でもある。種々の個人的活動に関わるリスクはいうまでもなく、ビジネスに関わるリスクについて考えようとするならば、まずこの日本的弱点を素直に認識し理解することから始めることが重要であろう。

　本節の最後に日本語の「危険」と保険理論における「危険」について再確認しておく。保険理論の中ではリスク、ペリル、ハザードの区別が特に重要であるが、いずれも「危険」という一語を用いることが多いので、文脈によってその意味を区別して判断することが重要になる。また、保険理論ではデインジャーという意味での「危険」という言葉は、ほとんど用いられないの

14　ちなみに、筆者の田畑康人が大学院ゼミ生と各種の中英・英中辞典や中国のリスクマネジメントに関する文献やインターネットで調べた結果、Risk Management は、中国語では「危険管理」ではなく「風険管理」と訳され、一般化されているようである。その例として Bessis, Joel, *Risk Management in Banking* が中国では Joel Bessis 著・史建平訳（2009）『銀行風険管理』中国人民大学出版社、および顧孟迪著（2006）『風険管理』精華大学出版社を挙げておく（実際に入手していないので参考文献には挙げない）。この他に翟建華（2016）pp. 2-8 をみるとリスクをすべて「風険」と捉えていることが窺える。

15　日本人は古来より、言葉には魂があるという「言霊（ことだま）」信仰があり、悪い事柄・不吉な事柄を口にするとそれが実際に起こってしまうように思う傾向があるという（田村　2006、pp. 83-89）。また、かつて話題になったイザヤ・ベンダサン著『日本人とユダヤ人』において、「日本人は水と安全はタダだと思っているようだ」と揶揄された日本人観については田村（1990）「第2章」に詳しい。

で注意を要する。

3 保険理論におけるリスクの主要な分類と保険の関係

　上述のように、リスクを「個人として経済的不利益を被る可能性」と広義に定義したが、この定義だけではリスクの全体像を理解することはできない。従来の保険理論をみても、リスクを少なくとも3種類程度に分類するのが大多数であった。

　その中で最も一般的なのは、pure risk（**純粋危険**）と speculative risk（**投機的危険**）という分類法である。純粋危険とは、ある事象が発生すれば不利益のみが生じるリスクをいう。たとえば、地震、噴火、洪水などの自然災害や火災、交通事故、あるいは各種の病気などのペリル全般がこのリスクを実現させる。他方、投機的危険は、その事象の発生または行為の結果によって利益・不利益両方の可能性があるリスクをいう。例を挙げるならば、各種の賭博や投資行為、あるいは新製品開発などに伴うリスクといえよう。

　次に挙げるべきは、dynamic risk（**動態的危険**）と static risk（**静態的危険**）という分類であろう。動態的危険とは、政治、経済、社会などの変動や技術などの変化によって生じるリスクを意味する。たとえば、革命や政変などに伴うリスク、技術革新や嗜好の変化によって生じる陳腐化や売上高の減少、IT化の進展に伴って増加しているハッキングや情報漏洩などによって生じるリスクを挙げることができる。それとは逆に、静態的危険は、政治や経済・社会などの変動などとは無関係に生じるリスクを意味する。例を挙げるならば、自然災害や各種の事故、病気などのペリルに伴うリスクである。

　3番目は、subjective risk（**主観的危険**）と objective risk（**客観的危険**）の分類である。主観的危険とは、個人の心理状態や価値観などによって影響されるリスクであり、たとえば、個人の恐怖感や愛着などによって不利益の大きさの評価あるいは発生確率などの評価が変化する場合をいう。より具体的にはがんに対する恐怖によって不利益や発生確率を過大評価してしまう場合や、親の形見や家宝の盗難被害などについては、その当事者にしかわからない不

利益となろう。それに対して客観的危険は個人の心理状態や価値観などにあまり影響されないリスクといえる。たとえば、多くの人々に共有されている価値観や一般的な市場価値として評価できるリスクで、一般家屋の火災や各種事故や災害の結果生じる不利益の可能性やその大きさなどである。

　上記の主要な分類において保険で対処しやすい危険・リスクは、純粋危険、静態的危険および客観的危険であると一般的にいわれている。そして、とりわけ純粋危険が最も保険の対象としやすいと考えられている。逆にいえば、保険は主として純粋危険に対処するための制度であるといえる[16]。

　この他にも general risk（一般的危険）⇔ individual risk（個人的または個別的危険）、fundamental risk（基本的危険）⇔ particular risk（特殊的危険）、natural risk（自然的危険）⇔ human risk（人為的危険）など、数多くの分類がある[17]。このようなことからも保険理論におけるリスクへの関心の高さがわかるが、保険理論的にはこれらの分類から新たに学べることはほとんどない。

4　隣接分野にみるリスク概念とその多様性

　日本語における「危険」の意味が曖昧かつ複雑多岐にわたるにもかかわらず、リスクとしての危険も多くの分類や種類があることがわかった。しかし「危険（リスク）」を研究対象とするのは保険理論だけではない。最近では保険理論以外の多くの分野でリスクを研究対象とするようになってきている。それはあらゆる活動の中でリスクが無視できなくなっており、企業活動・ビ

16　このような旧来の保険理論的なリスク分類における pure risk の定義に対し、最近では新たな問題提起がなされている。それによれば、pure risk においてまったく利益（gain）が生じないと考えるのは誤りで、当該企業の予測損害よりも実際の損害が少なければ、その分だけ gain が生じていると考えられる。その結果、当初予測よりも企業価値は増大する可能性がある。この gain は企業が当初予測した原材料価格がその後値下がりしたときに得られる gain によって総利益が増大し、その結果企業価値が増大するのと何ら変わりがないという（Harrington & Niehaus 2004, p. 7, note 3）。この指摘はきわめて斬新で、保険理論的に再検討を要する課題であろう。

17　これ以外には金銭的損失が伴うか伴わないかによって、financial risk と nonfinancial risk に分類しているものもあるが、上述のように保険理論的なリスクの定義では「経済的不利益」を対象にしているので、この分類は明示しなかった。この点について詳しくは Vaughan & Vaughan（1995, p. 8）を参照されたい。

ジネスにおいてもリスクとそのマネジメントが不可欠になってきているからであろう。

　しかし、リスクを研究対象としているそれぞれの学問分野において、リスクの意味が必ずしも同じではないというのが実情である。リスクを的確に理解するためには、この点も十分に認識する必要があろう。各種の状況でコミュニケーションする場合、当事者同士が用いるリスクの意味が異なっていることに気づかなければ、予想もしない結果につながる可能性もある。したがって、リスク・危険について考える場合、そこで用いられる危険（少なくともリスク）の意味やその認識が一致していることが重要になる。

1　リスク理論、リスクマネジメント理論におけるリスクの概念

　risk theory や risk management theory はそれぞれ「危険理論（危険論）」、「危険管理論」と訳されたりしているが、後者は「リスクマネジメント」のままで用いられることが多くなっている。しかし本来「危機管理」と訳すべき crisis management または emergency management がリスクマネジメントと無差別に用いられていることもある[18]。そして最近ではその傾向がますます強くなり、危険（risk）と危機（crisis）を区別することは無意味という考え方もある。しかしより正確には危機管理はリスクマネジメントの一部と考えられ、あえて区別すれば、危機管理は純粋危険とそのリスクコントロールが中心で、リスクマネジメントは投機的危険とそのリスクファイナンスが中心になるといわれている[19]。

　いずれにしても risk theory や risk management の分野においては、リスクを「起こりうる結果の多様性ないしその多様性の程度」とする場合が多い。たとえば、図表1-1-2 に示したようにある行為をした場合、その結果が必ず特定の一つの結果に結び付くのであれば（これを「1対1対応」という）、そこには「リスク・危険はない」と考える。それに対して、ある行為の結果

18　この点に関しては亀井（2004）「第1章」および亀井・亀井（2009）「第1章、第2章」に詳しい。なお、同書は最近のリスクマネジメントに関する文献の中でも基本に忠実で理解しやすい。
19　亀井・亀井（2009、pp. 10-11）および亀井克之（2011、pp. 8-17）を参照されたい。

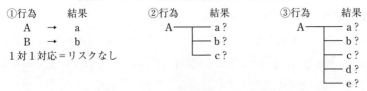

図表1-1-2　結果の多様性としてのリスク

①行為　　　結果　　②行為　　　　結果　　③行為　　　　結果
　A　→　a　　　　A ┬ a?　　　　　A ┬ a?
　B　→　b　　　　　├ b?　　　　　　├ b?
1対1対応＝リスクなし　　├ c?　　　　　　├ c?
　　　　　　　　　　　　　　　　　　　　　├ d?
　　　　　　　　　　　　　　　　　　　　　└ e?

1対多対応＝リスクあり
行為②のリスク＜行為③のリスク
それぞれの確率分布を考慮することによって、リスクの大小を考えようとする。

（監修者作成）

が複数予測され、そのいずれかの結果が起こる（1対多対応）とすれば、「リスク・危険がある」と考える。そして起こり得る結果が多様であればあるほど「リスクが大きい」と考えるのである。

2　金融論などにおけるリスクの概念

　金融論や投資論あるいは財務管理論などでもリスクという言葉が多用される。このような分野ではナイト（Knight, F. H.）の考え方を踏襲し、リスクと**不確実性**（uncertainty）を区別して考えていたようである[20]。この分野でも「結果の多様性」をリスクというが、その確率分布がわかっている状態をリスクとして捉え、確率分布が不明の場合、**真の不確実性**が存在するという表現をし、不確実性を研究対象から除く傾向があった。そしてリスクをより限定的に捉えるために、特定の行為・状況によって実現される利益が期待利益を下回る確率およびその程度をリスクと考えるのである。そして最近では、より具体的にリスクと同じ意味で**ボラティリティ**（volatility）という言葉も使用され、過去の統計から得られた期待利益に対する負の標準偏差の大きさで計測・比較する場合が多い[21]。

　そしてこのような分野では、為替変動などによる不利益の可能性（リスク）にさらされている状態（exposure）にある資産を危険資産・**リスク資産**（risk

---

20　詳しくはナイト（1972、pp. 66-67）および同書「第7章」を参照されたい。
21　植田（2017、p. 15）ではリスクを「お金を運用した結果（大まかには利子率、正確には利回り）が前もって正確には予想できないこと。あるいは予想できない程度」とも表現されている。

asset)、そうでない資産を**無リスク資産**（risk free asset）などと呼んだり、リスク資産そのものをエクスポージャーといったりする。

このように金融理論関係では、近年の金融工学の発展と**デリバティブ**（derivative：**金融派生商品**）の多様化・複雑化に伴って、リスク概念も複雑になってきている。しかし共通しているのは「結果の多様性ないしその程度」の大きさを何らかの意味でリスクと捉える点である。ただし、そこで意味するリスクを十分に理解することはますます困難になってきているので、その言葉を用いている本人に素直に尋ねてみることが重要であろう。

③ 経済学におけるリスクの概念

自然科学において物理学が科学の王（King of Science）といわれるのに対し、社会科学の女王と呼ばれる経済学ではどうなっているのであろうか。利潤の潜在的源泉は、保険不可能なリスク（ナイトのいう「不確実性」）を負担することにあるという認識は古くからあるものの、近代経済学、特にミクロ経済学の華々しい発展の中で、リスクそのものに関する研究は必ずしも十分に行われてこなかったというのが実情であった[22]。

経済学の中でリスクとしての危険が分析対象として注目されだしたのは、1960年代に従来の経済学に不満を持ったアロー（Arrow, J. K.）らが中心となってアメリカで発展した新しい経済学の分野、とりわけ「**不確実性の経済学**（economics of uncertainty）」あるいは「**情報の経済学**（economics of information）」といわれる分野で、分析手法としてのゲームの理論やエージェンシー理論（agency theory）の発展の結果といっても過言ではない。詳しい説明は他に譲るが[23]、それまではミクロ経済学の中にリスクの概念はなく、したがってほとんど研究対象にもならなかったのである。

これらの分野では、知識・情報の不完全性・不足、あるいは**情報の非対称**

22　経済学における保険の位置については、庭田（1995、pp. 9-30）に詳しい。そこではマルクス
　経済学と近代経済学の中で保険がどのように理解されてきたか詳しく述べられている。しかしそ
　この記述でも明らかなように、リスクそのものの研究内容は必ずしも明確ではなかった。

23　この点に関しては、田畑（1996）を参照されたい。

性（asymmetry of information）または偏在によって生じる不確実性ないし結果の多様性としてリスクを捉える。したがってこれらの新しい経済学の分野では、リスクと不確実性を同じものとして理解し、金融論にみられたような確率分布の把握可能性による区別はしない。つまり経済学では、客観的確率の他に主観的確率の概念も導入しながら、経済学が前提とする経済主体としての「経済人（homooeconomicus：economic man）」であるならば、そこにおける主観的確率もある一定の合理性があると見なすのである[24]。

④ 分野によるリスク概念の相違と保険理論の新たな展開

　これまでの説明で、保険理論の中だけでなく、他分野においてもリスクの概念に大きな相違があることが明らかになった。しかし保険理論と他の隣接分野を比較すると、以下のようなリスク概念の違いがあることが理解できよう。保険理論では、リスクの原因として認識される特定事象や状態について、保険者的立場からそのリスクが保険的に対処できるかどうか、つまりそのリスクの保険化が可能かどうかを中心に、リスクを定性的に捉えようとする。

　それに対して隣接分野では、リスクを被る側・負担する側から考察し、量的に把握しようと定量的に考える。その結果、リスク測定の可能性を前面に打ち出し、リスクに対して積極的に対処しようとする。そしてより合理的行動・対策にまで踏み込もうとする。

　また、保険理論では被る可能性のある不利益・損害に重点が置かれるのに対し、隣接分野では結果の多様性を重視することから、利益・不利益両方の可能性を常に意識して分析対象とすることができる。したがって利益の可能性としてのチャンス（chance：好機）についても考えが及ぶようになる。このように考えてくると、個人や家計、あるいは一般企業や組織にとっては、保険理論よりも隣接分野のリスク概念の方が圧倒的に魅力的であろう。

24　情報の非対称性という概念は最近のミクロ経済学の入門書でも必ず説明されており、「当事者の一方がより多くの正確な情報・知識を持っているのに対し、もう一方の当事者は不十分・不正確な情報しか持っていない」ことを意味する。また、主観的確率の合理性などの点についても詳しくは田畑（1996）を参照されたい。この部分については、本書1部4章2-④でさらに詳しく述べる。

このようなことから、最近では保険理論でも他分野の成果を受け入れ、リスクの定義をより定量的に捉えられるように見直す傾向がある。そこでは、不利益の可能性すべてをリスクとするのではなく、金融論的な**ダウンサイド・リスク**（downside risk）という新たな概念を導入したり[25]、「リスクとは、（個人が）望ましいと期待している結果とは逆の（望ましくない）方向に向かわせるような可能性の程度」[26] としたりする。また、保険理論とリスクマネジメント論の接近から、「リスクとは平均値としての発生確率や予測損害の程度を指す場合も多いが、起こりうる結果の多様性とその程度も意味する」[27] というものもみられるようになった。このようにリスクマネジメントや金融論の定義を部分的に採用することによって、リスクを量的に把握し、比較検討できるように努力しているのである。

練習問題

1　今まであなたが使っていた「危険」という言葉の意味と保険理論における各種の危険の意味を比較し、それらを使い分けられるように例を挙げながら説明しなさい。
2　現代社会におけるリスクとしての危険認識の必然性と保険の必要性を説明し、隣接分野のリスクの意味や使い方とリスクに対するあなたの考え方も述べなさい。

● 引用・参考文献

愛知学院大学商学部編（2013）『新・商学への招待』ユニテ書店
今谷明著（2008）『封建制の文明史観』PHP 新書
植田和男著（2017）『大学4年間の金融学が10時間でざっと学べる』KADOKAWA
亀井克之著（2011）『リスクマネジメントの基礎理論と事例』関西大学出版部
亀井利明著（2004）『リスクマネジメント総論』同文舘出版

25　ダウンサイド・リスクとは株式投資などで値下がりリスクを指すことも多いが、下がり始めた証券価格がさらに下がる可能性としてのリスクも指す。このようなことから、保険理論では、不利益の可能性の中でも自己の負担能力を超えるような確率分布の範囲を指す場合にも用いられる（生命保険文化研究所　1998、p. 208）。
26　Vaughan & Vaughan（1995, p. 5）.
27　Harrington & Niehaus（2004, pp. 3-4）.

亀井利明・亀井克之著（2009）『リスクマネジメント総論（増補版）』同文舘出版

生命保険文化研究所編（1998）『生命保険用語英和辞典』生命保険文化研究所

田畑康人（1996）「保険理論としての経済学の出発点」『保険研究』第48集、慶應保険学会、pp. 59-78

田畑康人（2004）「ビジネスリスクとその対応（1）」愛知学院大学論叢『商学研究』第45巻第1・2号、愛知学院大学商学会、pp. 229-249

田村祐一郎著（1990）『社会と保険』千倉書房

田村祐一郎著（2006）『掛け捨て嫌いの保険思想』千倉書房

近見正彦・堀田一吉・江澤雅彦編（2016）『保険学［補訂版］』有斐閣ブックス

ナイト, F. H. 著、明治大学経済学研究会企画・翻訳（1972）『危険・不確実性および利潤』文雅堂銀行研究社

庭田範秋著（1995）『新保険学総論』慶應通信

土方透・アルミン・ナセヒ編著（2002）『リスク』新泉社

山本純美著（1993）『江戸の火事と火消』河出書房新社

Harrington, S. E. & Niehaus, G. R. (2004) *Risk Management and Insurance,* 2nd ed., Irwin McGraw-Hill

Vaughan, E. J. & Vaughan, T. M. (1995) *Essential of Insurance: A Risk Management Perspective,* John Wiley & Sons Inc.

翟建華主編・景剛副主編（2016）『保険学概論（第四版）』東北財経大学出版社（なお本書はすべて中国の簡体字で書かれているが、日本の漢字表記にした）

「江戸の火事」（https://ja.wikipedia.org）

2章

保険の仕組みと保険の基本原則

● キーワード ●
私的保険、損害保険、生命保険、第三分野の保険、共済、公的保険、社会保険、経済政策保険、経済的保障の三層構造、純保険料、ノーロス・ノープロフィット原則、給付・反対給付均等の原則、レクシスの原理、大数の法則、収支相等の原則、個別保険料、平均保険料、賦課方式、現物給付、定額保険

1 保険の主要な種類とその分類

　わが国において保険企業が扱っている商品としての保険だけを考えてみても、その種類は 1000 種類をはるかに超えているであろう。そして、保険理論の中では各種の基準に応じ、保険の種類や分類を詳しく述べている文献も多い[1]。しかしここでは、あえて理論的かつ複雑な分類をしない。なぜならば初めて保険理論を理解するためには、まず私たちの身近にある保険を、より具体的にイメージしていくことが重要であり、それが出発点になると考えられるからである。

1 私的保険とその種類

　さて、図表 1-2-1 で示したように、保険は私的保険と公的保険に大別することができる。ここでいう**私的保険**とは、一般に保険企業（保険会社）が扱う保険で、一般消費者（個人や家計）および企業・組織が、原則として私的

1　保険の種類や分類については、庭田（1995、pp. 101-110）、大谷（2012）「第 1 部第 4 章」が詳しい。この他にも下和田（2014、第 II 部 pp. 130-210 および第 IV 部）で多くの種類が紹介されている。

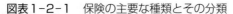

図表1-2-1 保険の主要な種類とその分類

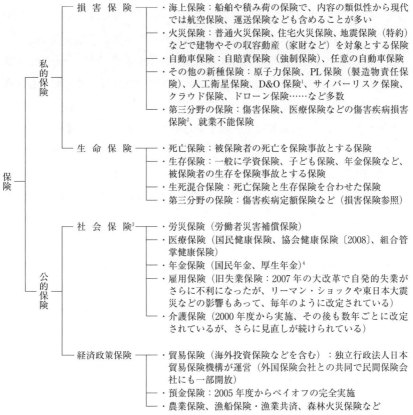

```
                ┌ 損 害 保 険 ──┬・海上保険：船舶や積み荷の保険で、内容の類似性から現代
                │               │  では航空保険、運送保険なども含めることが多い
                │               ├・火災保険：普通火災保険、住宅火災保険、地震保険（特約）
                │               │  などで建物やその収容動産（家財など）を対象とする保険
           ┌ 私 │               ├・自動車保険：自賠責保険（強制保険）、任意の自動車保険
           │ 的 │               ├・その他の新種保険：原子力保険、PL保険（製造物責任保
           │ 保 │               │  険）、人工衛星保険、D&O保険[1]、サイバーリスク保険、
           │ 険 │               │  クラウド保険、ドローン保険……など多数
           │    │               └・第三分野の保険：傷害保険、医療保険などの傷害疾病損害
           │    │                  保険[2]、就業不能保険
           │    │
           │    └ 生 命 保 険 ──┬・死亡保険：被保険者の死亡を保険事故とする保険
           │                    ├・生存保険：一般に学資保険、子ども保険、年金保険など、
           │                    │  被保険者の生存を保険事故とする保険
           │                    ├・生死混合保険：死亡保険と生存保険を合わせた保険
           │                    └・第三分野の保険：傷害疾病定額保険など（損害保険参照）
保 険 ─────┤
           │    ┌ 社 会 保 険[3]─┬・労災保険（労働者災害補償保険）
           │    │                ├・医療保険（国民健康保険、協会健康保険〔2008〕、組合管
           │    │                │  掌健康保険）
           │    │                ├・年金保険（国民年金、厚生年金)[4]
           │    │                ├・雇用保険（旧失業保険：2007年の大改革で自発的失業が
           │ 公 │                │  さらに不利になったが、リーマン・ショックや東日本大震
           │ 的 │                │  災などの影響もあって、毎年のように改定されている）
           └ 保 │                └・介護保険（2000年度から実施、その後も数年ごとに改定
             険 │                   されているが、さらに見直しが続けられている）
                │
                └ 経済政策保険 ──┬・貿易保険（海外投資保険などを含む）：独立行政法人日本
                                 │  貿易保険機構が運営（外国保険会社との共同で民間保険会
                                 │  社にも一部開放）
                                 ├・預金保険：2005年度からペイオフの完全実施
                                 └・農業保険、漁船保険・漁業共済、森林火災保険など
```

注）1　これはdirectors and officers liability insuranceの短縮形で、会社役員賠償責任保険とか取
　　　締役責任保険ともいわれ、株主代表訴訟費用などで経営者側が責任を負った場合の賠償責任
　　　を担保する保険である。なお、クラウド保険は2012年、ドローン保険は2015年から登場し、
　　　その後もテレマティクス保険やネット炎上保険や自動車保険でもカーシェアリングなどに対
　　　応して、必要なときに必要な時間だけスマホから加入できるものや、ドライブレコーダーと
　　　連動してあおり運転にも対応できる保険など続々と誕生している。
　　2　傷害保険は少なくとも1910年代から存在していたが、約100年ぶりに大改正された新保
　　　険法（2008年6月公布、2010年4月施行）によって、このように命名され正式に規定され
　　　た。ただし入院給付金日額などは定額である。
　　3　文献によっては社会保険も経済政策保険に分類することがある。それは社会保険が経済政
　　　策の一つである社会政策として始められた歴史的経緯があるからである。
　　4　かつて公的年金には公務員を中心とする共済年金が別に存在したが2015年10月から厚生
　　　年金に統合された。

（監修者作成）

かつ自由に購入または加入しようとする保険と考えればよい。そして私的保険は新保険法に従って[2]、**損害保険**と**生命保険**に加え**第三分野の保険**を「傷害疾病損害保険」と「傷害疾病定額保険」に分けるようになっている。しかし前者は損害保険、後者は生命保険の一種と捉えても大きな誤りはない。

　損害保険の中では、後に述べるように海上保険が最も古く、歴史的に保険といえば海上保険を意味した時代もある。日本では航空保険を含めても保険料収入が減少傾向にあるが、グローバル化の中で、世界的にみればその重要性は衰えていない。火災保険も一般家計はもちろんのこと、企業や組織にとっても不可欠な保険になっている。特に、**地震保険**は住宅火災保険の特約として存在しており、地震保険だけに加入することはできない。また、わが国の自動車保険はいわゆる強制保険としての**自賠責保険**（**自動車損害賠償責任保険**）と任意の自動車保険に二分することができ、両者の関係は意外と複雑で、研究対象としても興味深い。

　第三分野の保険とは、従来の商法に基づく保険法では損害保険・生命保険のいずれにも属し得る新種保険として存在していた。1995 年に 56 年ぶりに大改正・公布された**保険業法**（1996 年 4 月施行：以下、新保険業法という）で事業として法的にも認められたが、約 100 年ぶりに大改正され新たに 2008 年に公布された**保険法**（2010 年 4 月施行：以下、新保険法という）でも正式に規定された。これ以外にも数多くの新種保険があり、各種のリスクやペリルに対応していることがうかがえるであろう。

　生命保険だけでもその商品種類は数多い。新保険業法に基づく自由化により、新たな保険の販売に当たっては、多くの場合、**認可制**から**届け出制**に改定されたため、その種類はますます多くなってきている[3]。しかし第三分野の保険を除けば、生命保険は人の生死を**保険事故**（保険金支払いの契機となる事

2　2008 年以前の保険法は 1899 年制定の商法の中に規定されていたが、約 100 年ぶりの大改正（2008 年公布、2010 年施行）により、保険法として独立した。

3　新保険業法、認可制、届け出制などについては、本書 1 部 6 章で詳しく述べる。なお、商品種類が激増したことは損害保険にも当てはまり、これが新たな問題発生（2004 年以降に発覚した保険金不払い問題など）にもつながったといわれる。この点についても本書 1 部 6 章・7 章で詳しく論じる。

故)とする保険で、その種類は基本的には3種類にすぎない。生命保険として最初に挙げるべきは**死亡保険**である。死亡保険は、その名の通り**被保険者**（保険事故の当事者となる人）の死を保険事故とする保険である。保険理論に初めて接する学生たちなどが真っ先にイメージするのは、この死亡保険であろう。ただし、生命保険商品としては、理論通りに単純かつ短期の死亡保険はほとんどみられない。

それに対し、一定期間後における被保険者の生存を保険事故とするのが**生存保険**である。具体的には学資保険や子ども保険などが有名であるが、**年金保険**も理論的には生存保険の一種といえる。この生存保険も理論的意味で純粋な生存保険はほとんどみられない。何らかの形で死亡保障が付いていたり、特定の疾病や傷害についても保障する場合が多い。

以上の2種類の保険を合わせ、保険期間中に死亡した場合は死亡保障（死亡保険金）を、保険期間満了時に生存していた場合は生存保障（生存保険金・満期保険金）を行う保険を**生死混合保険**または生死合体保険という。日本の場合、明治以降に生命保険が導入されて以来、少なくとも1970年代までは生命保険の代表的存在であり、**養老保険**とも呼ばれている。

詳細は後に譲るが、経済成長に伴う所得の上昇や高齢化・長寿化によって、定期付養老保険や各種の終身保険や年金保険、第三分野の保険が注目されていった。なお、2007年10月に完全民営化された**株式会社かんぽ生命保険**が扱っている**簡易保険**や**郵便年金**（民営化後は「個人年金保険」という）も生命保険の一種であり、民間保険企業との競争関係はますます強くなっている[4]。

以上の保険が私的保険であり、一般消費者、企業・組織が任意に選択して加入するのが原則で、例外としては、自賠責保険や原子力保険などがある。

---

4 小口で無審査が特徴の簡易保険や郵便年金はかつて国営で郵政省が扱い、その後は郵政公社に引き継がれ、さらに2007年10月かんぽ生命として完全に民営化された。その結果、郵政民営化法により2017年9月末までに日本郵政株の持分を売却することが決定された。その後2009年民主党政権誕生の結果、その時期は凍結された。しかし2012年末の自民党による政権交代の結果、その時期が見直され2015年11月4日に日本郵政株式会社とその傘下のゆうちょ銀行とかんぽ生命が東京証券取引所第1部に上場した。また、かんぽ生命の保険金限度額が2016年4月に1300万円から2000万円に引き上げられた。しかし2019年6月には契約募集などで新たな不正が発覚し、2021年3月末まで業務停止措置がとられた。その後、同年4月から営業を再開している。

また、農業協同組合（**農協＝JA**）やその他の協同組合は、**共済**という名前でほぼ同種の協同組合保険（火災共済、自動車共済、生命共済、年金共済など）を扱っており、それらを 2006 年保険業法改正により**制度共済**ともいう。しかし同法改正によって、かつて無認可で自由に設立できた中小の共済などは、**少額短期保険業者**として金融庁への届け出が必要になった。

２ 公的保険とその種類

公的保険とは、その運営主体が公的機関（公営）かそれに準ずる場合が多く、国民全体の最低保障または基本保障を使命とする社会保障の中核としての**社会保険**と**経済政策保険**に大別することができよう。社会保険の加入窓口は各市町村や雇用企業・組織などが多い。経済政策保険は関係省庁が直接的に運営する場合もあるが、独立行政法人あるいは保険企業や JA などの協同組合が窓口となって運営されていることもある。社会保険については図表１－２－１に示すだけにして詳しいことは３部に譲り、経済政策保険について簡単に触れることにしよう。

経済政策保険の一つである**貿易保険**は、民間企業が行う貿易や海外投資に伴うリスクに対応するための保険である。この保険はかつて輸出保険といわれていた時代もあるが、現在は株式会社日本貿易保険が行っている。貿易保険は、取引相手国の突然の政策変更（輸入制限や禁止措置など）や政変・テロや革命あるいは戦争など（非常危険）によって、輸出不能や投資不能になったり、取引相手企業の突然の倒産や破産によって輸出代金や投資資金が回収不能になった場合（信用危険）に対応する保険であり、私的な海上保険では免責になっているリスクを対象にしている[5]。

このような一般企業における投機的危険の一種とも思われる保険を、なぜ国家が後ろ盾となって行うのであろうか。それは天然資源に恵まれない日本は従来から加工貿易立国・技術立国としての繁栄の道しかなく、さらに現在

5　より詳しくは、中矢（2009、pp. 125-126）を参照されたい。なお、多くの場合、貿易保険における非常危険のことをカントリーリスクともいう。貿易保険の内容もかなり改定されているので、株式会社日本貿易保険 HP（https：//nexi.go.jp）をぜひ確認していただきたい。

では海外投資立国でもあるからである。つまり、このようなリスク負担をすべて企業の自己責任とすれば、貿易意欲も海外投資意欲も衰え、最終的には日本経済全体が衰退する可能性があるからである。したがって、近年のグローバル化の進展によって、貿易保険の重要性はますます高まってきている。

　また、**預金保険**も経済政策保険として重要である。銀行を中心とする金融機関の倒産などで預貯金が払戻しできなくなれば、預金者ならびに国民経済は大混乱するであろう。金融機関が信用を失い、取り付け騒ぎなども発生し、歴史的にだけでなく最近でも国家的危機に瀕した国も多い。金融機関はまさに信用で成り立っている産業である。その金融機関が突然破綻し、預金者に何の保護もないとすれば、国民の貯蓄意欲は衰え、間接金融としての資金が激減する可能性がある。株式発行などの直接金融だけで企業の投資や運営資金がまかなえるわけではない。そのようなことから、政府、日本銀行、各民間金融機関が共同出資し 1971 年に**預金保険機構**が設立された。当初から 1 行 1 人当たりの保護限度額を 1000 万円としながらも、バブル崩壊後の金融危機の時代までは預金全額保護することを政府が約束してきた。しかし、2002 年 4 月から保護限度額元本 1000 万円とその利息という**ペイオフ**（pay-off：払戻限度額制度）が定期性預金に導入（解禁）され、2005 年 4 月からは全面解禁された。しかし 1000 万円という限度額では金融機関の倒産によって、一般家計全体が困るだけでなく、多くの企業の連鎖倒産などがあり得るため、普通預金と決済性預金（当座預金）などは、全額保護されている[6]。

　農業保険（収入保険・農業共済）は、従来農業災害補償法（1947 年）に基づいて実施されていた農業災害補償制度が改められたものである。農業災害補償法の改正を受け、2018 年より農業保険法と改称されたことで、農業保険として実施されている。これは、主要農作物や畜産（特に米、麦、りんごやみかん

---

[6]　貝塚他（2005、pp. 255-256）を参照。ちなみに東日本大震災に伴う東京電力福島第 1 原子力発電所事故による賠償問題に対処するため、2011 年 9 月に原子力損害賠償支援機構が設立された（2014 年 8 月に原子力損害賠償・廃炉等支援機構に改組）。これは預金保険機構を模倣した制度といわれるが、同機構に組み込まれた原子力保険を除き、保険とはまったく異なる制度・機構である。原子力損害賠償や同賠償機構については、原子力損害賠償実務研究会（2011）および卯辰（2012）を参照。

などの果実、牛や豚などの食肉用畜産）が冷害や日照り、洪水などの自然災害、あるいは伝染病などによって予想外の不利益が生じた場合に補償を行う保険である。もしこのような損害すべてを農業者の自己責任にすれば、農業や畜産の意欲が衰え、食料自給率もますます低下するであろう。国民の食を安定供給できなければ、国家としての存続も危ぶまれる。そのような政策的意味からも農業保険が行われている。この取り扱い窓口はJAであるが、国策的な法定の保険事業であるため、国家が援助している。これと同様の考え方から漁船保険と漁業共済も国家支援の下で実施されている。特に後者は、漁協を窓口として漁業収入の大幅な変動や養殖魚介類・施設の損害に対応している点が注目される。森林火災などについても類似の考えから、森林保険が実施されている。

2 保険の仕組みと基本原則

1 保険の初歩的イメージと経済的保障の三層構造

　保険と聞いて最初にイメージする仕組みは、一般消費者（利用者、加入者）が**保険料**を支払い、あらかじめ約束した何か一定条件（**保険事故**）が発生した場合、保険者（私的保険では一般に保険会社）が約束した**保険金**を支払うというシステムであろう（図表1-2-2）。このようなイメージに大きな誤りはなく、保険料と保険金さえ正確に区別できていれば、初歩的にはそれで十分である。そしてこの保険金が支払われるという約束ならびに実際に保険事故に遭遇した際に給付される保険金により、経済的保障が達成されるのである。

　しかし現代社会では、一般に国民の**経済的保障**を三層構造で達成しようとしている（図表1-2-3）。まず最も基礎となる保障は国民全般を対象とする公的保障としての**社会保障**であり、その中核となるのが社会保険である。社会保障は国民に豊かな生活を保障しようとするのではなく、全体としては**ナショナルミニマム**（national minimum）すなわち最低保障を行うとともに、国民の生活を安定させることを目的としている[7]。

　それ以上の保障については、企業や組織の従業員およびその家族を対象に

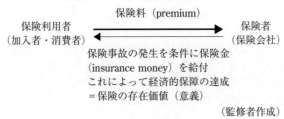

図表1-2-2　保険の初歩的イメージ

保険料（premium）

保険利用者　　　　　　　　　　　保険者
（加入者・消費者）　　　　　　　　（保険会社）

保険事故の発生を条件に保険金
（insurance money）を給付
これによって経済的保障の達成
＝保険の存在価値（意義）

（監修者作成）

図表1-2-3　経済的保障の三層構造

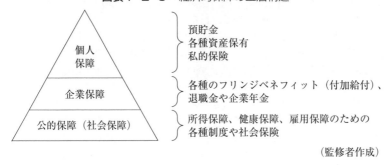

個人
保障

預貯金
各種資産保有
私的保険

企業保障

各種のフリンジベネフィット（付加給付）、
退職金や企業年金

公的保障（社会保障）

所得保障、健康保障、雇用保障のための
各種制度や社会保険

（監修者作成）

することもある**企業保障**である。これは個々の企業や組織が法定の社会保障に任意で上乗せして行う保障であるため、**フリンジベネフィット**（fringe benefit：**付加給付**または法定外福利）などともいわれる。例としては退職金制度や企業年金制度を思い浮かべてもらえばよいであろう。

　そしてさらにそこに上乗せされるのが**個人保障**である。これは文字通り個人や家計の自由意思で任意に行う保障であり、預貯金や各種の資産保有あるいは私的保険に加入することによって、各経済主体に応じた経済的保障を行う。多くの国民の経済的保障はこの三層構造によって支えられているが、所得獲得能力や経済力などによって格差が生じるのは当然である。なお、農家や自営業者（個人事業主）には企業保障が存在しないので、個人保障の重要性はさらに高いといえる。ただし、この点のみを捉えて不公平論に結び付けるのは短絡的である。なぜならば農家や自営業者には定年制がないからである。

7　公的医療保障の中心となる医療保険（健康保険）は最低保障ではなく適正保障を目指している。
　詳しくは本書3部2章および4章を参照されたい。

保険における損得論

保険加入（保険商品購入）において一般消費者・利用者がまず考えることは、保険加入の損得であろう。保険の損得論には2種類あり、日本人に特徴的な一つの保険損得論は「掛け捨て」という言葉が象徴しているという。もう一つは加入した場合、自分が有利になるか不利になるかという損得論である。

「掛け捨て」とは、保険事故が発生しない場合に保険料は返還されないことを意味するが、もしも事故発生すれば保険金が給付されるという確約（経済的保障）は得ていたのであるから、経済合理性や保険の基本原則の面からみれば、決して損してはいない。しかし「捨てる」という言葉が暗示しているように、「無駄になった、損をした」と考えるというのである。日本人は特にこの傾向が強いといわれる。

もう一つの損得論は、自分が不利に扱われることが明らかな場合である。それは社会保険などで近年特に注目されるようになったが、かつては今ほど社会保険の損得論は強くなかったように思う。強者から弱者へ、若壮年から高齢者への所得再分配といえば、多くの国民はそれなりに納得した。それでも加入を自由にすれば、不利な者は加入したがらず、空洞化し、制度として存続し得ない可能性もある。だからこそ社会保険の大部分は強制加入にしているのである。しかし最近は世代間格差や不公平感によって国民年金などの未納・未加入が社会問題化していることを考えると、近年の損得論を再検討する必要があるかもしれない。（このコラムについては、田村〔2006, pp.1-18〕を大いに参照させていただいた。）

② 保険料・保険金の関係と保険の基本原則

（1）　表定保険料と純保険料の関係

さて、私たちが保険に加入する場合に支払う保険料は、正確には**表定保険料**（保険会社などの民間保険の場合は**営業保険料**）という。表定保険料は**純保険料**と**付加保険料**からなっており、純保険料と呼ばれる部分が最終的に保険金として給付されるために徴収される。付加保険料は私的保険の場合、保険経営に必要な諸費用、安全割増や一定の利益などで構成され、純保険料に対して一定割合を上乗せする仕組みになっている。

この純保険料と付加保険料の割合は保険の種類や目的によって異なる。たとえば、損害保険として身近にある火災保険や任意の自動車保険などは5：5から7：3程度になっているという。特に最近では**保険料率**（ここでは「保険の価格」と考えてもよい）の自由化によって、付加保険料部分が減少傾向にあ

図表 1-2-4　表定保険料、純保険料、付加保険料の関係

表定保険料	＝	純保険料	＋	付加保険料
（営業保険料）		（net premium）		（loading）
		保険金に回される部分		（保険経営に必要な費用+安全割増+利益など）
				純保険料に一定割合を上乗せする部分

私的保険

　　　　　　　　　4：6　　　　（未経験の新種保険は付加保険料部分が大きい。
　　　　　　　　　　　　　　　　それは安全割増を高く見積もるからである）
　　　　　　　　　　　↓
一般的に　5：5　〜　7：3　自由化によって付加保険料の競争激化[注]
　　例外　　7：3　〜　9：1（自賠責保険、地震保険など：ノーロス・ノープ
　　　　　　　　　　　　　　　ロフィット原則）

社会保険　　　　　10：0　　　　（原則として）
　　　　（しかし徴収費用問題や積立金運用の失敗など、多くの問題点もある）

注）インターネットの保険料比較サイトによれば、定期保険や第三分野の保険を中心に、
　　10〜15％ という付加率の保険もある。ただし比較サイトがあまりにも多いので、こ
　　こではあえて URL を明示しない。

（監修者作成）

る。なお、私的保険の中でも強制保険である自賠責保険や、強制ではないが
住宅の火災保険に原則自動付帯（事実上は任意付帯）となっている**地震保険**な
どは**ノーロス・ノープロフィット原則**（保険で利益を上げず、また損失も生じない
ように仕組むという原則）から、その割合は７：３から９：１程度になってい
る。社会保険では原則としてすべての保険料を給付に回すことを基本として
きた[8]。つまり両者の割合は原則的には 10：０である。しかも多くの社会保
険では国庫負担や地方負担部分も加わるため、純保険料以上の給付が行われ
ていることになり、本来的には国民にはきわめて有利な保険なのである。

8　田中角栄内閣（1970 年代）以降の度重なる法改正によって、被保険者や国民に有益と思われ
　る場合には、しだいに保険料や積立金の一部を各種の事業に用いることができることになった。
　その結果、1980 年代にはグリーンピアなどと呼ばれる大型レジャー施設に大金を投入したり、
　官僚の天下り先事業として利用されたりして、最終的には巨額の赤字を計上した。しかもそれら
　の施設が 1990 年代後半に運営困難になると、大部分を二束三文で売却し、国民のために積み立
　てられていた年金資産を大幅に減少させて社会的問題にもなった（Wikipedia「公的年金流用問
　題」について）。

(2) 純保険料の算定モデルと保険の基本原則

上述のように、純保険料を算定できれば、付加保険料はそれに各保険事業主体が独自に一定割合を上乗せ（load：付加）すればよい。したがって、純保険料をどのように算定するか理解できれば、入門的には十分である。

その算定法とその意味を最も簡単に示したのが保険の第一原則、**給付・反対給付均等の原則**であり、それを数学的に示した19世紀の数学者レクシス（Lexis, W.）の名前をとって**レクシスの原理**とも呼ばれている。それを数式で示せば、

$$p = \omega Z：「給付・反対給付均等の原則」または「レクシスの原理」$$

   ↑   ↑   ＝保険の第一原則

 保険金（額） 純保険料 （ただし、p：純保険料、

          ω：事故発生確率（危険率）、

          Z：支払われるべき保険金または保険金額）

となる。

この給付・反対給付均等の原則で注意すべきことは、最初の「給付」が保険者として支払うと約束した保険金または保険金額であり、その対価として「反対給付」である保険料を支払うということを意味している点である[9]。だからこそ、市場における保険金と（純）保険料の等価交換性を意味しており、保険金に対する当然の権利性も意味するのである。しかも個々の事故発生確率（危険率）ω に応じた負担により、各消費者を公正・公平に扱う保険料の公平性、適正性（契約者平等待遇の原則）も意味している。このような意味から、給付・反対給付均等の原則が**保険の第一原則**といわれるのである。

ところで、支払われるべき保険金（保険金額）あるいは経済的保障としての必要額は保険消費者と保険者の両当事者の合意によって決めればよいが、純保険料算定で最も重要となる事故発生確率（危険率）ω はどのように算定されるのであろうか。そこで重要なのが数学者ベルヌーイ（Bernoulli, J.）が証明した**大数の法則**（law of large numbers）である。確率は一般に数学的確率

9　これらの点については庭田（1995、pp. 79-82）に負っている。

と経験的確率に分けることができる。それらを最も簡単に示せば、

$$数学的確率 = \frac{特定事象の数}{起こり得る事象の数} \quad (例：さいころ、トランプ)$$

$$経験的確率 = \frac{特定事象の発生数}{試行回数（または観察回数）}$$

である。そして大数の法則は、試行回数を増やすにつれて一定値に近づくこと、さらに究極的には（∞回繰り返すと）数学的確率＝経験的確率になるという法則である。

　しかも、特定事象の発生割合（相対頻度）$= r / n$（n：試行回数、r：特定事象発生回数）であり、保険の場合、試行回数 n をほぼ同じ事故発生確率を持った加入者集団とすることから、「**危険団体**（risk group）」とも呼ばれる。加えて、大数の法則で測定された ω と「事故発生数／保険加入者数」は相対頻度として近似（$\omega \doteqdot r / n$）する。したがって、

$$p = \omega Z \doteqdot \frac{r}{n} Z \quad \rightarrow \quad np = rZ：総収入保険料 = 総支払い保険金$$

となる。これを**収支相等の原則**といい、**保険の第二原則**とする。給付・反対給付均等の原則を維持すれば、収支相等の原則も維持できる。しかし逆は必ずしも成立しない[10]。それは第二原則が個々の事故発生確率を反映していないからである。

　ただし、保険経営側にとっては、第二原則が重要になる。なぜならば、個々の加入者の事故発生確率が必ずしも保険料に反映していなくても、収支相等であれば保険経営が維持できるからである。しかも保険経営側としては、$np \geqq rZ$ すなわち総収入保険料≧総支払い保険金であることを望む。そうすれば利潤をより多く得られるからである。このような意識があまりにも強くなると、払うべき保険金の削減や不払いなどにつながるおそれもある。

　いずれにしても、このような方法でより正確に保険料算定をするのが現代保険であり、統計・数理などから年金なども含む各種保険料や準備金等を算

10　この点だけをとってみても「給付・反対給付均等の原則」の重要性が理解できるが、「収支相等の原則」を保険の第一原則とする文献も多い。この点については本書１部７章で再検討する。

定する専門家を**アクチュアリー**（actuary）という[11]。

③ （純）保険料の種類

(1) 個別保険料方式

　個別保険料は現代における私的保険の代表的な保険料算定方式で、個々の加入者の事故発生確率（ω）に応じた保険料、すなわち**給付・反対給付均等の原則**（$p = \omega Z$）をできる限り貫こうとするものである。これによって加入者への公平性・公正性を維持しようとしている。そのためには ω をできるだけ正確に把握して危険団体を構成することが重要になる。しかし実際には、個々の ω に対応しようとすればするほど、測定が不正確になる。それは大数の法則と矛盾するからである。つまり、危険同質（ω がほぼ同じ）で大量の加入者を確保することは困難になる。そのため、保険者側はできる限り同質の加入者を選ぶ**危険選択**（risk selection）が重要になる。実務ではこのプロセスを**アンダーライティング**という[12]。だからこそ多くの保険において、被保険者や契約者に、加入しようとする保険に応じて自らの状態や状況について保険者に正しく伝えなければならない**告知義務**が課されているのである。

　個別保険料の例としてよく挙げられるのが、死亡保険における**自然保険料**と**平準保険料**の関係である。図表1−2−5からもわかるように、平準保険料は若いうちに年をとったときの分まで保険料を負担するため、保険者側には余分な資金が入る。このため後述の積立方式でなくても保険資金が形成され、金融機能を持つことになる。しかし加入時には保険料を高く感じることにもなるので、加入意思は弱くなる。そして当然のことであるが、平準保険料も加入年齢が上がれば上がるほど高くなる。

　また、任意の自動車保険を例にすれば、運転者の年齢も契約者との関係も問わず誰が運転してもよいという条件で加入すれば、保険料は最も高くなり、年齢制限や、運転者限定、事故歴（無事故割引・事故割増）、さらには走行距離

11　保険数学（アクチュアリー学）に興味があれば海老崎（2009）がわかりやすい。
12　アンダーライティング（underwriting）とは本来「保険引受」を意味する言葉である。この点については本書1部3章の保険の歴史の部分でもう少し詳しく述べる機会がある。

図表1-2-5 自然保険料と平準保険料の関係

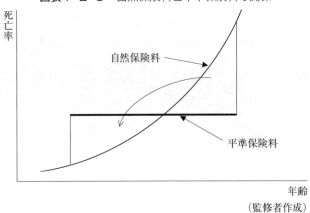

(監修者作成)

などを限定すれば、保険料が安くなる。

(2) 平均保険料方式

平均保険料は以下の式で示したように、個々の事故発生確率を無視し、予測される総支払い保険金を加入者全員で平等に負担する方式である。しかし収支相等の原則は維持されているので、保険としては運営可能である。しかも事故率が高く、保険料負担能力が低い者が有利になる。このようなことを保険による**所得再分配**という。

$$\text{平均保険料} = \frac{\text{予測される総支払い保険金}}{\text{加入者数}} \left(P = \frac{rZ}{n} \text{ より正しくは } P = \frac{\Sigma Z}{n} \right)$$

平均保険料方式は主として、社会保険（国民年金・介護保険）などの公的保険で用いられるが、**自賠責保険**も年齢や事故歴などとは無関係に、用途と車種によって保険料を一律にする「車種別平均保険料」が採用されている。

そして所得再分配機能をさらに高め、経済的弱者をより有利にするために**所得比例方式**に変形する場合もある。公的医療保険や雇用保険などもこの方式が用いられている[13]。

---

13 公的保険、特に社会保険における所得再分配や未納問題などについての詳しい説明は本書3部1章および3章に譲る。

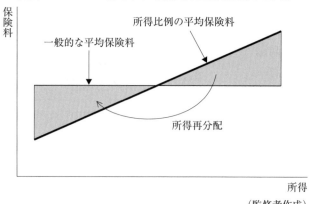

図表1-2-6　一般的な平均保険料と所得比例のモデル

（監修者作成）

(3)　その他の保険料方式

　その他には、**積立方式**と**賦課方式**という区別をする場合もある。積立方式は預貯金などとほぼ同じで、貯蓄型保険や私的年金（個人年金）などに用いられる。特徴としては、インフレに弱く（価値の目減り）、また予測より運用成果が低い場合、目標額に達しないという弱点もある。しかし基本的には貯蓄と同様の私有財産であるから、原則的にはすべて自分のものとすることができる。つまり他者への所得再分配の要素はないが、働いていて所得のある若いころの自分から、高齢者となり退職して所得が少なくなった（なくなった）自分への時間的再分配の要素はある[14]。

　これに対し賦課方式は、予測される総給付額をある集団から徴収し（ある集団に賦課し）、必要とする集団に給付する方式と考えてよい（図表1-2-7）。この方式は国民年金などで実施されており、世代間の助け合い（所得再分配）として機能している。しかし少子高齢化にはきわめて弱く、保険料の未納問題も深刻化してきた。そのため保険料方式の再検討も議論されている。

14　時間的再分配については本書3部1章を参照のこと。

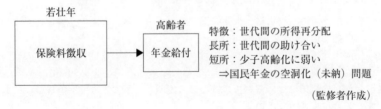

図表1-2-7　賦課方式の年金保険のイメージ

若壮年

保険料徴収 → 高齢者 年金給付

特徴：世代間の所得再分配
長所：世代間の助け合い
短所：少子高齢化に弱い
　　⇒国民年金の空洞化（未納）問題

(監修者作成)

4　保険給付の種類

　保険事故発生に対する給付は、**現金給付**と**現物給付**の2種類がある。大部分の保険では保険金としての現金給付がなされるが、その現金給付の方式も2つに分けることができる。一つの方式は、保険事故が発生した場合、生じた不利益とは無関係に、あらかじめ約束した一定額を給付する保険でこれを**定額保険**という。これは私的保険においては生命保険に採用されている。もう一つは生じた不利益に応じて給付される保険金が変化する保険で**不定額保険**といい、損害保険で採用されている。

　それに対して現物給付は、無形のサービスを含むモノが給付される保険である。公的保険の医療保険や介護保険を思い浮かべると理解できよう。現物給付を含めて考えると、これらの医療保険や介護保険も不定額保険と考えられる。現代社会は超高齢化時代を迎え、現物給付の重要性が高まっており、現金給付と現物給付の選択や組み合わせなども発展する可能性がある。ただし新保険法では、損害保険においては現物給付を否定していないが、生命保険（第三分野を含む）では現物給付を認めていない[15]。しかしこの点については今後とも注視する必要がある。

15　生命保険の現物給付禁止については今井他（2011、p. 225）および山下他（2019、pp. 53-54）。

1 　経済的保障の三層構造と保険の関係について述べ、保険の主要な種類について概観しなさい。

2 　保険の仕組みを詳しく述べ、給付・反対給付均等の原則と収支相等の原則について説明しなさい。

3 　保険料の種類について例を挙げながら説明し、所得再分配機能についてあなたの意見を述べなさい。

●引用・参考文献

今井薫・岡田豊基・梅津照彦著（2011）『レクチャー新保険法』法律文化社

卯辰昇著（2012）『原子力損害賠償の法律問題』金融財政事情研究会

海老崎美由紀著（2009）『保険データの読み方と考え方―数式を使わない統計分析の基礎コース』保険毎日新聞社

大谷孝一編著（2012）『保険論（第 3 版）』成文堂

貝塚啓明他編（2005）『金融用語辞典（第 4 版）』東洋経済新報社

京都大学理学部アクチュアリーサイエンス部門編（2012）『確率で考える生命保険数学入門』岩波書店

原子力損害賠償実務研究会編（2011）『原子力損害賠償の実務』民事法研究会

下和田功編著（2014）『はじめて学ぶリスクと保険［第 4 版］』有斐閣ブックス

田村祐一郎著（2006）『掛け捨て嫌いの保険思想』千倉書房

中矢一虎著（2009）『貿易実務ハンドブック』中央経済社

庭田範秋著（1995）『新保険学総論』慶應通信

山下友信・竹濱修・洲崎博史・山本哲生著（2019）『保険法（第 4 版補訂版）』有斐閣

「日本経済新聞」（2013 年 1 月 15 日付）

「公的年金流用問題」について（https：//ja.wikipedia.org/）

3章

保険の歴史と現代的視点[1]

● キーワード ●━━━━━━━━━━━━━━━━━━━━━━━━━━

海上保険、冒険貸借、ロンバード商人、ロイズ、火災保険、ロンドン大火、ニコラス・バーボン、生命保険、生命表、産業革命、社会主義、ビスマルク、抛銀（なげかね）、福澤諭吉、保険法、保険業法

1 海上保険の歴史―最初にリスク認識をした商人たち

　近代的保険の起源は**海上保険**（marine insurance）に求められ、さらにその起源は古代ギリシャ・ローマ時代に遡ることができるという。当時から**地中海貿易**では、foenus nauticum（英語では bottomry）といわれる**冒険貸借**（**海上貸借**）が行われていた。これは船主および（または）荷主と金融業者との金銭貸借の一種で、たとえば船主が航海のために借り入れた金銭について、航海が無事に成功したときは高利を付けて返済するが、海難などによって船や積荷が失われた場合、返済義務が免除されるという契約であった。これにより、船主は損失を軽減することができる。つまりここには融資機能だけでなく、航海業者・貿易商人からみれば危険転嫁機能があり、金融業者からみれば高利と引きかえに危険負担をしていることがわかる。

　どのようにしてこのような制度が生まれたのか明確な記録はないが、商人（特に貿易商人）たちは利潤追求を目的としてきわめて**資本主義**的な意識で行動していたため、**リスク**を必然的に認識していたと考えられる。したがって彼らにとっては自己責任に基づくリスク対策が必要であり、金融業者にとっ

1　保険の歴史全体（特に私的保険）については、逐一参照ページは明示しないが、レインズ（1985）によるところ大である。

なぜ歴史を学ぶのか

　「なぜ歴史を学ぶのか？」そんなことは今さらいうまでもないかもしれないが、ここで再確認しておくことも無駄ではないであろう。科学とは一般に特定現象・事象に関する因果関係や法則性を探ろうとする学問である。自然科学においては、特定現象について同一条件で何回も観察可能であったり、実験可能であったりする。他方、社会現象を研究対象とする社会科学では実験可能性はほとんどなかった。そのため、過去の現象を調べ、同一条件ではないにしても、類似現象を集積する。そのようなことから、社会科学の一つの方法論として、「歴史→理論→政策（または予測）」という考え方を築き上げた。歴史的事実の集積から因果関係や法則性を探り、それを理論として構築していく。その理論に基づき、現在問題となっている現象について分析し、今後どうすべきか、または選択種としての政策を示していくのである。

　したがって保険の歴史でも、「いつ起きたか」よりも、「なぜ起きたか」が重要になる。つまり事実の時系列的な羅列としての歴史を学ぶのではなく、歴史から「なぜ」ということを学ぼうとする態度が重要なのである。そしてここまでに述べられてきた理論的内容について、歴史的に再確認してほしいのである。

　2章までに、リスクの最も基本的な広義の意味や、保険はリスク対策として必要とされたことも理解した。本章ではさまざまな保険がなぜどのように誕生したのか、資本主義的経済活動とリスク認識の必然性の観点から再確認してほしい。

　保険の歴史を詳しく述べる前に、保険誕生の順番をあえて明らかにしておく。海上保険→火災保険→生命保険→社会保険の順であるが、なぜこのような順番で誕生し、発展したのか、それを常に意識しながら保険の歴史から学んでほしい。

ても大きな利潤獲得機会（一航海当たり金利は 22〜33% 程度であったといわれる）となったと考えられる[2]。

　しかし 13 世紀初頭（1230 年ごろ）、ローマ法王**グレゴリウス9世**（Gregorius IX）が、利息はキリスト教の教えに反するとして教会法で**徴利禁止令（利息禁止令）**を発したため、冒険貸借も実質的に禁止された。そこで冒険貸借に代わる制度として考案されたのが、無償貸借や売買を擬装して危険負担機能

---

[2]　木村他（2006、p. 6）では 22〜33.3% とされ、大谷他（2012、p. 206）や木村他（2011、p. 54）では、24〜36% とされている。なお、高校の世界史教科書（「世界の歴史」編集委員会（2017、pp. 23-33）にも記されているように、古代ギリシャはポリス（都市国家）における市民の直接民主制が有名であり、貿易も盛んな海洋国家であった。また、その後覇権を握ったローマ帝国もギリシャを範にして民主制や私有財産制が確立されており、貿易も盛んに行われた。

のみを取り出した海上保険であった。

　たとえば売買を擬装した場合、元金融業者（後の**個人保険業者**）が船舶や積荷を買い入れる契約を結ぶが、その代金は航海が失敗した場合のみ支払われ、航海が成功した場合はこの売買契約を無効とする。これだけでは元金融業者の利益にならないため、船主や荷主はその約束の対価として前もってプリモ（primo：「前もって払う金」という意味）という一定の金銭を支払った。「前もって一定の金銭を支払っておけば、航海が失敗し船舶や積荷が失われた場合、それらの代金が支払われる」制度、つまり保険である。現在も保険料のことを英語で**プレミアム**（premium）というが、その語源もここにみられる。

　このような海上保険は 14 世紀中ごろには地中海貿易の中心であったイタリアで確立され、特に北イタリア（ロンバルジア地方）出身の**ロンバード商人**（Lombard merchant）と呼ばれる人々がこれを行っていた。逆にいえば、教会法の抜け道として 100 年以上かけて海上保険を作り上げたことになる。このことからも、リスクはあっても貿易やこの種の金融がいかに利潤追求として魅力的であったか想像できよう。そして貿易や経済の中心が変遷・拡大するにつれて、個人保険業者としてのロンバード商人たちも移住し、ポルトガル、スペイン、フランス、オランダ、イギリス、ドイツなど、ヨーロッパ各地に海上保険を伝えていった。

　現在でも保険の中心的存在として世界的に有名な**ロイズ**（Lloyd's）は、**個人保険業者**や貿易業者がよく集まったロンドンのロイズ・コーヒーハウス（Lloyd's Coffee House）に起源がある。その店主ロイド（Lloyd, E.）の死後も個人保険業者は同コーヒーハウスに常時集まり、ロイズの個人保険業者として活躍した[3]。そして彼らの継続的な努力と国家経済への貢献によって、1871年には国会制定法に基づき、**ロイズ保険組合**（Corporation of Lloyd's）となることが認められた。ロイズは 1992 年に法人会員を認めるようになったが、それまでは純粋な個人保険業者の集団であり、現在でも世界各国で用いられる

3　現在でも保険業者のことを英語でアンダーライター（underwriter：「下に書く人」という意味）というが、彼ら個人保険業者が保険を引き受ける際に、契約書の一番下にサインしたことに由来している。なお、ロイズの詳しい説明は本書 1 部 5 章に譲る。

海上保険約款はロイズのそれにならっている。しかし現在では新たな個人会員の加入は認められておらず、近い将来に個人保険業者としてのロイズは消えゆく運命にある[4]。

2 火災保険の歴史―経済的自由の拡大と私有財産の増大

　現代の私たちの常識から判断すれば、人々の生活にとって火災は海上危険よりも身近な危険（peril）であるように思われる。それにもかかわらず**火災保険**（fire insurance）の誕生が海上保険よりも大幅に遅れたことは興味深い。その理由は、中世以前において資本主義的精神に基づく経済活動の範囲が商人に限られていたからである。つまり、人々の経済的自由の獲得とそれに基づく利潤追求および私有財産蓄積の一般化が火災保険の誕生および発展の原動力となったのである。

　火災保険の誕生については、中世商工業者の同業組合である**ギルド**に端を発し、特にドイツ方面では16世紀中ごろ以降急激に発展した火災危険だけの相互救済を目的とした**火災ギルド**（Brandgilde）にその起源を求める説もある[5]。確かにドイツの火災保険はギルドから生まれ、17世紀中ごろの公営火災保険、18〜19世紀にかけての火災保険会社の台頭と続き、わが国の明治期における火災保険導入にも影響を与えている。

　しかし現代の火災保険のルーツとしては、17世紀中ごろ以降のイギリスを挙げるのが一般的であろう。1666年に発生した**ロンドン大火**（The Fire of London または The Great Fire）は4昼夜にわたってロンドンの85%を焼き尽くした近代都市型大火であった[6]。その惨状をみた建築家であり医師でもあった**ニコラス・バーボン**（Barbon, N.）とその仲間3名が海上保険を陸上の火災に応用することを発案した。そして1681年9月に世界初の営利的火災保険会社**ファイアオフィス社**（Fire Office）を設立し大成功した。また、相互扶助

4　木村他（2011、p.77）。なおロイズジャパンの情報によると、2016年現在の個人保険業者の人数は288人にまで減少しているという。
5　このようなドイツ説については、木村他（2006、pp.11-22）に詳しいが、同書でもイギリス説を支持している。

図表1-3-1　保険の歴史年表（欧日比較）

概略的世紀	事項
紀元前～13世紀	地中海貿易で冒険貸借（bottomry）が盛んに行われる（ただし、その起源は不明）
13世紀初期 （1230年ごろ）	ローマ法王（グレゴリウス9世）が徴利禁令（利息禁止令）を発布 冒険貸借も事実上禁止
14世紀中期～	イタリア：世界最古の保険証券
15世紀	イタリアの政治・経済力弱体化（ローマカソリックの衰退）
15～16世紀	ポルトガル、スペインの発展（大航海時代へ）。フランス、オランダ、イギリスなども発展 イタリアを中心に活動していたロンバード商人（個人保険業者）も各地に移住、海上保険を伝える
1588	スペインの無敵艦隊、イギリス攻撃に失敗（イギリスがしだいに世界進出：7つの海の覇者へ） 以降、イギリス（ロンドン）がロンバード商人の一大拠点に発展＝海上保険の中心地に発展

西暦	ヨーロッパ（一部アメリカを含む）	西暦・時代	日本
17世紀	農奴の解放、自由市民の増大により都市の発展	安土桃山時代	朱印船貿易 「抛銀（なげかね）」が行われた
1666	ロンドン大火（近代都市型大火＝私有財産の喪失）	江戸時代	鎖国によって抛銀も消滅 国内交易（廻船問屋）：海上請負
1681	世界初の火災保険会社（Fire Office）設立 このころ、ロンドンでコーヒーブーム：喫茶店増大	1657 幕末 1854	明暦の大火→町火消しの制度導入 開国　日米和親条約 その後、横浜で欧米保険会社活動
1688 （1685？）	ロイド ロイズ・コーヒーハウスを開店 貿易商人やロンバード商人のサロンとして発展	1867	福澤諭吉『西洋旅案内』で「災難請合（イシュアランス）の事」として、日本に初めて保険を紹介
1689	フランスがトンチン年金実施	1868	大政奉還（1867）→明治時代へ
1693	ハレー 世界初の生命表（ブレスラウ表）発表	 1873	慶應義塾・福澤門下が保険会社設立運動 保任社が海上請負を実施
1706	世界初の生命保険会社、アミカブル社設立	1877	第一国立銀行が「海上受合（うけあい）」を実施
1713	ロイド死去。その後も個人保険業者が結集 1871年国会制定法に基づき「ロイズ保険組合（Corporation of Lloyd's）」となる	1878	ドイツ人教師マイエットが火災保険（公営）の必要性を建白するが、認められず
1762	近代的生命保険会社、エクイタブル社設立	1879	東京海上保険会社設立（日本初の海上保険会社）
	このころ火災保険会社が私設消防隊を保有	1881	明治生命保険会社（日本初の生命保険会社）
18世紀末～ 19世紀	産業革命の時代へ	1887	東京火災保険会社（日本初の火災保険会社）
1776	アダム・スミス（Smith, A.）『国富論（諸国民の富）』	1890年代	保険会社の濫設と倒産多発の時代
19世紀全体	欧州全体で保険会社の濫設・淘汰の時代 しだいに国家による保険政策（保険規制）の実施へ	1899 1900 1912	保険法を含む商法を施行 保険業法による保険事業規制開始 大正時代（大正デモクラシーの時代）
19世紀初期	労働者の窮乏化→機械打壊し運動（ラダイト運動）	1920年前後 1923	社会主義運動活発化 関東大震災
19世紀中後期	社会主義思想の台頭（マルクス「資本論」：1867～1896）労働組合運動がイギリスを中心に各国で始まる	1925 1926 1927	治安維持法（社会主義運動弾圧） 昭和の時代 労働者対象の健康保険法実施（1922制定）
19世紀末	大不況（1873～1896）		
1862～71	プロシャからドイツ連邦へ、鉄血宰相ビスマルク就任	1931 1938	労働者災害扶助法 国民健康保険法
1878	社会主義者鎮圧法	1939	保険業法大改正（戦時体制へ）
1883	疾病保険法（健康保険法）	1941	労働者年金保険法（第二次大戦の時代）
1884	災害保険法（労災保険法）	1944	厚生年金保険法
1889	老齢年金法（老齢・障害年金保険法）	1945	終戦（無条件降伏）：保険会社も壊滅的打撃
20世紀初期	イギリス・フランスその他のヨーロッパ諸国も社会保険導入→資本主義国家的危機脱出へ		
1929	大恐慌→アメリカ：ニューディール政策		
1935	アメリカで社会保障法成立		

（監修者作成）

的なロンドン市営の火災保険 (Corporation of London) も同年 11 月に設立された。しかしリスクが大きい公営事業に対して多くの反対もあり、成功しなかったという。それに代わるように非営利・相互主義の**フレンドリーソサイエティ社** (Friendly Society) が 1684 年に登場し成功を収めた。18 世紀になると、建物などの不動産だけでなく、建物内の収容動産・家財などにも火災保険の範囲が拡大した。こうしたイギリスの成功によって 18 世紀後半にはヨーロッパ各地やアメリカにも火災保険が普及していった。

イギリスの火災保険普及過程でもう一つ興味深いことは、各火災保険会社が保険サービスの一環として私設消防隊を持って消防活動をしていたことである。ただしこの消防隊は、自社の被保険者の建物が火災ならば消火活動をするが、そうでなければ引き上げてしまうというものであった。私設消防隊の設置自体はマーケティング戦略としてもかなり優れているが、このような点が問題視されたため、1833 年に全社の消防隊を統合し、1866 年（ロンドン大火の 200 周年）ロンドン市に寄付され、世界初の公的消防隊となった。

19 世紀には産業革命による経済の飛躍的発展の結果、私有財産が増加して個人のリスク認識も高まり、火災保険も急激に普及していく。しかし保険企業の統計的基礎が不十分なことも手伝って、自由競争の中で火災保険企業の濫設と淘汰が繰り返された。そこにおいて保険消費者も、保険企業の支払不能や倒産によって多大の悪影響を被り、国家による保険政策（保険規制）の必要性も高まっていった。

3　生命保険の歴史—生命の経済価値と人間の寿命

人類の誕生以来、人々は病気や老いそして死という危険と隣り合わせにす

6　ただし、奇跡的にも人的被害はほとんどなかったといわれる。なお、ここでいう近代都市とは多くの自由な市民で構成され、私有財産の塊（かたまり）として存在する都市を指す。それに対して中世的な都市は宗教者や王侯貴族が中心であった。また、ロンドン大火以降はロンドンのような大都市では木造建築がしだいに禁止されていった。その考え方はヨーロッパ全体にも広がり、現在私たちがみるような石造り・煉瓦造り中心の都市に変貌していった。なおロンドン大火とその後の詳しい経過については大橋（2017）を参照されたい。

ごしてきた。したがって、老後や遺族のための相互救済制度を生命保険の一種とみるならば、その歴史は遠く遡れることになる。たとえば、ローマ帝政時代に兵士たちの遺族に弔慰金を給付する**コレギア**（collegia）という兵士組合も存在していたし、中世のギルドでもこのような救済制度があった。しかしこれらの原始的保険類似制度が進化して、近代的生命保険に変化・発展したのではない。

　現代社会においては一家の経済的主柱が早世したり重病を患うことは、最も容易に認識しやすい危険であろう。しかしすでに述べたように、封建時代以前には家長の早世もリスクとは認識されなかった。それは、一家の経済的安定は世襲制や共同体の保護などによって確保し得たからである。この点は封建社会が長く続いたヨーロッパも基本的に同じである。したがって、年代的には多少のずれがあるとしても、生命保険も資本主義的経済社会の中で生成・発展したと考えるべきであろう。つまり、人々の死や老化が所得獲得能力の喪失や減少を意味し、経済的不利益と認識されて初めて**生命保険**（life insurance）が真の意味で必要になる。このような意味での経済的保障手段として生命保険が本格的に広く利用されるようになったのは19世紀以降である[7]。

　しかし単に生命保険会社の誕生というならば、1706年設立の**アミカブル社**（Amicable Society）にまで遡ることができる。アミカブル社は年齢区分をしない**平均保険料方式**を採用して出発した。それに対して、科学的確率計算に基づいた**平準保険料方式**を採用した近代的生命保険会社の誕生は、1762年の**エクイタブル社**（Equitable Society）の設立を待たねばならない。近代的生命保険会社の誕生がこのように遅れたのは、人々の生死がリスクとして認識されるのが遅かったことに加え、合理的な保険料算出の基礎となる統計的確率が利用できなかったからでもある。

　天文学者として有名な**ハレー**（Halley, E.）が人の寿命について統計的に研究し、世界初の**生命表**（**ブレスラウ表**（Breslau table））を発表したのが1693年

7　所得獲得能力と生命価値の歴史的研究については、田村（2008、pp. 17-34）に詳しい。そこでは上述のような考え方がイギリスを中心としたヨーロッパではなく、紆余曲折をへてアメリカで発展したことも述べられている。新世界アメリカが最初から自由の国すなわち資本主義国として出発し発展したことを考えると、うなずける内容である。

近代的生命保険に先んじた終身年金としてのトンチン年金

トンチン年金はそれを発明したナポリ出身のトンチ（Tonti, L.）の名に由来している。このトンチン年金は 1689 年にフランスの財政難を救うために採用されたことで有名で、以下のような方策である（オランダは 1670 年採用）。

まず国家が債券（国債）を発行するのだが、その出資者を年齢別に区分してその区分に応じた一定の利子を毎年出資者に支払う。ただし、その利子を受け取れるのは生存している出資者に限るという条件がついているのである。そうすれば生存している限り（＝終身で）利息配分を受け取れるだけでなく、一人当たりの毎年の受取額は増加する。なぜならば、どの年齢階層でも毎年死亡者が発生しその分の利息配分が生存者に移転されるからである。そして生存者がいる限り継続され、出資者全員が死亡した時点で打ち切られる。しかもその国債の元本は返済しないという条件がついているのである。だからこそ国家の財政難の救済策にもなるのである。このような国債発行は大いに人気を博しただけでなく、その後に展開される生命保険の普及にも大いに役立ったといわれる。つまりトンチン年金が保険思想の普及を促したとも考えられるのである。

しかしトンチ本人はフランス宮廷の内情を暴露したことにより 1669 年に捕えられバスチーユの監獄で 1695 年ごろにその生涯を終えている。つまりトンチ自身はトンチン年金の実施を知らなかったかもしれないのである。

（このコラムについては、水島一也訳、ブラウン〔Braun, H.〕*Geschite von Lebensversicherung und Lebensversichierunstechnik*『生命保険史』明治生命 100 周年記念刊行会 1983 年 12 月 pp. 75-82 に追うところ大である。）

であった。そしてその生命表の考え方を応用し、平準保険料方式に発展させたのがドドソン（Dodson, J.）であった。しかしアミカブル社はドドソンの科学的方式を受け入れず、彼の死後に設立されたエクイタブル社によって初めて採用され、近代的生命保険会社が誕生した[8]。富裕階級が主要加入者となったエクイタブル社の成功により、イギリス各地で生命保険会社も増加し、18 世紀末から 19 世紀にかけてヨーロッパやアメリカにも普及していった。なお、Column 4 でも述べているように、近代的生命保険に先んじて実施された**トンチン年金**が保険思想を高め、生命保険普及に果たした役割は大きい。

---

8 ただし、アミカブル社はエクイタブル社設立後も存続し、自社独自の生命表に基づいて平準保険料方式を採用したのが 1777 年であった（横尾 1978、p. 16）。このようなことを考えると、寿命に関する科学的な考え方が人々に受け入れられるためには、現代からみれば予想外に時間がかかったといえる。

しかし 19 世紀後半から 20 世紀初めにかけてイギリスやヨーロッパだけでなく、アメリカでも生命保険の普及過程で濫設と不誠実な経営による支払不能や破綻が相次ぎ、社会問題となったことは同様であった[9]。

4　社会保険の歴史—資本主義経済の発展と社会保険の関係

社会保障・社会保険の詳しい歴史やその展開については本書 3 部 1 章に譲り、ここでは社会保険誕生の歴史を簡単にたどることにしよう。**社会保険**（social insurance）を最初に実施したのはドイツである。

18 世紀後半からイギリスで始まり 19 世紀全体を通じてヨーロッパ全体で展開された**産業革命**は生産性の向上に多大な貢献をしたが、労働のあり方にも大きな影響を与えた。一般に産業機械の導入は熟練労働の不要化をもたらす。当時、労働貴族とまで呼ばれた高賃金の熟練労働者たちは、産業革命の中でその地位がしだいに低下し、都市に流入する未熟練労働者の過剰によって低賃金を余儀なくされていった。これに対して当初、労働者たちはその原因を産業機械の導入に求め、機械打壊し運動（19 世紀初期の**ラダイト運動**が有名）が各地で発生した。しかしこれは労働者の待遇改善にとってほとんど無意味であった。そして 19 世紀全体を通じて労働者階級の相対的窮乏化が進み、1873 年ごろから 20 年余り続いた大不況（the great recession）がそれに拍車をかけた。このような中で労働者たちは、当時台頭し始めた**社会主義**思想に力を得て、団結によって資本家や国家に交渉力を持とうとしたのである。このような状況はまさに資本主義国家の危機であった。

その当時、後進資本主義国であったドイツは大不況の影響をまともに受け、労働者は窮乏を極めた。そして社会主義運動の高まりは新生ドイツに危機的状況をもたらした。そこで鉄血宰相といわれた**ビスマルク**（Bismarck, O.E.L.F.）は 1878 年に**社会主義者鎮圧法**を制定し、徹底的に弾圧したが鎮静できなか

9　生命保険の普及過程については下和田（2014、pp. 108-112）に詳しい。なお、アメリカではあまりにも多くの破綻が相次いだため、1905 年にいわゆるアームストロング調査が行われ、1906 年にはアメリカ初の保険規制ともいうべきニューヨーク州保険法の制定につながった（詳しくは亀井　2005、pp. 234-235）。

った（1890年に撤廃）。そこでビスマルクは労働者を懐柔する政策を並行的に実施したのである。これを**飴と鞭の政策**という。そのために彼が実施したのが、1883年の疾病保険法（健康保険法）とそれに続く災害保険法（労災保険法）、老齢年金法などの一連の社会保険法であった。これらの対策によって後進資本主義国といわれたドイツは国家的危機から脱出できたのである。労働者救済のために公的扶助ではなく、社会保険という「保険」を用いたのはそれなりの理由があった。その理由を読者なりに考えていただきたい。そうすればビスマルクがとった方法の賢明さが理解できるであろう。

　当時最先進国であったイギリス・フランスなどは救貧制度もあり、相対的に労働者の生活状態もよかったため、体系的な社会保険の確立は20世紀初頭になったが、その成立の背景はドイツと類似していた。

　以上のように、資本主義国家の危機的状況を救うために、社会保険という「保険」が用いられたことは注目に値する。これが20世紀にはさらに発展し、1929年の大恐慌（the great depression）を契機に**ニューディール政策**の一環としてアメリカで1935年に成立した社会保障法（Social Security Act）につながった。そして20世紀半ばからは、社会保険を中核とする社会保障の実施が先進国の責務にもなっていった。

5　日本における保険の歴史

　記録によれば、わが国の慶長時代（1596〜1615年）の朱印船貿易において、**抛銀（なげかね）**という冒険貸借とよく似た制度が行われていたことがわかっている。また鎖国によってこの制度が消滅してからは、海上請負という保険類似制度が廻船問屋で行われていたという[10]。しかしこれらが現代の保険に発展したのではなく、**福澤諭吉**がその著書『**西洋旅案内**』で「災難請合の事（イシュアランス）」と題して、生涯請合（うけあい）、火災請合、海上請合として各保険を紹介したのが近代保険導入の契機となった。

10　木村他（1993、p. 40）。同様の指摘は大谷（2012）、木村他（2006）、（2011）でもみることができる。

そして四方を海に囲まれた島国という地理的条件もあって、海上保険の必要性がより早く認識され、1873 年に**保任社**によって海上請負という名で実施された。しかしこれは成功せず、1 年ほどで消滅した[11]。しかし渋澤栄一が 1873 年に設立した第一国立銀行が 1877 年に「海上受合（うけあい）」という名で再開し、2 年後の東京海上保険会社（現東京海上日動）の設立とともにその業務を譲り渡した。これがわが国の海上保険の始まりである。

　火災保険も維新後の啓蒙などによってその必要性が少しずつ認識され始めた。特にドイツ人教師パウル・マイエット（Mayet, P.）は日本の火災被害の多さに驚き、母国の公営火災保険にならって、強制の火災保険実施を政府に建白した。しかし強制や公営に対する疑問および政変などの混乱によって実現しなかった。その後 1887 年の東京火災保険会社（現・損保ジャパン）の設立を機に、火災保険会社が次々と設立されていった。しかし火災保険会社乱立の中で、安易な保険料率引下げ競争が起こり、保険会社の支払不能や倒産が相次いだ。その結果、消費者はいうまでもなく業界内にも大きな悪影響をもたらした。

　生命保険会社は、福澤門下の保険会社設立運動の成果として 1881 年に設立された明治生命（現明治安田生命）が最初であった。その後設立が相次いで1880 年代後半には 300 社近くに及び、支払不能や倒産も多く、火災保険と同様に苦い経験をした。

　それに対して政府は、**保険法**を含む商法を 1899 年に施行し、保険事業を取り締まる**保険業法**も翌年施行して、不良保険事業の一掃に力を入れた。

　また、明治政府が富国強兵・殖産興業を国是とした資本蓄積を急ぐあまり、新たに形成された資本家たちは労働者に低賃金と長時間労働を強いていた。しかし**社会主義思想**が紹介された明治末から大正時代にかけて労働運動が高揚し、国家的危機が認識された。これに対して政府は、工場および鉱山労働者を対象とした健康保険法を 1922 年に制定したが、関東大震災の混乱もあって実施は 1927 年になった。しかしその間の 1925 年には治安維持法を制定

11　保任社の約款はロイズの保険証券を模範にしたといわれる（大谷　2012、p. 215）。日本がこのように早くロイズを模範としたことは注目に値する。

し、社会主義運動や労働運動を徹底的に弾圧した。その後 1931 年には労働者災害扶助法、1938 年には国民健康保険法、1941 年に労働者年金保険法、そして同法は 1944 年には厚生年金保険法に改正された。しかし日本の場合、これら一連の社会保険（特に年金保険）による労働者の生活保障は名目的で、保険料徴収が戦費調達手段として利用されたことを決して忘れてはならない。

練習問題

1 海上保険の知識を十分に持っていた個人保険業者たちは、なぜ火災保険に気づかなかったのか。もし、気づいていたとすれば、なぜ実施しなかったのか、ぜひ考えてもらいたい。
   ヒント：彼らは火災保険の可能性は知っていたが、あえて実施しなかった。
2 資本主義国の危機的状況に際し、ドイツはなぜ公的扶助のような制度ではなく、「保険」という制度を用いたのか。
   ヒント 1：大不況下の後進資本主義国ドイツには国家として金がなかった（国庫負担は不可能）。
   ヒント 2：資本主義的経済活動と保険の関係は？
3 日欧の保険の歴史を比較して、その類似性と相違について述べなさい。

●引用・参考文献

大谷孝一編著（2012）『保険論（第 3 版）』成文堂
大谷孝一・中出哲・平澤敦編（2012）『はじめて学ぶ損害保険』有斐閣
大橋竜太著（2017）『ロンドン大火　歴史都市の再建』原書房
木村栄一他著（1993）『保険入門』有斐閣
木村栄一・野村修也・平澤敦編（2006）『損害保険論』有斐閣
木村栄一・大谷孝一・落合誠一編（2011）『海上保険の理論と実務』弘文堂
亀井利明著（2005）『保険総論（補訂版）』同文舘出版
下和田功編（2014）『はじめて学ぶリスクと保険（第 4 版）』有斐閣ブックス
「世界の歴史」編集委員会編（2017）『新もういちど読む山川世界史』山川出版社
田村祐一郎著（2008）『いのちの経済学』千倉書房
浜矩子著（2009）『ザ・シティ』毎日新聞社
ブラウン，H 著、水島一也訳（1983）『生命保険史』明治生命
横尾登米雄編（1978）『保険辞典（改訂版）』保険研究所
レインズ，H. E. 著、庭田範秋監訳（1985）『イギリス保険史』明治生命

4章

保険理論の動向とその発展

● キーワード ●

保険経済学、経済的保障機能、金融機能、キャッシュフロー・アンダーライティング、保険技術的限界、危険の三原則、アドバースセレクション、逆選択、経済的限界、法律的・倫理的限界、モラルハザード、道徳的危険、フィンテック、インシュアテック、再保険ネットワーク、ART、代替的リスク移転、デリバティブ、P2P（p2p）保険、オプション

1 保険理論の動向

保険に関する初期の研究では、保険契約およびその内容を示す保険約款の側面から法律的な定義や解釈問題が重視され、保険法学が中心であった。しかし現代社会で私たちが保険に求めることは、家計や企業・組織の経済的保障の達成であると同時に、保険が市場取引を中心とした経済現象であることから、経済学的研究が中心になってきている[1]。

保険の経済学的研究を最初に行ったのはドイツであるが、保険学を保険法学、保険経済学や、保険数学、保険医学などの自然科学に基づく総合科学であるという立場をとっていた。しかし諸科学から必要な部分を切り取った集合科学は単なる知識の寄せ集めであって、技術論にすぎないという批判があった。そのため、保険法学と並行して保険経済学と保険経営学を樹立する方向に進んでいった。

他方、英米仏などではこれらの枠にとらわれない海上保険論、火災保険論、

---

[1] 保険学研究の歴史展開ならびに動向については、庭田（1995）「第1章」および亀井（2005、pp. 3-8）に負うところ大である。

生命保険論、社会保険論、新種保険論という各論的研究が進むと同時に、リスクと保険の関係や経済学の分野で独自の研究がなされていった。特にアメリカでは、リスクマネジメントと保険の関係に加え、ミクロ経済学の中で不確実性・リスクを中心に、1970年代以降に保険市場の分析が盛んに行われ[2]、金融論や金融工学の発展と相まって、21世紀になってもその発展は著しい。また、ヨーロッパでは1990年代以降EUによる市場統合が進み、各国の保険政策・保険規制ならびに国民経済という側面からの研究も発展してきた。しかし2016年6月に行われた国民投票の結果いわゆるブレグジット（Brexit：イギリスのEU離脱）の決定および2019年12月の総選挙で保守党が圧勝し、2020年1月末日にEUを離脱した。すぐに影響があるわけではないであろうが、今後EUとイギリスの関係や保険規制などがどうなるか注視していく必要がある。

　わが国の保険研究は初期のドイツの影響を強く受け、いまだに科学性・統一性を欠いている。たとえば、保険の経済学的研究という場合、保険本質論・保険学説という名の下に、「保険とは何か」という保険の定義付け論争が長く行われ、経済現象としての保険や保険市場の研究は大きく立ち遅れた。しかし最近では、保険経済学を中心にして、これを補助し強化する理論を補助諸学とする保険学の体系化が少しずつ進み、**保険経済学**を「狭義の保険経済学」と「**保険経営学**」に分け、他方で制度論的研究も続けられている[3]。

2　保険の主要機能

　保険理論では、保険の機能を経済的保障機能と金融機能の二大機能に分類するのが一般的で、前者は本質的機能、後者は副次的機能とも呼ばれる。

2　この点に関する詳しい説明については田畑（1996）を参照されたい。
3　本書もこのような保険学体系を意識して構成されている。それに対して、伝統的な総合科学論を意識して構成されているのが、近見他（2006）および（2016）である。なお、保険の定義論争に関する新たな見解が宇野（2012）「第1章」によって展開されている。

1　保険の経済的保障機能

　経済的保障とは、現在の経済状態を将来にわたって維持・向上させるために障害となるリスクを軽減・除去し、安定した経済活動の確保を意味する。保険はこのような意味で経済的保障を達成するためのきわめて合理的な制度である。なぜならば、リスクを事前に保険者に**移転・転嫁**する[4]ことによって確定的に費用化し、適時適量の経済的保障が確保できるからである。加えて、その保障を得るための経済的負担は最小限に抑えられる。

　保険はこの**経済的保障機能**によって、現代社会でさらに多様な機能を発揮する。たとえば、銀行などから融資を受ける場合、担保物件に火災保険を付けたり、生命保険に加入することで信用を高めることができる。企業などではリスクを事前に費用化することによって、長期計画の実現可能性を高め、企業自体のリスク負担に対する原価の増大を抑制することもできる。その結果、最終的には自社製品やサービスの安定供給にもつながる。また、保険による経済的保障が確保されなければ、有形・無形の商品生産、船舶や航空機および自動車の運行やそれらによる物流も不可能であろう。

2　保険の金融機能

　保険は銀行などの金融機関とほぼ同じ**金融機能**も持つ。契約者から集められた保険料（特に純保険料）は最終的には保険金として給付されるが、そこにはタイムラグがある。生命保険では**平準保険料方式**の採用や積立部分のある長期契約が多い。そのため保険料の集積からなる巨額の保険資金が形成され、長期安定資金としての性格が強い。また、保険料率自体が**予定利率**（積立部分のある保険であらかじめ契約者に約束した保証利率）で割り引かれているため、健全な保険運営のためにも一定以上の運用収益を上げなければならない。したがって保険企業は保険料から得られた保険資金を有価証券や不動産投資あるいは融資など、各種の方法で運用する。保険企業が**機関投資家**として注目されるのもこのような性質による。また、日本人の貯蓄意識の強さから、1970

4　井口（2008、pp. 70-71）によれば、保険会社はリスクを「保険契約者間で分散しているだけであり、保険契約者から保険会社へ移転しているのではない」という鋭い指摘もある。

年代以降損害保険でもいわゆる掛け捨ての短期保険に加え、貯蓄性のある長期の積立型保険に関心が集まった時期もあり（1990年代初めまで）、そこでも金融機能の発揮が期待されていた。

　さらに欧米では、保険市場の自由化とそれに伴う競争激化によって（1970年代以降）、純保険料部分の赤字を金融機能で得られる利益で補填するという**キャッシュフロー・アンダーライティング**（cashflow underwriting）という方法もとられ[5]、副次的とされてきた金融機能が保険企業の存続に深く関わってきた。しかし1部6章で詳しく述べるように、1990年代のバブル経済の崩壊とその後の長期不況の中で、資金運用の失敗も加わって多くの保険企業が支払不能・倒産に追い込まれていったことは忘れてはならない。

3　保険の限界とその対応

1　保険の前提条件と限界

　保険はリスクに対する経済的保障達成のための手段であるが、あらゆる社会やリスクに対応できるものではない。保険はそれが成立するために前提としている条件があり、対応可能な範囲に限界もある。**保険の限界**は、保険としての成立可能・利用可能な範囲ないし境界を意味する。そして保険の限界は、社会経済的限界、保険技術的限界、経済的限界、そして法律的・倫理的限界の4つに分類すると理解しやすい。

(1)　保険の前提条件としての社会経済的限界および可能範囲・可能対象

　保険の前提条件とは、保険必要の大前提で、その社会が保険を必要とする経済構造であるかどうかを意味する。リスク対策として保険が必要とされるためには、保険の歴史からも明らかなように、リスクとしての危険認識が必然化し一般化する社会でなければならない。つまり、**資本主義**的経済構造でなければならない。封建的な社会構造ではリスク認識は必然化されず、また、かつてのソビエト連邦や自由化以前の中国、つまり社会主義国・共産主義国

5　この点について詳しくは石田・庭田（2004、pp. 36-37）を参照されたい。

図表1-4-1　保険の対象となる事象

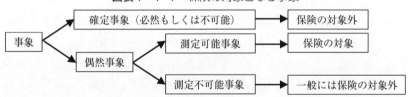

出所）石田・真屋（1979、p. 23）をもとに筆者作成。

では、原則として保険は否定されていた。しかし経済の自由化すなわち資本主義的な経済活動が認められると同時に、さまざまな保険事業が開始され、急速に発展してきている。

　保険の対象となる事象とは、偶然的に発生する事象のみに限られ、確定した事象はその対象にはならない。図1-4-1に示すように、確定事象は保険の対象外となる。偶然事象の中でも、客観的確率が測定可能である場合は保険の対象となるが、測定不可能な場合は一般的には保険の対象外になる。ただし、そのニーズが高い場合は国などによって社会保険として対応したり、再保険で対応したりする場合もある[6]。

（2）　保険技術的限界

　保険制度内の限界として**保険技術的限界**がある。保険制度を維持するためには、**大数の法則**に基づく事故発生確率（危険率：ω）が測定可能でなければならない。その上で**給付・反対給付均等の原則**（$p = \omega Z$）を確保しながら、収支相等の原則を満足させる必要がある。したがって、統計データが不十分であったり、発生回数の少ない事象については、大数の法則が適用しにくいため保険化の困難さが伴う。たとえば、地震や津波、噴火などの自然災害や原子力事故、戦争やテロなどの確率測定はきわめて難しい。

　また、予測される不利益の大きさ（Z）が経済的（金銭的）に測定可能かどうかという面でも限界がある。たとえば交通事故被害者やその遺家族が味わう肉体的苦痛や精神的苦痛などについても金銭的評価は難しいであろう。

6　石田・真屋（1979、pp. 23-24）を参照。

もう一つの保険技術的限界は、保険運営可能性の問題、つまり**収支相等の原則**（$np = rZ$）の維持可能性の問題である。大型タンカー事故による海洋・海岸の油濁損害や建物のアスベスト被害あるいは原子力事故など、一度発生すれば各方面に巨大損害をもたらす集積的危険、あるいは発生地域や時期が集中し損害額も巨額に達する集中的危険（地震や異常気象など）を想像してほしい。最近ではこれらの事象に伴うリスクを総称して**CAT リスク**（catastrophe risk の略語：破局的危険という意味）ともいうが、これらによる経済的不利益の総額は、予測をはるかに超えるほどの巨額に上る可能性がある。その結果 $np \ll rZ$ となり、保険企業の支払不能・倒産を招くおそれもある。このような保険技術的限界を超える事象については保険企業として保険金支払責任を負わない**免責危険**とすることが多い。つまり保険から排除しているのである。

　また、保険では**危険の三原則**（危険同質性の原則、危険大量の原則、危険分散の原則）が達成されない場合、事故発生確率（危険率）の高い者（**バッドリスク**〔bad risk〕：「不良危険」ともいう）が積極的に保険に加入しようとする**アドバースセレクション**（adverse selection：逆選択）が生じ、保険経営を不可能にする。そのため、多くの保険では加入者の危険測定を正確にするため、加入者が自らの状況・状態について正直かつ正確に保険者に伝える**告知義務**が課されている。

(3)　経済的限界

　経済的限界は、リスク対策としての保険が他の対策と比べて経済的（economy：安価）で経済的合理性があるかどうかという点である。保険は、できるだけ同質の加入者で（**危険同質性の原則**）、しかもできるだけ多くの加入者を（**危険大量の原則**）、地理的にも時間的にもより広範囲から集めて（**危険分散の原則**）、**危険団体**（加入者の集団）を維持しなければならない。

　そのためには、より多くの経済主体が保険料負担に納得し合意する必要がある。つまり**利用可能性**（availability）を高めることを常に意識する必要がある。その点、上述のCATリスクは、保険料としての合理性はあっても、多くの経済主体にとっては保険料を負担できないこともあり得る。つまり人々の**保険料負担可能性**（affordability）も考慮する必要がある。加えて、個々の

加入者の扱いについて公平性・公正性も確保されていなければならない。これらのどれを欠いても、安定的な保険制度として維持できなくなる。公的年金の未納問題なども、ある面ではこの経済的限界に関わるものといえよう。

(4)　法律的・倫理的限界

　保険技術的かつ経済的には保険化可能であっても、保険は自ら保険の限界を画することがある。それが**法律的・倫理的限界**である。つまり、その事象（peril）やそれに伴うリスクを保険化することによって公序良俗を強く損なったり、社会や経済に大きな悪影響を与えたりすると考えられる場合、保険化しないのである。たとえば、企業倒産に対処する保険（一応「倒産保険」と名付けよう）は、作ろうと思えば可能である。企業の平均寿命もかなり正確に予測できるし、業種別や規模別の負債総額あるいは債務超過額なども予測可能である。しかしこのような倒産保険を実施した場合、現代社会における健全な企業活動・経済活動を大きく損なう可能性があろう。

　また、ある危険を保険化することによって、加入者自身が意図的・意識的に危険率を増大させたり、社会悪を増長させるような**モラルハザード**（moral hazard：**道徳的危険**のこと。実務では和製英語で**モラルリスク**ともいう）を誘発しやすい場合も同様である[7]。

② 保険の限界克服とその対応

　保険の限界を超える事象についても、保険化されている例は数多い。たとえば、地震、噴火、津波や風水雪害などの巨大な自然災害、巨大な人災ともいうべき戦争や原子力事故に対応する保険、海外進出企業のある面では投機的危険ともいうべき投資損害や海外貿易で生じる損害に対応する貿易保険、あるいは生命保険では道徳的危険の一種である自殺についても、ある一定条件下で保護されることがある。

　このような保険の限界への対応は、私的保険の場合、保険企業の社会的ニーズに応えようとする積極的姿勢と保険企業の資金力・担保力（保険金支払い

7　このような点から日本では保険化されていないが、欧米では保険化されている例として誘拐保険（kidnap insurance, ransom insurance：身代金保険）を挙げることができる。

能力、ソルベンシー〔solvency〕ともいう）の向上や安定が挙げられよう。また、不断の統計的データの集積・整備と、ITおよびICT（情報通信技術）の発展による保険技術ならびに予測能力の向上の成果でもある。この点については、IoT（Internet of Things：インターネットとあらゆるモノを結び付けて利用すること）の進展といわゆるビッグデータ（big data：きわめて大量の情報収集・分析）およびそれらの利用が、**フィンテック**（FinTech：ファイナンスとITの合成語）や**インシュアテック**（InsurTech：insuranceとITの合成語）の急速な発展と結び付き、保険の限界克服に新たな可能性をもたらすことも考えられる。この他に、保険企業間を含む世界的な**再保険ネットワーク**が保険企業の担保力を格段に高めた[8]。

　さらに、国民経済的な視点あるいは経済政策的な面から、国家の介入や援助によって保険化することも多い。**地震保険、貿易保険、農業保険、預金保険**などがその例である。また、社会保険の一つである雇用保険も民間保険企業の限界を超えている保険といえよう。

③ 保険に代わる新たな対応とその問題点

　上述のように保険の側から限界克服のための努力が継続的に行われていることは高く評価できる。しかし保険側としてどんなに努力しても保険化不可能な事象やリスクもたくさんある。その代表的な例が**CATリスク**といわれる巨大リスクであり、しかもその**間接損害**はさらに不得意である。

　保険、特に損害保険は一般に**直接損害**を対象としてきた。つまり、火災保険であれば、住宅やその収容動産そのものが火災などのペリルによって直接的に損害を受けた場合に保障（この場合、実務では**補償**ともいう）するのである。したがって、工場が火災によって休業した場合の損害（休業損害）などの間接損害は別の損害として考え、特約で保護する場合はあるが、多くの場合こ

8　再保険の発展とその限界については田畑（1993、pp. 151-155）を参照。なお、再保険の一種であるファイナイト利用によって、2001年の9.11アメリカ同時多発テロ事件の結果、日本の大手保険会社が倒産している。ファイナイトについて詳しくは、田村（2002、pp. 111-112）を参照されたい。なお、東日本大震災でもロイズを含めた世界的再保険ネットワークが大きな機能を果たした。

のような間接損害は保険の限界を超えるものとして扱われてきた。

　ここで地震について考えてみる。本来、工場などの一般物件は地震保険の対象外であるが、耐震構造などによって震度6強でもほとんど直接損害は生じないとしよう。しかし近隣の道路や交通機関が長期間麻痺し、従業員も通勤できず、長期休業を余儀なくされ、損害が巨額になることもあり得る。

　たとえば東京ディズニーランド（以下、TDLという）では、このような間接損害によるリスクについて、本社（オリエンタルランド）でも認識していたが、保険では対処不可能であった。この種のリスクに対し、保険に代わる対応手段としてアメリカで開発されたのが、**ART**（alternative risk transfer：**代替的リスク移転**）という新たな制度である。以下ではARTを理解するためにTDLが阪神大震災を契機に1999年から採用したARTの例を簡単に示してみよう[9]。

　TDLは地震発生などによって長期休業に追い込まれて生じる不利益の可能性（リスク）に対応するため、あらかじめ債券を発行する。この債券発行のために証券会社や保険会社が幹事となる特別目的会社（SPC：Special Purpose Company）を設立し、そこから世界中の投資家に債券を買ってもらう。債券は借金の証券であるから、一般的には元本に利子を付けて返済しなければならない。しかしARTでは、この返済について特別の条件が付けられている。もしも一定期間中に一定以上（TDLでは震源からの距離とマグニチュードを採用）の地震が起こらなければ、元本に加え一般の債券よりも高い利子を付けて返済する。しかし、期間内に一定規模以上の地震が発生した場合、元本および利息の全部または一部の返済義務が免除されるという条件を付けるのである。投資家としては一般の債券よりもARTの方が大きいリスクを負うが、その代わり一定以上の地震が生じなければ得られる利益も大きい。このような形で世界中にリスクを分散して特定のリスクに備えるのがARTで、保険に代わる**デリバティブ**（derivative **金融派生商品**）ということができる。

　これを応用すれば、夏場に冷夏で利益が減少する可能性に備えたり、冬にスキー場で雪が降らないことによるリスクに備えたりすることもできる。こ

9　この点については土方（2001、pp. 89–98）による。ここでは元本リスク型債券（catastrophe bond：CATボンドや大災害債という）について取り上げた。

モラルハザードとモラールハザード

　本章でも述べているように、保険は関係者の最大善意性が大前提にされている。しかし、人はバレなければ自己の利益を最大化するように行動する場合もある。自らの善意に反して自己の利益になる行動をとる例として、モラルハザードが挙げられているが、保険の分野ではこのモラルハザードをモラルハザード（moral hazard）とモラールハザード（morale hazard）に分けて捉えていた。モラルは倫理観や道徳意識を意味し、モラールは目標を達成しようとする意欲や態度のことである。

　モラルハザードは保険金目当ての詐欺や自宅への放火といった、故意に保険事故を起こす、つまり事故率100％ を意図的に作り出すことを意味している。対してモラールハザードは、保険に加入しリスクが生じた際の損失が軽減されるようになると、人々の安心感が増しリスク回避の意識が弱まり、結果として事故の発生確率が高くなることを意味する。

　公的医療保険で患者の自己負担率が無料になると、体に異常がないのに医療機関にかかることはモラルハザードであるが、夜更かしや深酒などの一般的に不健康といわれる生活をするようになることはモラールハザードである。モラルハザードの方は故意であるので、十分な防止策を講じる必要がある。しかし、モラールハザードの方は注意力が散漫になったことによる事故率の上昇を客観的に確認することは困難で、対策も難しい。子どもの医療費の自己負担が無料の自治体で、インフルエンザの予防接種は有料である場合、お金がかかる予防接種は受けさせず、インフルエンザになった後で無料の治療を受ける方が合理的だ、と考える者もいるかもしれない。それは保険の世界ではモラールハザードであるが、経済学的には合理的な行動であるともいえる。たとえ保険が損失を軽減してくれても、人々が自らの事故発生確率を下げるよう行動する、最大善意性を引き出せるシステムを考える必要がある。

　参考文献：赤堀勝彦編著（2015）『ベーシック リスクと保険用語辞典』金融ブックス、pp.67–68

のような金融派生商品を天候デリバティブ[10]ともいう。とにかくARTの応用範囲は広く、1990年代以降各種の分野で世界的な広がりをみせていった。そして20世紀末最高の金融商品の発明であるとも評価されてきた。

　しかしここまで保険理論を学んできた私たちにとっては、ARTは決して

10　天候保険もあるが、ここでは保険デリバティブというARTを説明した。なお、最近ではARTも含めた金融手法によるリスクファイナンスをARF（alternative risk finance）ともいう。

20世紀の発明ではないことがわかるであろう。これは紀元前から行われていた冒険貸借にそっくりなのである。金融工学とITを駆使し、科学的な装いをしただけの投機的金融商品にみえるのは筆者だけではないであろう。

しかもARTで注意すべき点は、不利益が生じたかどうか、また不利益の大きさとは無関係なことである。最初に約束した条件（たとえば、地震で「震源から半径50 km以上100 km以内でマグニチュード7以上」と決める）さえクリアしていれば、不利益の有無や大小に関係なく、債務の返済免除（または一部免除）になるのである。逆にいえば、実際に約定の事由によって投資対象に不利益が生じなくても、投資家は大きな不利益を被ることになるのである。

このような考え方がさらに発展し、アメリカを中心に金融デリバティブブームというべき時代が20世紀末から21世紀初めに訪れた。そしてサブプライムローン問題に端を発した **CDS**（credit default swap：債務返済不能に対する保証保険的な証券）の無制限な発行が2008年9月の**リーマン・ショック**とそれに続く世界的な金融の大混乱に結び付き、加えて100年に一度といわれる経済不況に追い込まれた原因の一端になったことは忘れてはならない。

また、TDL（現TDR）が利用してきたCATボンドなどのARTは、不利益の有無や大小に無関係に発動するなどの投機的問題もあるためか、2010年に至っても世界的には大きな伸びを示していなかった。しかし少なくとも2012年以降は増加傾向にある。ただし、最近では巨大リスクのヘッジ手段として、伝統的な再保険、ARTとしてのCATボンド、同等のリスクを交換し合うリスクスワップ等のベストミクスを追求する方向にあるという[11]。

なお、必ずしも保険の限界との関係ではないが、現在の保険者（保険会社）の存在を脅かすような保険（あるいは保険類似制度というべきか）が登場してきているので、それを最後に簡単に説明しておこう。それは**P2P保険**（また

11　竹井（2011、p. 58）。TDLは2001年に東京ディズニーリゾート（TDR）となり、ARTが満期を迎えた2004年にその利用を停止した。しかしARTに代わるリスクファイナンス手法によって東日本大震災後も手元流動性の問題はなかったと報告している（株式会社オリエンタルランド2011、p. 2）。この種のリスクファイナンスがTDRで行われ、他企業でも広がりをみせていることについては高尾（2007、p. 99）、リスクヘッジの手法については松尾（2013、pp. 111-113）に詳しい。なお、最近では日本の損害保険会社もCATボンドを発行するようになっている。

はp2p）という制度（peer to peer insurance の略語：peer とは「同等の人」とか「仲間」という意味）である。これはインシュアテックの発展によって登場した方法で、特定の仲間同士が金銭を出し合ってプールし（事前でも事後でも構わない）、仲間の誰かに特定の事故が発生した場合、必要な金額の全額または一部を給付するものである。その場合、事故発生当事者に給付を行うか否か、あるいはいくら給付するかについては、代理店として機能する保険会社等が決める。そして必要となる保険料はP2Pの会員全員がSNSなどのネットワークを通じて負担する。このネットワークをブロックチェーン化すれば、仲間以外の侵入は阻止することができる。そしてプールされる金額が不足することも想定して、保険会社と提携したり再保険を利用することもあるという。このような方法はまさにインシュアテックの発展によってもたらされたもので、ICTの発展によってますます広がりをみせているという。欧米では2010年以降から登場し、最近の中国では、従来型の保険事業の発展もさることながら、P2Pの発展も著しい。日本では2019年7月にサンドボックス制度（政府による新分野開拓に向けた規制緩和の一つで、実証実験的に新事業を認める制度）の認定を受けP2P保険の実証実験が開始された。その後、2020年1月には日本で初めてのP2P保険が発売され、同年4月には、日本初となるP2P保険のプラットフォームサービスが開始された[12]。日本では提供されている商品がまだ多くはないので、今後の展開に注目する[13]。

４ 不確実性の経済学と保険理論

　すでに述べたように、保険はリスクに対処するための制度であるから、リスクに対する保険学者の関心は強く、リスクの性質や分類などの研究は盛んであった。他方、経済学（特にミクロ経済学）は市場参加者の完全知識・完全情報（あらゆることを知っていること）を前提とし、その結果、市場参加者の完全予見（あらゆることを予見できること）まで想定していたため、将来に関する

12　佐野（2021、pp. 1-2）参照。
13　本段落は牛窪賢一（2018）、吉澤（2019）に依拠するところ大である。なお、P2Pにおいてアドバースセレクションやモラルハザードがどうなっているのかについても注視する必要があろう。なぜならば参加者が増大するにしたがって仲間意識が希薄化するからである。

図表1-4-2　情報の経済学からみたリスク認識と保険の必要性

かつてのミクロ経済学における経済人の前提

あまりにも非現実的なため、前提を緩和

（監修者作成のものに筆者修正）

不確実性・リスクの概念はなかった（図表1-4-2）。したがってリスクに対処するための保険にも関心が薄かった。このようなことから、「保険は経済学の継子（ままこ）である」という時代が長く続いた。

しかし1970年代以降アメリカで急速に発展した**不確実性の経済学**（または**情報の経済学**）では、市場参加者の完全知識・完全情報の前提を緩和した。その結果、不完全知識・不完全情報の市場参加者には不完全予見しかできず、そこに必然的に生じてくる不確実性（＝リスク）の研究が盛んに行われるようになった。その成果によれば、**期待効用**（expected utility）理論を援用して**危険回避者**（risk averter）という概念を明確にし、保険加入行動の経済的合理性を明らかにした[14]。そして保険市場の理論的分析では、保険が自由市場で取引される場合、市場均衡は得られず、したがって保険市場は失敗（market failure：**市場の失敗**）する可能性を内在しているとした。

その原因は、**情報の非対称性**（asymmetry of information：一方が十分な知識・情報を持っているのに対し、相手方は不十分な知識・情報しか持っていないこと）を利用して保険の買い手が**アドバースセレクション**（逆選択）や**モラルハザード**（道徳的危険）の行動に出て、保険の市場価格（保険料率）を禁止的水準（支払うの

14　この点については田畑（1996、pp. 69–75）において簡単な数理モデルで説明している。

が不可能な水準）にまで引き上げてしまうからである。つまり、保険の買い手は自らの状態や特徴を十分に知っているのに対し（**完全情報**）、保険の売り手である保険者側は買い手の情報を十分に入手できず（**不完全情報**）、ここに情報の非対称性が生じる。買い手側は自らの効用・満足を高めるために、この情報の非対称性を利用し、売り手側にわからないように保険を悪用したり（＝モラルハザード）、保険者が予測した確率（ω）よりも高い者（バッドリスク）が積極的に加入したりする傾向（＝アドバースセレクション）が強くなる。その結果、保険料率の引上げを余儀なくされる。しかし情報の非対称性がある限り、この悪循環から抜け出すことはできず、自由な保険市場は失敗してしまうのである。

　不確実性の経済学でこのような結論に至るのは、その基になるミクロ経済学が極大利潤・極大効用を追求する**経済人**（homo oeconomicus : economic man）を前提としているからである。この種の研究成果はエージェンシー理論やゲームの理論の中でさらに精緻化され、保険理論だけでなく金融論、労務管理論など、幅広い分野に応用されている。

　他方、保険理論では、保険加入行動についてはリスク認識が必然化する社会であれば保険加入動機は高まり、経済発展や所得水準の上昇によって保険は発展すると考えてきた。また、モラルハザードやアドバースセレクションが多発すれば、保険の限界を超える可能性があるという認識はあったが、それらの多発は保険制度内で大部分を未然に防ぐことができるという、経済学とは正反対の考えを持っていた。それは保険理論が、保険の買い手である契約者や被保険者の**最大善意性**（utmost good faith）を暗黙的に前提としていたからである。このような前提条件の相違を無視して経済学の成果を保険理論に安易に援用することは適切ではない。

　しかし最近は保険理論と経済学の接点を求め、従来の保険理論を再検討しながら新たな方向に進む努力が傾注されている。また、モラルハザードやアドバースセレクションの概念はさらに一般化され、特にモラルハザードは**倫理の欠如**として広く知られるようになった。しかも 21 世紀になって発覚し社会問題ともなった保険会社による**保険金不払い問題**やそれに引き続いて損

害保険業界で発生した保険料取りすぎ問題（過徴収問題）など[15]は、保険市場参加者の最大善意性の前提を保険者側から崩壊させた現象と考えることもできる。他方、経済学の分野では、規制緩和・自由化促進の中で発生したリーマン・ショック以降、道徳観や倫理観を一切持たない経済人を現実の経済でも是認しすぎたという反省が生じている。そのような状況の中で、経済学と保険理論の融合が進みつつあるというのが現状であろう[16]。

5 保険とオプション[17]

　保険の仕組みを最も単純に示せば、$p = \omega Z$ と表すことができ、これを**給付・反対給付均等の原則**ということは、すでに述べた。ただしこのモデルでは、損害保険におけるいわゆる全損については理解できるが、分損に対する損害填補については理解しにくい。

　これに対し、近年急速に発展している金融理論から保険を見直すと、保険が**オプション**（option）の一種であることがわかる。そして、保険消費者側からみると損害保険の大部分は**プットオプション**（put option）と見なすことができる。オプションは前述の**金融派生商品**の一種で、権利に関する取引を指す。つまり、あるモノ[18]を一定期間内に一定量を一定価格で買う権利や売る権利を取引することをいう。買う権利の取引を**コールオプション**（call option）、

15　この点については1部6章でさらに詳しく述べる。

16　このような現状を理解するには、いわゆる「行動経済学」が役に立つが、関連文献が多数あるため例示しない。この行動経済学の中で最近ではプロスペクト理論という分野がさらに発展し、新たな方向への理論展開とその実践的応用が急速に進んでいる。別の新たな展開として『アイデンティティ経済学』（2011）を挙げておく。この著者アカロフはレモンの原理（Principle of Lemons）で保険市場におけるアドバースセレクションの必然性と市場の失敗を明らかにしてノーベル経済学賞を受賞している。同書では、CDSやリーマン・ショックでgreed（強欲）ともいわれたゴールドマン・サックスにおいてさえ、1970年代当時の行動規範・第一原理が「顧客の利益が常に最優先。経験によれば顧客に十分奉仕することでわれわれ自身の成功が自然についてくる。…（中略）…わが社の社員は仕事においても私生活においても、高い倫理基準を維持することが期待されている」（p. 6）として、企業と従業員の倫理的考え方の重要性がアイデンティティの経済学で明らかにされていく。

17　保険とオプションの関係を日本で最初に理論的に説明したのは高尾（1998）であろう。以下の記述も同書によるところ大である。また石田・庭田（2004, pp. 40-41）も参照。ただしここでは、オプションを発行する側ではなく、利用する側のポジションから説明している。

18　金融分野では通貨、株式、債券などを指すことが多いが、本質的に有形・無形かは問わない。

売る権利の取引をプットオプションという。オプションは本来**リスクヘッジ**（risk hedge）[19] のために考え出された取引法であるが、**レバレッジ効果**（leverage effect：「てこの原理」のように、自己資金の何倍もの運用が可能なこと）があるため、投機的取引にも用いられ金融市場の不安定化要因ともなっている。

　ところで、一般の商品も金融商品（通貨、株式、債券など）も、その市場価格は常に変動しており、それが企業の利益・不利益にも大きな影響を与えることがある。たとえば（図表1-4-3）、ある輸出業者が1ドル＝100円の時期に10万ドル（円換算で1000万円）の取引が成立したと想定しよう。輸出代金として10万ドルを受け取るのは当然であるが、実際の代金受取の時期に、

図表1-4-3　プットオプションと損害保険

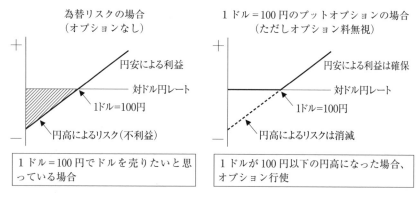

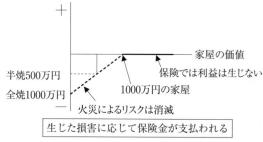

（監修者作成）

19　リスクヘッジとは、リスクを遮断して安定を得ることを意味するが、最近では「保険つなぎ」という表現も使われる。しかし保険理論から考えるとこの用法が正しいようには思えない。

為替レートが1ドル＝100円である保証はない。1ドル＝110円という円安になっているかもしれないし、逆に1ドル＝90円の円高になっているかもしれない。円安であればこの場合、1100万円の売り上げになり（両替手数料は無視している）、100万円を余分に手に入れることができる。しかし1ドル＝90円の円高であれば、100万円値引きして売ったのと同じことになる。この場合、受け取ったドルを1ドル＝100円で売る権利（プットオプション）を持っていれば、110円の円安の場合はそのまま換金し、90円という円高の場合はオプションの権利を行使するのである。そうすれば、円安による利益は自分の手元に残し、円高によって生じる不利益は排除できることになる。もちろんこのオプション取引についても、あらかじめ取引価格が設定される。それがオプション価格であるが、これを数学的にモデル化したのが**ブラック＝ショールズ式**（ブラック＝ショールズ・モデル）[20]である。

　ここで火災保険を想定してみる。保険価額1000万円の家屋に保険金額1000万円の**全部保険**を付けたとする。全損・分損を問わず火災による損害が発生すれば、保険金請求権が生じ（この権利が重要）、全損であれば1000万円の請求権がある。これは、灰になってしまった0円の家屋を保険会社に1000万円で売る権利が生じたと見なすことができる。したがってオプションにおいて値下がりしたときにあらかじめ約束した金額で売る権利を確保したこと、つまりプットオプションとまったく同じであろう。分損についても同様に考えることができる。半焼で500万円の価値になってしまった分の損失額（500万円）を保険金請求権という権利行使で、理論的には1000万円に回復できるのである。このような権利を得るために支払うのが保険料である。

　ブラック＝ショールズ式に基づくオプション価格では、リスクの測定について**ボラティリティ**（volatility）[21]を用いるので、大数の法則を用いて予測する事故発生確率（ω）とは異なる部分もある。また、損害保険では保険事故発生によるマイナスの変動はあるが、プラスの変動はないので、保険契約に

20　この数式はきわめて難解なので理解する必要はないが、詳しくは石田・庭田（2004、pp. 256–257）を参照されたい。

21　金融理論でいうボラティリティは、予測される変動幅としてのリスクを指す。一般的には過去の金融市場における変動幅の標準偏差として捉えることが多い（石田・庭田　2004、p. 257）。

よって買い手側に利益が生じる可能性はない。つまり保険契約は、買い手側には利益が生じることのないという条件で、プットオプションの限定型と見なすこともできるのである。

練習問題

1　保険理論の発展方向と保険の二大機能について説明しなさい。
2　保険の限界を簡単に説明し、限界の克服方法や保険の新たな可能性について考えなさい。
3　保険に代わる新たなリスク対策について説明し、それに対するあなたの考えを述べなさい。
4　リスク対策としての保険とオプションの関係を述べ、デリバティブを含めて保険の未来について考えなさい。

●引用・参考文献

アカロフ, G. A.・クラントン, R. E.著、山形浩生・守岡桜訳（2011）『アイデンティティ経済学』東洋経済新報社（Akerlof, A. G. & Rachel, E. K.〔2010〕*Identity Economics: How Our Identities Shape Our Work, Wages, and Well-Being*, Princeton University Press.）

井口富夫著（2008）『現代保険業研究の新展開』NTT 出版

石田重森・庭田範秋編著（2004）『キーワード解説　保険・年金・ファイナンス』東洋経済新報社

石田重森・真屋尚生著（1979）『保険理論の新展開』慶應義塾大学出版会

牛窪賢一グループリーダー主任研究員（2018）「インシュアテックの進展―保険の事例を中心に―」『損保総研レポート』第 124 号、損保事業総合研究所

宇野典明著（2012）『新保険論』中央大学出版会

大谷孝一・中出哲・平澤敦編（2012）『はじめて学ぶ損害保険』有斐閣ブックス

亀井利明著（2005）『保険総論（補訂版）』同文舘出版

佐野誠（2021）「Ｐ２Ｐ保険における近時の展開と法的論点」『生命保険論集』第 214 号、生命保険文化センター、pp. 1-34

高尾厚著（1998）『保険とオプション』千倉書房

高尾厚（2007）「地震リスクと経済的保障の可能性―オリエンタルランドの地震リスクマネジメントの変容過程」『保険学雑誌』第 597 号、日本保険学会、pp. 87-101

高橋康文著（2012）『地震保険制度』金融財政事情研究会

田畑康人（1993）「『保険危機』の経済分析」『三田商学研究』36 巻 1 号、慶應義

塾大学商学会、pp. 147-164

田畑康人（1996）「保険理論としての経済学の出発点」『保険研究』第 48 集、慶
　應保険学会、pp. 59-78

田村祐一郎編（2002）『保険の産業分水嶺』千倉書房

近見正彦他著（2006）『新・保険学』有斐閣アルマ

近見正彦・堀田一吉・江澤雅彦編（2016）『保険学［補訂版］』有斐閣ブックス

庭田範秋著（1995）『新保険学総論』慶應通信

土方薫著（2001）『総解説　保険デリバティブ』日本経済新聞社

松尾繁（2013）「損害保険会社における巨大リスクの引受け」『保険学雑誌』第
　620 号、日本保険学会、pp. 97-116

株式会社オリエンタルランド（2011）「地震リスク対応型ファイナンスによる資
　金調達のお知らせ」コード番号 4661、東証第 I 部（これは投資家向けの情報
　公開資料である）

竹井直樹（2011）「自然災害とリスク管理：損害保険会社の場合—地震・津波災
　害を中心に—」日本損害保険協会（これは竹井氏が講演会等のために作成し
　た資料で公開されていない）

吉澤卓哉（2019）「情報社会の急激な進展による保険制度における『信頼』の変
　容—インシュアテックが保険制度における『信頼』に与える影響—」令和元
　年度日本保険学会大会共通論題報告①

「日本経済新聞」（2016 年 2 月 8 日付）

5章

保険の経営形態

● キーワード ●────────────────────

ロイズ、シンジケート、アンダーライター、ネーム、株式会社、相互会社、社員総代会、共済、協同組合保険、制度共済、無認可共済、少額短期保険業者、認可特定保険業者、社会保険、貿易保険、預金保険、簡易保険

1 保険経営者（保険者）の組織形態

　わが国の保険の経営形態は、歴史的にも変化してきたが、現在みられる形態を大別すれば、図表1-5-1のように私営保険と国・公営保険に分類され、私営保険には、個人保険業者、組合形態、会社形態に分類することができる。本章では、個人保険業者と会社形態、組合形態について詳しくみていくこととする。

図表1-5-1　保険業の経営形態

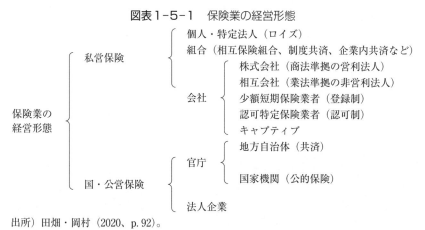

出所）田畑・岡村（2020、p. 92）。

2 個人保険業者（ロイズ：Lloyd's）

　個人保険業者（**ロイズ**：Lloyd's[1]）は、その歴史も古く、最古の経営形態として有名である。City of London にある地下鉄 Bank 駅を降りると、Lombard Street（ロンバード・ストリート）に出る。このストリートはかつてロンバード商人たちが取引を行っていたことに由来し名付けられ、1691 年から 1785 年までここにロイズ・コーヒーハウス（Lloyd's Coffee House）があったことを示すブループラークが設置されている[2]。そのロンバード・ストリートを通り、その先にあるレドンホール・マーケット（Leadenhall Market）を通り抜けライム・ストリートに出たところに奇抜な建築物がそびえたっている。そこが現在のロイズであり、除幕式にはエリザベス女王も訪れ、チャールズ皇太子(現国王) はこの建築物をみて「まるでエスプレッソ・マシーンのようだ」と表現したことから、この建物はエスプレッソ・マシーンという愛称で親しまれている[3]。

　ロイズでの保険契約であるが、ロイズには保険契約者は入ることができず[4]、ロイズ・ブローカー（Lloyd's Broker）を通して保険加入を仲介してもらう。依頼を受けたロイズ・ブローカーはロイズ内にあるアンダーライティング・ルーム（Underwriting Room）に赴き、**シンジケート**（Syndicate）ブースにいる**アンダーライター**（Underwriter）にその内容を説明する。そしてシンジケートに所属する筆頭アンダーライターをはじめとするアンダーライターたちは、その内容に対し、リスクの評価、引受可否、条件等を吟味し、保険を引き受けるかどうかをその場で判断する。引き受ける場合でも自分のシンジケートで何％、いくらまで引き受けるかどうかを判断し、保険証券に引受割合を自

1　ロイズは、ロイズ・オブ・ロンドン（Lloyd's of London）という通称が用いられることもあるが、イギリスのロイズ法（Lloyd's Act, 1982）における正式名称はソサイエティ・オブ・ロイズ（Society of Lloyd's）で、ロイズ評議会（Council of Lloyd's）によって統治される特殊法人である。詳しくは松岡（2009）を参照されたい。
2　本書1部3章 pp. 37-38 を参照されたい。
3　Lloyd's（2010）p. 65 参照。
4　ロイズには一般人は入ることができず、ロイズ・ブローカーと帯同でしか入ることができない。また、男性の場合は正装でネクタイの着用が義務付けられている。

図表1-5-2　Loss Book と Titanic Unclerwriting Slip

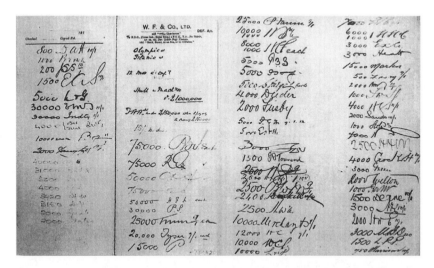

出所）Flower & Wynn Jones（1974，p. 145）および Lloyd's Titanic Centenary

保険探索紀行 in London

　ロイズからテムズ川に向かい歩いていくと、その途中に Monument（モニュメント）という地下鉄の駅にたどり着く。モニュメント？　何のモニュメントなのかと思う方いるかもしれない。これはサー・クリストファー・レン（Sir Christopher Wren）が設計したロンドン大火のモニュメント（記念塔）であり、その名称が駅名となっているのである。ロイズ最寄りの駅名が Bank なのは、駅を降りたところに Bank of England（イングランド銀行）があるからである。

　このモニュメントは中に入ることができ、311 段の螺旋階段を登り、ロンドンの景色を見下ろすことができる。ちなみにこのモニュメントを登り切り降りてくると、登頂証明書を受け取ることができる。

　その頂上からはサー・クリストファー・レンが建てた別の建築物、セントポール大聖堂（St. Paul's Cathedral）もみることができる。セントポール大聖堂の地下墓所（Crypt）にはトラファルガー海戦で戦死したネルソン提督の墓があり、ロイズのアンダーライティング・ルームには、ネルソン提督が海戦でイングランド兵たちを鼓舞したという "England expects that every man will do his duty" の文章が記された航海日誌が展示されている。

　このモニュメントの高さは 202 フィート（61.5 メートル）であり、塔が立つ場所から北東の方角に倒した距離にある場所こそ、ロンドン大火の出火元である Pudding Lane（プディング・レーン）にあった王室御用達のトマス・ファリナー（Thomas Farriner）のパン屋があった場所である。

　このパン屋から出火した火災は、4 昼夜燃え続けた後に鎮火するのであるが（詳しくは 1 部 3 章を参照されたい）、その鎮火した場所が Coke Lane（コック・レーン）とされ、その記念に黄金の小便小僧が設置されている。

　プディングから始まりコックで終わったロンドン大火、ロンドンを訪れたときは是非ロイズをはじめ、保険の歴史を感じながら街並みを探索してみるのもよいかもしれない。

著する。その後、ロイズ・ブローカーは別のシンジケートに移動し、再び保険を引き受けてくれるかどうかの交渉を行う。そしてその引受割合・保険金額が 100％ に達したとき、その保険契約が成立することとなる[5]。

　保険金支払いに関しては、それぞれのシンジケートに所属しているメン

5　2020 年 12 月末時点で、シンジケート 77、マネージングエージェント 52 名、ロイズ・ブローカー 384 名である。詳しくは、Lloyd's HP "How the market works"（https：//www.lloyds.com/about-lloyds/our-market/lloyds-market）を参照されたい。

バー（Name：**ネーム**と呼ばれる出資者）がおり[6]、引き受けた保険に対し、保険事故が発生しなければ、メンバーで引き受けた分の保険料を利益として分配する。一方、保険事故が発生した場合、メンバーはシンジケートが引き受けた割合の保険金を支払わなければならず、無限責任を負っていた[7]。保険事故発生に際し、アンダーライティング・ルームにあるルーティン・ベル（Lutine Bell）が1度鳴らされ[8]、海難事故発生時にはロス・ブック（Loss Book）にその詳細が記入される伝統が今でも残っている。

ロイズは1992年からは個人メンバー以外に法人メンバーを認めるようになり、ロイズの特徴でもあった無限責任を負うメンバーは減少し、有限責任の法人メンバーが中心となっているため、現在では純粋な個人保険業者ではなくなりつつある[9]。

3 会社形態

わが国の保険業法では、保険業を営める会社形態として、**株式会社**と**相互会社**の2種類しか認められておらず、また相互会社は保険業にのみ認められた会社形態である。

株式会社は、営利保険として主要な形態であり、商取引性の強い営利事業的性格を持つ損害保険に適した形態であり、異常危険や巨大危険の発生の可能性から多額の資本金が必要となる。

相互会社は、形式上は非営利の保険として主要な形態であり、相互扶助的性格を持つ生命保険に適した形態である。

保険事業における株式会社と相互会社の相違は図表1-5-3に示される通りである。

6　過去、日本人でネームとなった南方哲也著『ロイズ物語』にネームになる資格などが詳細に書かれている。
7　過去には支払いのため全財産をはじめ、ワイシャツのボタンやカフスボタン（イギリスではカフリンクスという）まで取られたという。
8　よいことが起こった場合には2度鐘を鳴らす習慣もある。
9　2003年3月6日を最後に無限責任の個人メンバーの新規受入は停止されている。詳しくは松岡（2009、p.54）を参照されたい。

図表1-5-3　株式会社と相互会社の比較

	株式会社	相互会社
目的	利潤追求	相互保険
設立法規	商法（会社法）	保険業法
法的性格	営利法人	非営利（中間）法人
保険関係	営利保険	相互保険（非営利保険）
構成員	社員（＝株主）	社員（＝保険契約者）
意思決定機関	株主総会	社員総代会
議決権	一株一票	一人一票
資金	資本金	基金
担保力	資本金と剰余金	基金、のちに剰余金
保険料	契約時（前払確定主義）	事後精算（有配当保険）
損益と責任	株主に帰属（株式配当） 有限責任	社員に帰属（契約者配当） 無限責任（有限責任に変更）
商品特性	短期の無配当保険	長期の有配当保険

出所）田畑・岡村（2020、p. 96）。

　相互会社形態の特徴は、保険契約者が社員であることであり、剰余金は契約者に配当され[10]、相互扶助の理念のもと意思決定機関も**社員総代会**で決定されることとなっている点にある。

　相互会社の長所として、保険の理念に一致し、保険契約者の民主的経営が営めることや、経営者側では、経営権の安定やM&Aの危機に直面することがないことが挙げられる一方で、短所としては、経営のマンネリ化[11]や多角化に限界があることが挙げられる。そのため、新保険業法により、相互会社の株式会社化が認められ、組織変更する生命保険会社も現れている[12]。

10　旧保険業法では剰余金の90％以上が社員配当とされていたが、2002年3月に保険業法施行規則第29条が改正され、社員配当の割合が下限20％に引き下げられ、剰余金のうち80％を上限として内部留保とすることが可能となった。

11　植村（2008）では、バブル崩壊以降の一連の生命保険会社の破綻について、その要因のひとつとして経営のあり方を指摘している。

12　株式会社化のメリット・デメリットについては、田畑・岡村（2020、pp. 97-99）を参照されたい。

4　組合形態と少額短期保険業者・認可特定保険業者

共済（co-operative insurance）とは、協同組合の営む保険および保険事業のことで、海外では**協同組合保険**と呼ばれ、保険のアウトサイダーとして発展してきた。

共済は、一定の目的を共有する個人や企業などが共同組合を設立するため、保険料（共済の場合は掛け金）を低廉なものとすることができ、また解約も少なく（バッドリスクを排除）、アドバースセレクション（逆選択）も少ないため（グッドリスクが多い）、保険資金が蓄積されることや、保険業法の規制を受けていなかったため、兼営の実施が行えることに特徴がある。

事業ごとに特別法で定義される規模の大きな共済を、根拠法に基づく共済または**制度共済**といい、JA 共済などがある。また根拠法のない**無認可共済**

図表1-5-4　保険会社・制度共済・少額短期保険業者・認可特定保険業者の比較

	保険会社	制度共済	少額短期保険業者	認可特定保険業者
保障の対象	不特定者	特定者	不特定者	特定者
監督官庁	金融庁	各省庁	金融庁	公益法人は旧主務官庁その他は金融庁
根拠法	保険業法	各法	保険業法	保険業法
組織形態	株式・相互会社	協同組合	株式、相互、NPO、共済など[注]	一般財団・社団法人公益財団・社団法人
資格	生・損保免許	共済規程承認	登録	認可
募集人登録	必要	必要	必要	不要
責任準備金	あり	あり	あり	保険料積立金など
情報開示	義務	義務	あり	なし
セーフティネット	対象	対象外	対象外	対象外
資本金	10 億円	なし	1000 万円	純資産 1000 万円

注）2006 年 4 月の改正保険業法施行時に特定保険業を行っていた法人（NPO 含む）は株式会社または相互会社に限らなくても可という経過措置がある。

資料）金融庁「少額短期保険業制度について―移行期間終了に伴う注意点など」、「公益法人が行う保険（共済）事業について―保険業法との関係」、日本少額短期保険協会（2015）。

出所）田畑・岡村（2020、p. 100）。

が存在したが、無認可共済の移行・廃止に伴い[13]、一定事業規模の範囲内で少額かつ短期の保険の引受けを行う**少額短期保険業者**か**認可特定保険業者**に制度移行することとなった。

　少額短期保険業者の制限については、資本金1000万円、保険期間は生命保険・第三分野の保険では1年、損害保険では2年、保険金額も総額1000万円以下であることなどの制限が課せられている。

5　国・公営保険

　国・公営形態の保険は、国家の経済政策・社会政策の観点からその必要性が求められ、私営保険としては保険の限界を超えるような場合に認められる形態である。具体的には公的年金や医療保険などの**社会保険**、政策的見地から輸出保険、海外投資保険などの**貿易保険**が用意されている。さらに銀行の支払不能や倒産の危機に対しては**預金保険**があり、金融自由化やバブル崩壊後の問題処理についてもその役割を果たしてきた。社会保険の詳細については、本書3部でより詳しく取り扱われているので参照されたい。

　また、かつて郵政省が行っていた**簡易保険**（industrial insurance）は、私営保険とほぼ同様な性格を持ちながら国営保険として営まれ、私営保険と競合関係を持っていたものもあった。しかし、2005年10月に郵政民営化法が成立し、郵政3事業民営化で2007年10月に株式会社かんぽ生命保険が誕生したことにより、現在は国営保険ではなくなった。

13　無認可共済は違法ではなく、根拠法が存在しないため規制・監督することができず、詐欺的な行為などが行われていたため、消費者を保護するための措置として行われた。

1　保険業における株式会社と相互会社の特徴を述べるとともにその相違について説明しなさい。
2　相互会社が株式会社化する理由について述べなさい。
3　少額短期保険業者の特徴を述べなさい。
4　なぜ郵政 3 事業が民営化されたのかを述べなさい。

●引用・参考文献

植村信保著（2008）『経営なき破綻　平成生保危機の真実』日本経済新聞出版社

田畑康人・岡村国和編著（2020）『読みながら考える保険論（増補改訂第 4 版）』八千代出版株式会社

中垣昇編著（1995）『最新　経営会計事典』八千代出版株式会社

庭田範秋著（1970）『保険経営論』有斐閣

庭田範秋編著（1989）『保険学』成文堂

庭田範秋編著（1992）『保険経営学』有斐閣

庭田範秋著（1996）『新保険学総論（第 2 版）』慶應義塾大学出版会

松岡順（2009）「現代のロイズーロイズの組織とその仕組み」『損保総研レポート』第 90 号、損害保険事業総合研究所、pp. 51-80

南方哲也著（1990）『ロイズ物語』株式会社みた経営研究所

Lloyd's（2010）*How the World Really Works : Insurance at Lloyd's of London*, Guy Fox History Project Limited.

Lloyd's（2013）*Navigating the Room : Underwriting Room Seating Plan & Syndicate List 2013*.

Lloyd's How the market works（https : //www.lloyds.com/about-lloyds/our-market/lloyds-market）

Lloyd's Annual Report 2022（https : asset.lloyds.com.media/5070d2bd-3819-4e31-b1e3-c67c656e5eb8/Lloyds-Annual-Report_2022）

Flower, R. & Wynn Jones, M.（1974）*Lloyd's of London : An Illustrated History*, David & Charles.

保険事業と国家による保険政策[1]

自由放任、パレート最適、価値循環の転倒性、将来財、保険監督行政、実質的
監督主義（実体的監督主義）、ブローカー制、カルテル体制、護送船団体制、
新保険業法、届け出制、競争原理、早期警戒システム、ソルベンシー・マージ
ン基準、セーフティネット、破綻前予定利率引下げ、逆ザヤ

1 国家による保険政策・保険規制の必要性

　経済的自由（**自由放任**：laissez faire＝レセフェール）を基本理念とする経済社
会、すなわち**資本主義**的経済社会にあっては、個々の経済活動に対する国家・
政府の干渉（規制）を最小限にとどめることが基本政策となる。それは人々
の自由な意思によって財・サービスが取引されれば、市場機能によって最適
な資源配分がなされるという予定調和の考え方が根本にあるからである。つ
まり、市場に参加する経済主体が十分な知識・情報を有し、当事者間の対等
で円滑なコミュニケーションの下に、自由で合理的な取引が行われるのであ
れば、そこで達成される均衡はいわゆる**パレート最適**（他の誰かの効用・満足
を減少させない限り、それ以上の効用が増大しない状態）であると考えられている
のである。

　保険も歴史的にみれば、自由市場で取引される他の一般の財やサービスと
何ら異なることはなかった。しかし自由と自己責任に基づく経済活動の浸透
によるリスク認識の一般化と、保険の必要性ならびに保険需要の増大、そし

1　以下は田村（2002）「第6章第2節」（田畑康人担当箇所）をよりわかりやすく加筆・修正した
　ものである。

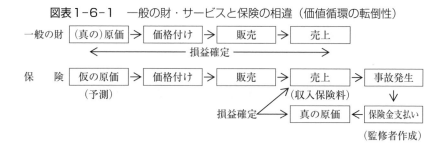

図表1-6-1　一般の財・サービスと保険の相違（価値循環の転倒性）

（監修者作成）

て保険事業への無制限な参入が事情を一変させた。

　保険事業は他の一般的な産業と異なり、事業開始時にほとんど資本や設備を必要とせず[2]、また、最初に収入がもたらされ、最後にしか真の原価がわからないという**価値循環の転倒性**[3]（**原価の事後確定性**ともいう）があるため（図表1-6-1）、きわめて参入が容易であった。それと同時に参入後も顧客獲得のために、詐欺的勧誘や安易な価格競争（料率引下げ競争）が行われやすい。実際、泡沫会社の乱立と過度の料率引下げ競争、詐欺的勧誘、自律性を欠いた放漫経営の結果、保険企業の支払不能や倒産が多発した時期が、特に19世紀後半から20世紀初めにかけて各国にみられた[4]。

　保険企業の支払不能・倒産が消費者に与える影響は、他の一般企業の倒産と比べ、その性質が大きく異なる。一般企業が倒産した場合、そこで購入した財やサービスの効用はすでに消費者が受け取っているので、消費者に関する限り大きな問題は生じない。しかし保険企業が支払不能・倒産した場合、その消費者は**将来財**（future goods：購入してすぐに満足や効用が得られるのではなく、将来的に効用が得られる可能性のある財）として期待していた経済的保障を失い、以後の生活や経済活動が困難に陥ってしまう可能性がある。それだけでなく、善良な経営で信用を築き上げつつあった他の保険企業も連鎖的に信用を失い、保険業界全体にも悪影響を及ぼす可能性もある。経済活動の自由と自己責任

2　このようなことから、「保険は紙と鉛筆の産業である」ともいわれてきた。
3　「価値循環の転倒性」という言葉は水島（1979）『現代保険経済』初版以来用いられたが、それまでに用いられていた「原価の事後確定性」よりも筆者にとってはきわめて印象的であった。
4　これらの点については、カーター（1984、p. 16）や田村（1985、pp. 140-141）に詳しいが、本書1部3章2、3、5も参照されたい。

の一般化により、保険消費者が富裕階層や企業から多くの一般家庭へと拡大していく時期に、自由放任による自律性を欠いた保険企業の支払不能・倒産が相次ぎ、それが社会問題化したことから、国家による保険政策・保険規制の必要性が認識されていったのである。

2 保険政策の具体化としての保険監督行政とその特徴

　保険政策の具体化としての保険行政には、保険消費者および公共の利益を保護し、保険制度ならびに保険事業が引き起こす弊害を軽減・除去する目的で行われる**保険監督行政**と、保険を普及させ、保険制度や保険事業を助長させるための**保険助長行政**がある。日本の助長行政の具体的な例として、広くは経済政策、個別的には社会政策、産業政策、金融政策などの観点から実施される貿易保険、社会保険、農業保険、預金保険など、各種の公的保険や私的保険事業の担保力を維持・向上させるために行われる国家による再保険などを挙げることができるであろう。

　しかし、従来から保険理論で重視されてきた分野は、国家による保険事業規制としての保険監督行政である。それは助長行政が主として保険事業以外の他の政策目的を意図しているのに対し、保険監督行政は歴史的にみても、保険制度、保険事業に固有の政策目的で実施されてきたからである。そして保険監督行政の種類は図表1-6-2のように分類される。

　形式的監督主義は自由主義の理念に根ざし、国家による干渉・監督を最小限に抑えようとする点に特徴がある。すなわち市場機能と保険事業者の自主

図表1-6-2　保険監督行政の種類

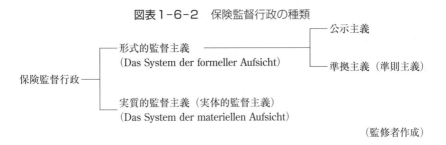

（監修者作成）

規制と自律性に信頼を置き、最終的な判断は消費者・国民が行う。国家はそのための補助的な役割をするにすぎない。形式的監督主義は、かつてイギリスやオランダが採用していた、保険企業の業務内容・事業結果などを公示すれば足りるという**公示主義**と、保険企業の開業や事業継続について守るべき一定の準則（法に準ずる規則）を国家が定め、この遵守を求めると同時に国家が審査権を有するという**準拠主義**（準則主義）に分類される。しかし現在では公示主義を採用している国はなく、形式的監督主義を二分類することは、歴史的・理論的意義はあるが、現実的な意義は薄らいでいる。

　しかも公示主義を改め 1980 年代までは準拠主義を採用していたイギリスやオランダも EU による市場統合の結果、加盟国の規制・監督についても統一性が求められ、以下に述べる実質的監督主義の傾向を帯びるようになってきている。実際、EU 加盟国の保険規制の基本的な領域は EU の保険関係規制（Regulation）および指令（Directive）によって、各加盟国とも基本的に同一の内容・水準で国内法制化が図られ、ますます統一化・共通化が進んでいる[5]。ただし、現在のところ大きな変化はないが、2020 年 1 月末に実施されたイギリスの EU 離脱によって、保険政策が今後どのように変化するか、動向を注目する必要がある。

　実質的監督主義（実体的監督主義）は**免許主義**とも呼ばれることがある。それは事業開始時に国家または地方政府からの免許取得を義務付けられているからである。そして監督官庁は事業開始後も保険事業全般にわたり厳格な監督・検査権を有し、不正や公共の不利益の防止に努める。この方式は EU を含むヨーロッパ各国やアメリカ、カナダ、および日本を含むアジア各国で採用されている。ただし実質的監督主義でもカナダやアメリカの一部の州のように、きわめて準拠主義に近い国もあれば、ドイツやフランスのように相対的に厳格な監督を行ってきた国もある。そのような中でわが国は、他に例をみないほど厳格で細かな規制と監督を行ってきたことで有名であった。

5　損害保険事業総合研究所研究部（2012、p. 22）。

3 20世紀末までのわが国の保険政策の特徴とその問題点

　ほぼ20世紀全体を通じたわが国の保険規制の内容については、**保険業法**（1939年3月公布、翌年1月施行。以下、**旧保険業法**または旧法とする）に集約されている。旧法は最初（1900年）に制定された保険業法を全面改正したものが基本となっていた。もちろん旧法も全面改正以来20回以上の改正がなされているが、基本的な考え方は変更されてこなかった[6]。

　それによれば、保険企業の自由参入は認められず、免許取得が大前提になっている（旧法第1条：この点は新法でも同じ）。この免許申請には、保険事業全般に関するきわめて詳細な内容を明らかにした「基礎書類」を添付し、これに対して当時の監督官庁であった大蔵省の厳重な審査の結果、大蔵大臣から免許取得することになっていた。保険事業の経営形態・組織形態については、株式会社と相互会社の2種類に限定し（同法第3条）、保険事業およびそれに付随する金融事業以外の禁止はもちろん（同法第5、6条）、生命保険と損害保険の兼営も禁止されていた（同法第7条）。加えて事業開始後も大蔵大臣は、当該保険事業に関する報告徴収、検査、監督、命令の権限を有し（同法第8、9条）、基礎書類に示された内容を変更する場合、常に大蔵大臣の認可を受けなければならなかった（同法第10条）。

　そして保険募集については、1948年制定の**保険募集の取締に関する法律**（昭和23年法律第171号：いわゆる**募取法**）によって、保険募集人と保険代理店による募集に厳しい監視の目が向けられ、刑罰法規としての性格が強く、欧米では一般的な**ブローカー制**や通信販売は認められていなかった。

　これに加え、損害保険事業にあっては、**独占禁止法の適用除外**とされ（昭和22年法律138号、昭和26年の旧法改正により第12条ノ3に追加）、**損害保険料率算出団体に関する法律**（昭和23年法律第193号）に基づいて、主要な損害保険料率はカルテル的に決定することが許された。しかもそれら団体によって算定された保険料率（**算定会料率**）については、算定会加盟の全損害保険会社は

6　旧保険業法の内容については、安居（2006、pp. 3-6）および石田（1986、1992）に負う。

その料率の採用・遵守義務を負うことになっていた。また、生命保険においても、死亡率などの統計的基礎として保険会社統一の**全会社生命表**が用いられるだけでなく、**予定利率**、**予定事業費率**などの保険料率算定の基礎については大蔵省の認可事項となっており、事実上強制されてきた。つまり、生命保険の場合も、結果的には損害保険と同様に**カルテル体制**にあったということができる。

しかも、知識・情報そしてアイデアからなる保険において、消費者ニーズに即した新たな保険を販売しようとしても、そこには国家による**認可制**が立ちはだかり、全社一斉認可の傾向が強く、開発利益を享受し得る状況にはなかった。その結果、保険企業からは開発意欲も失われ、消費者ニーズに合った保険も開発されにくい状態が続き、各社が扱う保険の商品種類もほとんど同じであった。

したがってわが国では、生命保険・損害保険を問わず、ほぼ同様な保険が市場に出回るだけでなく、同種・同一の保険については、どの保険会社と契約しようと、理論的にはその保険料率は同じであった。つまり、各保険会社の経営効率格差は何ら保険料率には反映されず、消費者に対しても価格選択の余地を与えていなかった。積立部分（貯蓄部分）のある保険においては、保険料の事後調整としての**契約者配当**について、企業間格差はわずかにみられたが、ここでも大蔵省による配当認可制があって、完全自由化にはほど遠かった[7]。これらの点については、わが国で営業活動を行う外資系保険会社も**外国保険事業者に関する法律**（昭和24年法律第184号）によって、日本の保険企業と同様な扱いを受け、自由な活動は大幅に制限されていた。

このような保険規制に基づくわが国保険業界のカルテル体制を、**護送船団体制**（**護送船団行政**）という[8]。それは保険料率（**カルテル料率**）を決定する際に、最も非効率な企業が経営可能な水準に料率を設定し、これを全会社が遵守し

7　わが国におけるこのような料率規制とその変化については水島（2002）「第3部Ⅳ・Ⅴ」に詳しい。
8　このような護送船団体制・カルテル体制については銀行・証券など他の金融業界も同じであった。

図表1-6-3　カルテル料率の決定モデルとそのレント

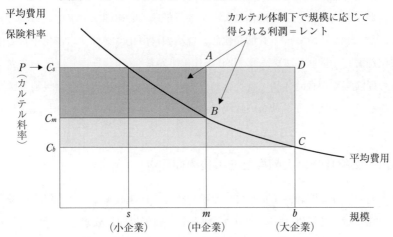

・面積C_sC_mBA：中企業がカルテル料率によって得られるレント
・面積C_sC_bCD：大企業がカルテル料率によって得られるレント

（監修者作成）

ながら業界全体として進んでいくことを表している。護送船団体制を維持することによって、最も非効率な企業であっても料率引下げ競争による支払不能・倒産という経営危険にさらされることはなく、その結果として、消費者保護も達成されることになる。他方、カルテル体制下における相対的な大企業は、いわゆる**規模の経済性**（economies of scale：生産量や販売量などを増大するに従って平均費用が低下する傾向）によって、無条件に**超過利潤**（レント：rent）を享受することができる（図表1-6-3）。

　このような護送船団体制下にあれば、最終的に保険消費者の保護は確かに達成される。しかし、そこにおける消費者保護の費用は消費者自身が負担しており、それが実質的には保険企業・保険業界の保護を第一とし、しかもその保護の費用が相対的大企業のレントにつながっていた。この点に、わが国の保険規制・保険行政の最大の問題があったと考えられる。つまりわが国の保険行政は、消費者保護を名目にしながら、「これまで一貫して、国家経済的な視点から採られて来たのであって、…（中略）…保険企業の維持、財政体質の強化ということもまた、国家の財政・金融政策の一環として、保険会

社を保護・育成するという機能の中でのみ果たされてきた」[9]という鋭い指摘を否定できない。金融自由化によって**業際競争**（生損保間だけでなく、証券や銀行など隣接他業界との競争）も活発化し、経済の自由化、グローバル化そして情報化が著しく進展していった1980年代後半から90年代を通じ、金融業界を含む保険業界が戦時体制・戦後体制ともいうべき旧態依然とした規制下にあることは、もはや許されない状況にあったといえるであろう。

4 保険政策の大転換とその後の問題点

　上述のような問題点を抱えていたそれまでの保険政策と、日本保険市場の閉鎖性に対して海外（特にアメリカ）から激しい市場開放要求を受けた。そのような状況の中で、1994年3月に決着した日米保険協議の結果もあって、わが国政府も保険政策大転換の必要性をようやく認識し、1995年に保険業法を56年ぶりに大改正した（以下、「新保険業法」または「新法」とする）。そして**新保険業法**を1996年4月から施行した。その後、橋本政権においてさらに金融の自由化・グローバル化に対応するために、「フリー、フェア、グローバル（Free, Fair, Global）」の三大目標を掲げた**日本版金融ビッグバン**が同年12月から実施され、21世紀に向かって前進することになったのである。

　新法は本文だけでも330条を超える膨大な法律である。以下では条文の順番と一致しないが、その中でもきわめて重要と思われる内容を新旧比較対照しながらみていこう（図表1-6-4）。

　まず、保険業法の目的については、旧法には明確な規定はなく、新法によって初めて契約者等の保護という目的が明示された。しかし消費者保護が必ずしも第一目的となっていないことには注意しなければならない。それは一方で旧法時代の募取法を新法に取り込み、他方で一定の知識と情報収集能力および判断力のある消費者、自立できる消費者・契約者を育成するという意図が込められていると考えられる。

9　庭田（1992、pp. 71-72）。

図表1-6-4　新旧保険政策（保険業法）の比較

事項	旧保険業法（1996年3月以前）	新保険業法（1996年4月以降）
目的	明確な目的規定なし	保険事業の健全・適切な運営、保険募集の公正性を確保し、保険契約者等の保護、国民生活の安定と国家経済の発展に資すること
保険事業	生損保の峻別＝生損保兼営禁止（第三分野については規程はなく、事実上、生損保における取り扱いを黙認）	生保（第一分野）、損保（第二分野）、第三分野の保険を明記。第三分野を生損保に正式解禁。兼営禁止を緩和し、子会社方式による相互参入を認める
商品規制	主要な保険商品、保険料率の認可制＝護送船団体制	一部「届け出制」を認める。保険会社の新商品開発と販売について、届け出のみで可＝商品開発競争、料率競争可
保険料率	損保：独占禁止法の適用除外＝算定会料率（遵守義務） 生保：全会社生命表（利用義務）	損保：算定会を名称変更＝損害保険料率算出機構：標準料率の算出（参考料率） 生保：標準生命表（標準積立金算定用）
資産運用	厳格な政府規制＝「財産利用方法書」の提出、原則としてここに書かれた以外の運用を認めない	原則として資産運用の自由化を認め、遵守すべき最低限のみ規程
経営形態・組織形態	会社形態で、株式会社・相互会社の2種類のみ。また、株式会社の相互会社化のみ規定	子会社方式による兼営および株式会社・相互会社双方に持株会社方式および相互会社の株式化を認める
意思決定と責任追及	相互会社については社員の3/100以上の同意がなければ責任追及不可	社員および株主の単独訴権を認める
契約募集	募集人（営業職員・外務員）、代理店中心主義：欧米で認められるブローカー制や通信販売は認めない	ブローカー制（保険仲立人）や通信販売を認める
他業態の参入	原則として認めず、銀行、証券、保険会社の峻別	銀行による保険の窓口販売から始め、信金、証券会社へ拡大。少額短期保険業者を規定(2005)
比較情報	全面禁止	消費者の選択に有利な情報提供であれば可
早期警戒システム	原則として定期的な検査のみで、具体的な対応はなし	ソルベンシー・マージン基準を導入し、％表示をして、それを公開。200％以上：健全な会社、100％以上200％未満：注意・指導、0％以上100％未満：業務改善命令、0％未満：業務停止命令、破綻宣告
支払不能・倒産対策	基本的には想定せず。万一倒産した場合、国家の強権による強制合併を示唆。しかし憲法違反の可能性あり	セーフティネット（安全網）の導入「契約者保護基金」(日産生命の破綻で機能停止)、「契約者保護機構」設立。しかしその後の相次ぐ生命保険会社の破綻で資金枯渇、事実上機能できず。緊急対策として相互会社にも会社更生特例法の適用（2000）、および破綻前の予定利率引下げを認める（2003）

出所）旧保険業法については石田（1986、1992）、その他を参照し監修者作成。

保険事業については旧法では生損保を完全に峻別し、**兼営禁止**であった。しかし新法では、生命保険を**第一分野**、損害保険を**第二分野**、それまで事実上黙認していた医療保険や傷害保険などを**第三分野の保険**として新法に規定し、生損保両方に正式に解禁した。

　保険商品規制では、主要な商品の内容（保険約款）および保険料率の**認可制**を前提としていた旧法に対し、新法では一部**届け出制**を認めた。これによって保険会社の商品開発と販売についても規制緩和され、新商品開発や料率競争を促進する方向に舵をきった。

　上述のような商品規制の緩和から、保険料率についても**算定会料率**や**全会社生命表**を廃止、すなわち護送船団体制を放棄し、それぞれ**標準保険料率**や**標準生命表**として、参考基準や標準積立金算定用とするだけにとどめ、料率に関する**競争原理**の導入を明確にした。しかも資産運用についても、原則として運用の自由化を認め、遵守すべき最低限の規制のみにとどめた。

　保険の経営形態・組織形態については、新たに**子会社方式**や**持株会社方式**を認めただけでなく、**相互会社の株式会社化**を認めた点は注目に値する。

　契約募集については、募集人（営業職員・外務員）および代理店方式が中心で、欧米で広く認められているブローカー制や通信販売は認められていなかった。これが海外からの参入規制としても大きく立ちはだかっていたが、新法では両者とも認め、ブローカーについては**保険仲立人**という新たな名称で規定した。これによりロイズ・ブローカーや海外の大手専門ブローカーだけでなく、日本の商社などが保険ブローカーとしても参入できる道を開いた。

　旧法では銀行・証券・保険という区別は厳格で、相互参入は認められていなかった。しかし1980年代に国債などの窓口販売（これは一種の証券業務）を相互に認めたのを始め、銀行による保険の窓口販売なども認め、さらに拡大する方向にある。また、2005年には根拠法のない**無認可共済**について規制を強化して原則禁止すると同時に、新たに保険業法で**少額短期保険業者**としての道を開き、従来にはない保険開発の可能性も広げた。わが国の場合、このような少額短期保険業者からいわゆる**マイクロインシュアランス**（micro insurance）としての発展可能性もある。これは最近、特に新興国市場で発展

しており、保険金額はきわめて少額ながら低保険料の保険で、多くの低所得者層に保険保護を提供したり、従来の保険を補完する役割も果たしている[10]。

　保険商品や保険会社の比較情報については全面禁止であったが、新法では消費者の選択に有効・有利な情報であれば可能になった。その結果、現在ではインターネット上だけでなく来店型の店舗でも各種の保険比較情報が簡単に入手できるようになっている。

　保険企業の健全性と**早期警戒システム**という考え方は、旧法には見当たらない。なぜならば、護送船団体制によって保険企業は絶対につぶれないと想定されていたからである。しかし新法では**ソルベンシー・マージン基準**（保険金支払い余力に関する基準）を導入し、それを％で表示した上で公表するようにした。ソルベンシー・マージン比率の算定方法を最も単純に示せば、

$$\text{ソルベンシー・マージン比率} = \frac{\text{各種準備金を含む資本の部に示される資産総額}}{\left(\begin{array}{c}\text{通常の予測を超える保険リスク、経}\\\text{営リスク、資産運用リスクの総額}\end{array}\right) \times 0.5} \times 100$$

となる。つまり考えられるリスクがすべて発生しても保険会社が有するすべての資産を充当すれば支払える水準が200％となる[11]。そのため200％以上を健全な会社と判断することにした。100％以上200％未満の会社には注意ならびに改善計画の実施命令を出して早期警戒し、0％以上100％未満には各種の業務改善命令などを発する。そして0％に達しない場合は業務停止命令と破綻宣告を行うことになっている。

　旧法では上述のような理由から、支払不能・倒産対策も当然想定されていない。しかし万一支払不能・倒産に陥った場合には、国家の強権によって国家が指定した保険会社に契約を包括移転させ、強制的に合併させることを示

10　マイクロインシュアランスの概況については鐘ヶ江（2007、pp. 175-203）が詳しい。その後の経過については損害保険事業総合研究所研究部（2011、p. 54）に簡単に述べられている。なお、2013年以降には日本の保険会社が海外でマイクロインシュアランスとマイクロファイナンス（低所得層向けの融資）とを組み合わせて、医療保険などを提供する例もみられるようになった。

11　より詳しくは石田・庭田（2004、pp. 80-81）を参照されたい。ただし、2022年に金融庁は「経済価値ベースのソルベンシー規制等に関する基本的な内容の暫定決定について」を発表し、現行のソルベンシーマージン比率に代わり、経済価値ベースのソルベンシー規制を2025年から導入することを予定している。

唆していた。しかしこれは憲法違反の疑いもあるという指摘もあった[12]。他方、新法では消費者保護の側面から**セーフティネット**（**安全網**）の考え方を導入し、最初に全社出資の**契約者保護基金**を設置した。しかし戦後初の生命保険会社の破綻事例となった日産生命の破綻（1997年4月）によってその基金は枯渇した。そのため全社の出資だけでなく政府援助も視野に入れた**契約者保護機構**を設立したが、その後相次いだ生命保険会社の支払不能・倒産によって、事実上その機能を失っている。その結果、契約者保護機構に頼らない緊急の破綻処理策として、2000年には相互会社にも会社更生法を適用させる特例法（**会社更生特例法**：金融機関等の更生手続の特例等に関する法律）を導入し、さらに2003年には**破綻前予定利率引下げ**も認めるようになった。

5　21世紀の保険政策と新たな課題

　新保険業法施行による保険政策の大転換は、バブル経済崩壊による長期不況の真っ只中に行われた。そのため**逆ザヤ**問題（生保会社が運用した資金の利回りが、契約者と約束した予定利率を下回ること）で苦しんでいた生命保険業界にとっては二重苦・三重苦となった。つまり、バブル期以前に金融商品としての有利性をアピールした高金利の**一時払い養老保険**の満期が次々と訪れる一方、公定歩合は銀行を中心とする金融機関保護のために大幅に引き下げられ、証券市場も低迷を極めた。そのため資金運用難によって逆ザヤは増加するばかりであった。そのような中で護送船団体制に終止符が打たれ、商品内容や料率面での競争時代に突入したのである。その結果（図表1-6-5）、新政策実施後1年余りの1997年4月、戦後初の日産生命の破綻に始まり、2001年3月までに、内国系生命保険会社20社中、実に7社が破綻に追い込まれ、損害保険会社も1社（第一火災）が破綻した。そして2008年にさらに生命保険会社1社が破綻している。規制緩和・自由化の中で発生したこのような状況は、19世紀末から世界的に見られた保険会社の自律性を欠いた経営の横行

12　この点については石田（1986、pp. 110-126）に詳しい。

図表1-6-5　破綻生命保険会社の最終処理

	日産生命	東邦生命	第百生命	大正生命	千代田生命	協栄生命	東京生命	大和生命
破綻時点	1997年4月	1999年6月	2000年5月	2000年8月	2000年10月	2000年10月	2001年3月	2008年10月
債務超過額	3,222億円	6,500億円	3,200億円	365億円	5,950億円	6,895億円	731億円	643億円
セーフティネットからの援助額	2,000億円	3,600億円	1,450億円	262億円	なし	なし	なし	278億円
新予定利率	2.75%	1.50%	1.00%	1.00%	1.50%	1.75%	2.60%	1.00%
責任準備金削減率	削減なし	10%削減	10%削減	10%削減	10%削減	8%削減	削減なし	10%削減
早期解約控除期間	7年間	8年間	10年間	9年間	10年間	8年間	11年間	9年間
控除率	15～3%削減	15～2%削減	20～2%削減	15～3%削減	20～2%削減	15～2%削減	20～2%削減	20～2%削減
引受会社	あおば生命	GEエジソン生命	マニュライフ・センチュリー生命	あざみ生命	AIGスター生命	ジブラルタ生命	太陽生命大同生命グループ（T&Dグループ）	ジブラルタ生命
出資会社	仏アルテミス　米GEキャピタル	加マニュライフ・ファイナンシャル	大和生命、ソフトバンク・ファイナンス	米AIG	米プルデンシャル	同上	米プルデンシャル	

出所）小藤（2001、p.37）を公表データに基づき一部加筆修正し監修者作成。

と大量破綻を彷彿とさせる。なお、この間の2001年11月に中堅の損保会社（大成火災）が破綻して会社更生手続を開始した。しかしこれは同年9月11日にアメリカで起きた同時多発テロの影響によるものであって、新政策への転換とは無関係である。

　初期の破綻で問題となったことは、セーフティネットとして最初に設けられた契約者保護基金が日産生命1社の救済にも不十分な役割しか果たせず、**予定利率引下げ**や**責任準備金の削減**によって契約者に負担を負わせたことである。そしてそれが前例となり、その後の破綻についてはすべて契約者負担を既成事実としていった。自立する契約者育成を目標の一つとする新保険業法・新政策の意図は理解できるとしても、護送船団体制下にあって会社の比較情報もない時代の契約者に責任の一部を転嫁したことは必ずしも正当とはいえない。なぜならば、消費者・契約者にとって唯一の企業判断基準として

忘れてはならない保険金不払い問題と保険料過徴収問題

　読者に一緒に考えてもらいたいことがある。それは 2004 年秋に発覚し、その後社会問題にまでなったいわゆる「保険金不払い問題」である。このような問題が起こったことは保険研究者としても本当に残念で、講義のために学生の前に立つことさえはばかられたことを思い出す。なぜこのようなことが起こったのか、内部事情を知らない一研究者には明確にはわからない。

　しかし、「不払い」や「支払い漏れ」に対して当該会社や生損両保険協会は一様に、「保険の自由化以降、各社が新たな保険を提供し、各種の特約が付加されるようになった結果、保険が複雑すぎてわかりにくくなってしまった」という理由を挙げていた。一研究者として客観的な立場から判断すれば、「一般消費者に対し、専門家である保険会社自身が理解できないような複雑な保険商品は扱うべきではない」と考える。

　ところで、不払い問題が発覚し始めたころは、新聞やその他のマスコミでも、「保険金不払い」として大々的に報道していたのに、しだいに「保険金支払い漏れ」という表現が多くなっていったように思う。このような報道に接したとき、筆者は以下のように感じたのである。

　「不払い」という場合は、保険会社側に何らかの意図があると推定され、社会的にも非難すべき事柄として金融庁もマスコミも捉えているように感じる。それに対して、「支払い漏れ」と表現される場合には、保険会社側としては「保険金を支払いたい」と考えていたにもかかわらず、「何らかの不可抗力や思いもよらない過失・不注意によって、支払えなかった」というように感じられた。日本語の表現は曖昧で、書き手や報道主体がどのように考えているか明確にはわからない。

　その後 2006 年以降は多くの損保会社が保険料を過徴収していたことが発覚した。そして 2008 年までに過徴収が判明した会社が 20 社以上に上ったことも決して忘れてはならない。

公表されていたソルベンシー・マージン比率は、破綻の直近までほとんど 200% を超えていたからである。

　また、セーフティネットが契約者保護機構に改められても、2000 年 8 月の大正生命の破綻によって事実上資金が枯渇し、援助できない状態に陥ってしまった。そのためもあって緊急に**会社更生特例法**として相互会社にも会社更生法を適用し、会社自らの判断で破綻の道を選択する方法がとられた。また、逆ザヤ問題で苦しむ保険会社を救う目的で、上述のように破綻前予定利

率引下げも認められることになった。しかしこの方法が現実的であるかどう
か、いまだに議論が分かれるところである。

　確かに自立する新しい消費者の育成は不可欠であるが、新政策の中でそれ
を具体的にどのような形で育成するのか必ずしも明確にされていない。また、
契約者側に自己責任として破綻責任の一端を負担させるとすれば、経営者側
はそれ以上の自己責任を負うのが当然であろう。しかし 2008 年 10 月の大和
生命の破綻においても経営責任を追及する調査が行われたが、「元役員らの
経営状況とその時々の経営判断には種々非難し得る点が認められるものの、
刑事上の責任を問うべき非行は認められず、民事上の責任についても…（中
略）…、同役員らの責任を追及するには及ばない」[13] という調査結果が公表さ
れた。つまり、明確な形で経営陣の責任負担がなされたことはほとんどない
のである。

　旧法に基づく 20 世紀の規制・監督は、監督者である国家もチームの一員
として機能してきたように思われる。しかし 21 世紀に保険規制、特に保険
監督行政で求められることは、日本人が一般的にイメージする「監督（スポー
ツなどの監督）」ではなく、市場参加者（プレーヤー）を監視（モニター）し、
アウトやセーフ、あるいはサッカーなどで出されるイエローカードやレッド
カードを出せる公正かつ公平な審判（レフリー）としての役割なのである。

練習問題

1　国家による保険政策（保険規制）の必要性について詳しく述べなさい。
2　わが国の旧保険業法に基づく保険政策を詳しく説明し、それに対するあな
　たの考えを述べなさい。
3　新旧保険政策を比較し、特徴と問題点を考えながら、今後の保険政策およ
　び保険企業のあるべき姿について考えなさい。

13　生命保険協会（2009、p. 205）。なお、この経営責任調査委員会は前最高裁判所判事を委員長と
　するものであったことも記されている。

●引用・参考文献

石田重森・庭田範秋編著（2004）『キーワード解説　保険・年金・ファイナンス』
　　東洋経済新報社

石田満著（1986）『保険業法の研究Ⅰ』文真堂

石田満著（1992）『保険業法の研究Ⅱ』文真堂

カーター，R. L. 著、玉田功・高尾厚共訳（1984）『保険経済学序説』千倉書房

鐘ヶ江修（2007）「マイクロインシュアランスの概況と規制の課題について」『損
　　害保険研究』第 69 巻第 3 号、損害保険事業総合研究所、pp. 175-203

小藤康夫著（2001）『生保危機の本質』東洋経済新報社

生命保険協会編（2009）『生命保険協会百年史』生命保険協会

損害保険事業総合研究所研究部（2011）『損保総研レポート』第 94 号、損害保
　　険事業総合研究所

損害保険事業総合研究所研究部（2012）『欧米主要国における保険募集・保険金
　　支払に係る規制と実態』損害保険事業総合研究所

田村祐一郎著（1985）『経営者支配と契約者主権』千倉書房

田村祐一郎編（2002）『保険の産業分水嶺』千倉書房

庭田範秋編（1992）『保険経営学』有斐閣

水島一也著（2006）『現代保険経済（第 8 版）』（初版は 1979）千倉書房

安居孝啓編著（2006）『最新保険業法の解説』大成出版社

米山高生著（2012）『リスクと保険の基礎理論』同文舘出版

「日本経済新聞」（2012 年 11 月 14 日付）

7章

保険とその将来展望

● キーワード ●

保険金不払い問題、倫理の欠如、モラルハザード、情報の非対称性、保険金請求主義、CS、顧客満足、コーポレート・ガバナンス、企業統治、法令遵守、コンプライアンス、保険の第一原則、給付・反対給付均等の原則、アカウンタビリティ、説明責任

1　保険金不払い問題と保険企業のモラルハザード

　保険政策の大転換と相次ぐ保険企業の破綻の中で、保険業界は 21 世紀を迎えた。2001 年を完了目標と定めた**日本版金融ビッグバン**の後も、金融自由化や経済のグローバル化はますます進み、規制緩和が繰り返された。それにもかかわらず日本経済は、失われた 20 年、30 年といわれるように、根本的な形で景気回復基調に乗ることはなかった。

　そのような状況の中で 2004 年秋に発覚したのが、ある生命保険会社による**保険金不払い問題**であった[1]。この会社に関しては**告知義務違反**を理由とした解除権の乱用が明らかになり、2005 年初旬に監督官庁である金融庁から厳しい処分が下された。しかしその後、金融庁の命令によって調査が進められるにつれて、解除権の乱用以外でもきわめて多くの不払いが発覚し、不払い問題は当該会社に限ったことではないことが明らかになった。つまり、

1　詳しくは石田（2008、pp. 111-118）「第 6 章」（田畑康人担当箇所）を参照。なお、2012 年 11 月にかんぽ生命の 10 万件約 100 億円の保険金支払い漏れ（不払い）が発覚している。かんぽ生命については旧日本郵政時代（2003〜2007 年）にも約 26 万 7000 件、352 億円の不払いがあった。しかも本書 1 部 2 章注 4 で述べたように、2019 年 6 月には契約募集で新たな問題が発覚し、社会問題となったため、12 月 27 日に金融庁から 3 カ月の契約募集停止命令が出た。

ほぼすべての生命保険会社で同じようなことが行われ、しかも損害保険でも各種の形で全社的に不払いが行われていたことが明らかになったのである。

　確かに21世紀になって、さまざまな産業分野で企業の不祥事が続発したことは事実である。当時の不祥事で記憶にあるだけでも、原子力発電所の事故隠し、狂牛病（BSE）や鶏インフルエンザの感染隠し、耐震構造偽装、自動車やその他のメーカーの欠陥隠し、企業による粉飾決算と公認会計士によるその黙認、有名料亭や食品にまつわる各種の偽装・改ざんなど、数え上げればきりがない[2]。

　このような不祥事が多発するにつれ、その原因を企業による**倫理の欠如**としての**モラルハザード**に求める風潮が強くなっていった。つまり、**情報の非対称性**を利用し、相手（消費者）にさえわからなければ、それを利用して自分（自社）に利益誘導を図るのである。相手の無知・不知を利用するところに、経済学的なモラルハザードの意味が残っていると同時に、人間としての倫理観や道徳観に反するという意味が込められているのであろう[3]。

　しかし保険金不払い問題で特徴的なことは、生損保を問わずほぼ全社がこれを行っていたことである。なぜこのような保険金不払いが全社的に発生したのか、その原因は必ずしも明らかにされていない。一つには戦後一貫してとられてきた**護送船団体制**から保険政策が大転換されても、保険業界全体がその変化を十分に認識できなかったのかもしれない。つまり、国家の指示に常に従うだけで十分であった時代が長すぎ、横並び意識で同じ発想しか持ち得ない業界体質から抜け切ることができなかったともいえる。また、自由化による商品開発や価格競争の中で、消費者ニーズに対応するという大義名分によって、商品内容を複雑化し、保険会社の従業員でも内容を十分に理解で

2　2007年の日本を象徴する漢字が「偽」であったが、それを選定した漢字検定協会自体が所得隠し等で翌年処分されている。その後もこのような事件が相次いでいるが、2015年には大規模建設工事に伴う免震偽装や基礎工事における杭打ちデータ改ざん、あるいはドイツの世界的に有名な自動車メーカーによる排ガス偽装問題なども起こっている。そして2017年10月末には、日産やスバルの無資格者による長年の最終完成検査の発覚や、神戸製鋼所の製品データ改ざん問題が発生し、その後も他企業でこれと同種の不祥事が相次いでいる。

3　そこでは、モラルハザードを保険理論本来の「道徳的危険」と訳すのではなく、「倫理の欠如」として一般化されていったことは興味深い。この点についての是非に関しては、田村（2008、pp. 5-39）に詳しい。

きないまま販売に踏み切ったことも挙げられる。そのような状態であったならば、募集人や代理店が十分な商品知識を持てなかったことも事実であろう。加えて、保険金請求に対する企業内のチェック体制が不十分であったことなども指摘できる。

　しかしここで最も重要なことは、経済学的意味でも保険理論的な意味でも、保険企業としてモラルハザードを引き起こしたという事実を素直に受け入れることではないだろうか。たとえば、旧保険法時代から続く**保険金請求主義**を当然のこととし、請求権が生じていると容易に推定できる契約についても、請求がなければ放棄したものと見なす風潮が蔓延していたとすれば、それがまさにモラルハザードなのである。

　保険は消費者にとって複雑でわかりにくい商品であると、以前から繰り返し指摘されてきた。それにもかかわらず、保険をさらに複雑にすれば消費者に理解できるはずはない。しかも保険金を請求する多くの場合、消費者は緊急かつパニック的な状態に陥っているときでもある。保険金請求時に消費者がこのような状況にあることも保険会社・保険業界は知っていたに違いない。

　もしそうであるならば、旧保険業法ならびに旧保険法時代に培われた保険業界における常識について真摯に反省すべきである。それを基に真の消費者意識や消費者主権の考え方を保険会社全体が共有しながら消費者保護の意識を高めることができれば、消費者からの信用もしだいに回復し、保険業界としても新たな展望が開ける可能性もあろう[4]。**CS**（customer satisfaction：**顧客満足**）を高めることなどは、外部からいわれなくても当然のことである。後述する「顧客本位の業務運営に関する原則」が 2017 年に金融庁から示されたのは、保険業界を含む金融業界で必ずしもこの点の大きな改善がなかったことを暗示しているとも考えられる。ただし保険の場合、顧客とは誰を指すのか再検討する必要もあろう。企業が企業として自律的に経営をする**コーポレート・ガバナンス**（**企業統治**）の重要性もいわれて久しい。また、**法令遵守**という**コンプライアンス**も、法治国家であれば、あまりにも当然のことであ

4　田畑・岡村（2011）「第 10 章」（田畑康人担当部分）において、保険消費者の概念や消費者主権と保険企業の関係ならびに保険企業の将来像について再検討している。

保険を取り巻く環境の激変とその対応

　少子高齢化や人口減少という変化については、誰でも思い浮かぶであろう。これらが社会保障・社会保険だけでなく、国家財政に与える影響は予想をはるかに超えているかもしれない。しかし人を対象とする生命保険業界においては、これらの変化については織り込み済みであると信じたい。その対応の一つがグローバル化を視野に入れた国外進出や海外企業提携やM&Aであろう。この点については損害保険業界も先行的で、同様な対応が目立つようになっている。

　しかしここで重要なことは、保険事業に関する国際規制がますます強化される方向で世界的に動いている点である。本書では国際規制について詳しく述べる余裕はなかったが、読者には強い関心を持っていただきたい。そこで一言だけ付言すれば、国際規制とそのコンプライアンスの重要性であろう。わが国の保険規制と国際規制が一致していればよいが、そうとは限らない。その場合、グローバル企業は国際規制を最優先することが不可欠になる。そこでは、かつて全社的に行われた保険金不払い（支払い漏れ）などのモラルハザードは、決して許されない。

　この他には、テロや地球温暖化を含めた世界的なリスクの巨大化傾向もある。日本国内の動きとしてはマイナンバー制度の導入・実施によって、銀行や保険会社にも予想外の影響を及ぼすかもしれない。民間保険への影響ではないが、一つの変化として現行の健康保険証の新規発行が2024年12月2日に廃止されることとなった。また、技術進歩が与える影響はどうであろうか。ITやICTの発展はハッキングや情報漏洩など負の影響もあるが、AIと自動車技術の発展と相まって完全自動運転車はもはや実現も近い。そのような中で交通事故や賠償問題はどうなるのであろうか。加えていわゆる**フィンテック**（FinTech）とその一部をなす**インシュアテック**（InsurTech）の急速な発展によって、保険業界を含む金融業界全体が大転換期を迎えているという。

　この他にも各種の環境変化があるであろう。しかしその変化はみようとしなければみえないし、知ろうとしなければ知らないままで終わってしまう。

る。法令は守るべき最高限ではなく、最低限であるという認識もこれからの保険企業には不可欠であろう。

　以上のようなことを保険業界・保険企業が抱える真の問題点として捉え直し、各企業独自の経営戦略に結び付けることができれば、保険企業によるモラルハザードの問題も、経済学の前提を超えて克服することができる可能性もある。

2 保険の第一原則への回帰の必要性―保険は誰のために存在するのか

1部2章でも述べたように、**保険の第一原則は給付・反対給付均等の原則**
である[5]。この点については田畑康人が50年以上前の大学時代に、保険の入
門的科目で教わったことでもある。しかし、その当時も、そして現代でも大
部分の保険入門書において、**収支相等の原則**こそが保険の第一原則として述
べられているか、最初に紹介されているのが現状である[6]。

収支相等の原則を保険の第一原則とすれば、保険経営が成り立つことが最
も重要で、保険契約者・保険消費者・顧客については第二義的とならざるを
得ない。そして保険企業が経済学的な意味の企業として存在するならば、利
潤追求を第一義的に考えるので、$np = rZ$ よりも $np > rZ$ を望むことになろう。
もしそうならば、モデル上で考えると、保険料 p を引き上げるか（あるいは
契約者にわからないように余分にとる＝保険料の過徴収[7]）、加入者数 n を増大させ
るか、あるいは保険事故発生数 r を少なくするか、支払うべき保険金 Z を少
なくするしかない。保険の飽和化、長期不況や人口構造の変化（少子高齢化や
人口減少）によって加入者数 n の増加が望めず、**競争原理**導入の結果、p の
引上げが困難だとすれば、どうするであろうか。

結論は簡単である。r を少なくするか、保険金 Z を減少ないし0にすれば
いいのである。保険制度内または企業努力で r を少なくできないとすれば、
支払うべき保険金を削減するか、支払わないようにすればよいということで

5　これらの点については庭田（1966、pp. 193-196）、同（1974、pp. 282-285）などにも詳しい。
　なお、この点については石田（2008、pp. 126-129）で筆者の田畑康人も強く指摘した。

6　中には「収支相等の原則」をもって、保険または保険運営の「必要十分の原則」としている文
　献もあるが、収支相等の原則を保険の第一原則あるいは最初に紹介している最近の文献があまり
　にも多いので、ここではあえて例示しない。「給付（・）反対給付均等の原則」を第一原則ある
　いは最初に説明している文献として、水島（2006）の初版から第8版まですべて、林（2003、pp. 12
　-16）、大谷（2012、pp. 26-27、同書〔2007、第1版〕からすべて）などを挙げることができる。
　なお、もはや古典の域に達する文献の中で収支相等の原則を第一原則としているものとして佐波
　（1951、p. 51、97）がある。逆に「給付反対給付均等の原則こそ保険の本質」としている文献と
　して、西藤（1960、pp. 84-85）を挙げておく。

7　実際、保険料の取りすぎ（過徴収）問題も2008年に明らかになり、2009年に見直された。し
　かし2015年2月にはデータの入力ミス等で新たに2社が過徴収していたことが明らかになり、
　金融庁から注意を受けた。

ある。収支相等の原則を第一原則と考えていれば、本来なすべき給付、すなわち保険金支払いの約束をおざなりにすることが、理論的には容易に想像できる。多くの保険経営者、従業員が収支相等の原則が保険の第一原則と考えていたとすれば、「保険企業あっての保険」という発想が常識になっていても何ら不思議ではない。

　しかし、保険は誰のために存在するのか[8]。いうまでもなく、利用者、消費者、顧客、国民のために存在するのである。この点は、保険事業が公的であるか私的であるかを問わない。利用者を無視・軽視して保険は存在し得ないし、存在価値もなくなる。給付・反対給付均等の原則を第一原則と考えれば、あまりにも明らかなことであろう。また、私的保険事業の中で、その事業者が内国系か外資系かあるいは制度共済系や少額短期保険業者かも一切問わない。保険理論の最も基礎である現代的保険の第一原則が給付・反対給付均等の原則であること、そして前者の「給付」が保険金を指し、その対価として保険料を支払うことをここで再確認し、保険事業者全体がこの第一原則に回帰していくことがきわめて重要であろう。そうすれば、現在、私的保険事業で注目されているキーワード、CSやコンプライアンス、コーポレート・ガバナンス、情報開示（**ディスクロージャー**）あるいは**アカウンタビリティ**（**説明責任**）の問題解決にもつながるであろう。

　保険事業の規制緩和と競争激化の中で、わが国の保険企業・保険業界は保険の第一原則を誤解し、軽視あるいは無視してきたといわざるを得ない。それが全社的に発生した不払い問題、そして保険料取りすぎ（過徴収）問題にもつながったともいえる。**自由放任**を主張した経済学の祖アダム・スミスの「見えざる手（invisible hand）に導かれて」[9] という言葉はあまりにも有名であるが、この点についてスミスは「正義の法をおかさない限り」[10] という前提

8　このような発想による文献が筆者である田畑康人の論考（石田　2008〔9月〕、pp. 127-128）とほぼ同時期に出版されている。詳しくは出口（2008：ちなみに出版は11月）を参照されたい。なお同出口（2009）でも収支相等の原則は述べられているが（p. 23）、給付・反対給付均等の原則については述べられていない。

9　スミス（2007、下巻 p. 31）。ちなみに「見えざる手」という言葉は上下巻の中でこのページに用いられているだけのようである。

条件を付けていたことを忘れてはならない。

　国民の所得増加が期待できず、消費者・国民の人口が減少すれば、国内市場を中心とするあらゆる産業はそのままでは衰退せざるを得ないであろう。21世紀のわが国保険市場は、まさにそのような状況にある。しかし各保険企業・保険業界の不断の努力と革新によっては保険市場が活性化する可能性もあり、その中で保険政策が相互関連を持ちながら自立する消費者が育っていけば、その事実と成果によって保険理論的にも新たな展開の可能性が出てくるであろう。

　上述のような考え方に基づく保険業界全体の動きを、東日本大震災直後からの対応からみてとることもできる。損害保険業界では損害保険協会が先頭に立って震災直後から「そんがいほけん相談室」を設け、一刻も早い状況把握、親身の問い合わせ対応、迅速な保険金の支払いを表明した。また、生命保険協会でも地震による免責条項等の適用除外、保険金支払いに関する必要書類の一部省略など、素早い対応を行っている[11]。しかも生損保各社は、他の一般の保険分野でも、保険金請求があった場合、請求漏れがないかどうか精査し、必要と思われる場合には保険金請求勧奨まで行うように変化してきている。2016年4月に発生した熊本地震でも、きわめて迅速に同様な対応が取られたという。また、2024年1月1日に発生した能登半島地震へ対応するべく、日本損害保険協会は同年1月2日付けで「2023年度自然災害対策本部」を設置し、総力を挙げた対応を取ることを宣言している[12]。このような対応が単に不払い問題によって失った信用回復の手段としてではなく、「保険は誰のために存在するのか」を再認識した結果であるとするならば、人口減少時代にあっても保険業界の未来は決して暗いものではないであろう[13]。

　加えて近年、大幅に増大している生損両保険業界の海外進出とその活躍は、

10　スミス（2007、下巻 p. 277）。
11　東日本大震災直後からの保険業界の対応については、「東日本大震災特集」編集委員会（2012）がきわめて詳しい。
12　日本損害保険協会（2024）参照。
13　人口減少と保険事業の関係については田畑・岡村（2011）全体で多面的な検討が行われている。

国内市場の振興策と合わせて実施されれば、さらなるシナジー効果を生む可能性もある。実際2016年以降保険会社の海外進出や海外保険会社の買収や提携には目を見はるものがある。これは大手保険企業だけに当てはまることではない。中小会社もその独自性と特徴を発揮すれば、さらなる発展も期待できる。

　しかしここで注目すべきことは、保険業界の監督機関でもある金融庁が2016年9月に策定した「**保険会社向けの総合的な監督指針**」と、2017年3月末に公表した「顧客本位の業務運営に関する原則」である。詳しいことは公表資料に譲るが[14]、「保険会社向けの総合的な監督指針」では保険監督に当たっての基本的考え方として(1)検査部局との適切な連携、(2)保険会社との十分な意思疎通の確保、(3)保険会社の自主的な努力の尊重、(4)効率的・効果的な監督事務の確保の4つが挙げられている。その後も金融庁は同一タイトルで「保険会社向けの総合的な監督指針」を定期的に改正し、2023年6月にも公表している。そこに書かれている基本的考え方は2016年に示された4つとまったく同じである。監督上の評価項目は、1）経営管理、2）財務の健全性、3）統合的リスク管理態勢、4）業務の適切性、5）その他として企業の社会的責任（CSR）や報酬体系などが挙げられている。その他細かい部分は、現代社会のニーズや状況に合わせて変更がなされている[15]。

　後者の「顧客本位の業務運営に関する原則」ではその原則を以下の7つにまとめ、その原則に従って具体的にどのような業務改善や業務運営を行ったか、保険事業者に公表するよう求めている。「顧客本位の業務運営に関する原則」とは、①顧客本位の業務運営に関する方針の策定・公表等、②顧客の最善の利益の追求、③利益相反の適切な管理、④手数料等の明確化、⑤重要な情報のわかりやすい提供、⑥顧客にふさわしいサービスの提供、⑦従業員に対する適切な動機づけの枠組み等の整備、である。同書も2021年に改訂版が公表された。主な変更点としては「顧客にふさわしいサービスの提供」

14　金融庁（2016）、金融庁（2017、pp. 1-6）。なお金融庁（2018）は上述の他に2019年6月にも同指針の一部改定（案）を提出したが、上述した部分に関する大きな変更はなかった。

15　詳細な変更点はそれぞれの新旧対照表を確認していただきたい。2023年版は、金融庁HP（https：//www.fsa.go.jp/news/r4/ginkou/20230601/002_4.pdf）を参照されたい。

の部分である。金融事業者は金融商品・サービスの販売・推奨等に関し、顧客に十分な情報を与え、金融商品について横断的に類似商品・サービスや代替商品・サービスの内容（手数料を含む）とを比較しながら行うことや、販売後のフォローアップ、金融商品に対する理解だけでなく金融取引に関する基本的な知識を得られるための情報提供を積極的に行うべきであること、を示している[16]。

　これらの内容をみると、1996年の保険業法大改正で大きく転換された国家のレフリーとしての役割をさらに進め、保険会社の自主性に基づく自由で公正な業務運営を求める姿勢を示した大きな政策変更といえる。この新政策が保険事業を含めた金融システム全体およびその利用者・消費者にどのような影響を与えるか、今後も注視していく必要がある。

　この政策転換は表面的には国家による監督強化にみえるが、モニターとしての監視者の立場をさらに明確にした上で、保険会社の自主性尊重と自己責任の時代になることを意味しているのである。自由と自己責任はリスクとしての危険認識の必然性につながることは本書1部1章1で詳しく述べたが、今後は保険会社自身があらゆるリスクにいかに対処し発展し得るか、それが試される時代になるであろう。自由とはきわめて素晴らしいものであると同時に、きわめて厳しいものであることも決して忘れてはならない。

練習問題

1　保険金の不払い問題や損保業界で発生した保険料過徴収問題を含め、保険企業によるモラルハザードについて考え、その後に策定された「保険業界向けの監督指針」なども踏まえながら今後どうあるべきか、あなたの意見を述べなさい。
2　保険の第一原則について再確認しながら、保険は誰のためにあるのか、また、今後どのようにあるべきか、東日本大震災や熊本地震以後の保険業界の対応その他も踏まえ、あなたの考えをできるだけ具体的に述べなさい。
3　金融庁による「保険会社向けの総合的な監督指針」を踏まえ、保険会社が今後どうあるべきか、できるだけ具体的に述べなさい。

16　金融庁（2021）参照。

●引用・参考文献

朝日新聞「変転経済」取材班編（2009）『失われた〈20年〉』岩波書店

石田重森編著（2008）『保険学のフロンティア』慶應義塾大学出版会

大谷孝一編著（2012）『保険論（第3版）』成文堂

西藤雅夫著（1960）『保険の経済理論』法律文化社

佐波宣平著（1951）『保険学講案』有斐閣

スミス，A. 著、山岡洋一訳（2007）『国富論（上・下）』日本経済新聞出版社

田畑康人・岡村国和編著（2011）『人口減少時代の保険業』慶應義塾大学出版会

田村祐一郎著（2008）『モラル・ハザードは倫理崩壊か』千倉書房

出口治明著（2008）『生命保険はだれのものか』ダイヤモンド社

出口治明著（2009）『生命保険入門（新版）』岩波書店

庭田範秋著（1966）『保険理論の展開』有斐閣

庭田範秋著（1974）『現代保険の課題と展望』慶應通信

林裕著（2003）『家計保険と消費者意識』税務経理協会

「東日本大震災特集」編集委員会編（2012）『保険業界の闘い—東日本大震災特集』保険毎日新聞社

水島一也著（2006）『現代保険経済（第8版）』（初版は1979）千倉書房

金融庁（2016）「保険会社向けの総合的な監督指針」（https：//www.fsa.go.jp/common/law/guide/ins/01.html）

金融庁（2017）「顧客本位の業務運営に関する原則」（https：//www.fsa.go.jp/news/28/20170330-1/02.pdf）

金融庁（2018）「保険会社向けの総合的な監督指針」（https：//www.fsa.go.jp/common/law/guide/ins/01.html）

金融庁（2021）「顧客本位の業務運営に関する原則」（https：//www.fsa.go.jp/policy/kokyakuhoni/gensoku3.1.15.pdf）

金融庁（2023）「保険会社向けの総合的な監督指針」（https：//www.fsa.go.jp/common/law/guide/ins/index.html）

日本損害保険協会（2024）「令和6年能登半島地震に関する損保業界の対応について」（https：//www.sonpo.or.jp/news/release/2023/g34l0i0000000q7o-att/240103_01.pdf）

2部

生命保険

1 章

生命保険の基礎

● キーワード ●
新保険法、定額保険、被保険利益、保険価額、利得禁止原則、全部保険、一部
保険、超過保険、重複保険、比例塡補方式、80% co-insurance clause、モ
ラルハザード、死亡保険、生存保険、生死混合保険、第三分野の保険、定期保
険、掛け捨て、終身保険、トンチン年金、養老保険、収入保障保険、健康増進
型保険

1 生命保険の特徴

1 本章のねらいと生命保険の現代的意義

　生命保険についてもいろいろな側面から論じることができる。歴史、理論、
政策についてはいうまでもなく、法律的・契約的側面（特に約100年ぶりに大
改正され、2008年に公布、2010年4月に施行された保険法、以下、本章では新保険法と
いう）、あるいは生命保険の機能、制度・仕組みや利用法、さらには生命保
険経営など挙げればきりがない。

　本章では、常に客観性は維持しながらも、消費者・利用者の立場から生命
保険や私的年金を理解することを目的としたい。というのは、「生命保険」
は英語の life insurance の訳語であるから、言葉としては世界的に共通して
いるが、日本の生命保険の考え方にはきわめて日本的部分があるからである[1]。

1　それに対して「損害保険」にはぴったり対応する英語はない。あえて英語にすれば、non-life
　insurance（生命保険ではない保険とか非生命保険という意味）である。しかし最近では日本語
　の「損害保険」に近い general insurance を用いることもある。ちなみに損害保険事業総合研究
　所の英語名は 2013 年まで Non-Life Insurance Institute of Japan であったが、2014 年 1 月から
　General Insurance Institute of Japan に変更された。

だからこそ日本の生命保険の特徴を理解した上で、保険企業側の考え方も考慮しながら、消費者・利用者として適切かつ自立的・自律的に判断できるようになることをねらいとしたい。

ところで、insurance という言葉は「確実にする」という意味が込められている。したがって life insurance は「生命を確実にする」という意味にも通じる。しかし生命保険は、人の生命を確実にすることも不可能であるし、人間の悲しみや苦しみを直接的に軽減する能力もない。生命保険も自助の精神に基づき、人々の経済生活・経済活動を現在ならびに将来に向け安定的に保つこと、すなわち経済的保障を目的としている。実際、生命保険は人々の経済生活とますます深い関わりを持つようになっている。したがって、現代では life insurance を「生命保険」というよりも、life のもう一つの意味から「生活保険」と理解した方が妥当かもしれない[2]。

② 生損保の比較からみる生命保険の特徴

2008 年に公布された**新保険法**によれば、保険を契約（＝当事者間の取引）と捉え、保険契約（共済を含む）は「当事者の一方が一定の事由が生じたことを条件として財産上の給付（生命保険契約及び傷害疾病定額保険契約にあっては、金銭の支払に限る。以下「保険給付」という。）を行うことを約し、相手方がこれに対して当該一定の事由の発生の可能性に応じたものとして保険料（略）を支払うことを約する契約をいう」（第2条第1号）と規定されている。そして生命保険契約とは「保険契約のうち、保険者が人の生存又は死亡に関し一定の保険給付を行うことを約するもの（略）をいう」（同条第8号）とされている。他方、損害保険契約は「保険契約のうち、保険者が一定の偶然の事故によって生ずることのある損害をてん補することを約するものをいう」（同条第6号）と規定されている。明治時代に商法の一部として規定された旧保険法があまりに時代遅れで、わかりにくいために新保険法が誕生したにもかかわらず、一般国民・消費者にとってはこれでもわかりにくいであろう[3]。そこで、損

2　「生活保険」という言葉は田畑・岡村『読みながら考える保険論』初版（2010 年）から用いられているが、2015 年 8 月には住友生命のテレビ CM 等でも「生活保険」という言葉が登場した。

害保険と生命保険の契約当事者（登場人物）と契約関係を比較しながら、生命保険の理解を深めることにしよう。

(1) 損害保険の当事者とその契約関係

　損害保険の当事者は、保険給付を行う義務（＝保険金支払い義務）を負う**保険者**（一般に損害保険会社）と、保険料支払い義務を負う**保険契約者**（一般消費者）と、事故発生により損害填補を受ける者としての被保険者（＝**被保険利益**の所有者で保険金を受け取る者）の３人しかいない。被保険利益（insurable interest）とは、人とモノとの経済的利害関係で、被保険利益の存在が損害保険契約成立の大前提と考えてよい。そして契約関係は図表２－１－１の２種類だけである。

図表２－１－１　損害保険の契約関係

〈自分のためにする損害保険〉

〈**第三者のためにする損害保険**〉
（新保険法：第三者のためにする損害保険）

（監修者作成のものに筆者修正）

(2) 生命保険の当事者とその契約関係

　生命保険では、損害保険と同じ意味の保険者と保険契約者の他に、同じ言葉で意味の異なる被保険者と、新たな概念の保険金受取人が登場する。生命保険における**被保険者**とは、その者の生存や死亡が保険事故となる人を指す。また、**保険金受取人**とは保険金を受け取る固有の権利を有する者と考えてよい[4]。そして登場人物が一人増えただけで、理論的に考えると、契約関係は

3　これらの条文から、生命保険はあらかじめ定められた一定の給付を行う**定額保険**で、損害保険は損害填補を目的とした**不定額保険**であることは読み取れる。この点については本書１部２章２－④も参照されたい。

4　最近では保険金受取人について、あらかじめ**指定代理人**を決めておくこともできるようになる。それは、高齢化・長寿化によって認知症や寝たきり状態などになり、自律的判断ができなくなってしまう場合に備えるためである。なお、被保険者が生存中に支払われる各種の給付金（入院給付金など）は被保険者に請求権があるが、その場合も指定代理人制度を利用できる。

図表2-1-2　生命保険の契約関係1

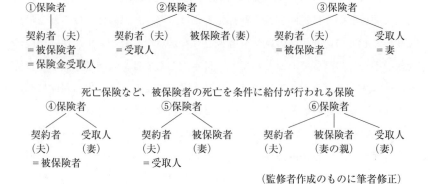

生存保険・年金保険など、被保険者の生存を条件に給付が行われる保険

①保険者
契約者（夫）
＝被保険者
＝保険金受取人

②保険者
契約者（夫）　　被保険者（妻）
＝受取人

③保険者
契約者（夫）　　　　　　受取人
＝被保険者　　　　　　＝妻

死亡保険など、被保険者の死亡を条件に給付が行われる保険

④保険者
契約者　　受取人
（夫）　　（妻）
＝被保険者

⑤保険者
契約者　　被保険者
（夫）　　（妻）
＝受取人

⑥保険者
契約者　　被保険者　　受取人
（夫）　　（妻の親）　（妻）

（監修者作成のものに筆者修正）

図表2-1-3　生命保険の契約関係2

④′保険者
契約者　　受取人
（夫）　　（愛人）
＝被保険者

⑤′保険者
契約者　　被保険者
（ある男）（他人）
＝受取人

⑥′保険者
契約者　　被保険者　　受取人
（夫）　　（妻）　　　（夫の愛人）

（監修者作成のものに筆者修正）

図表2-1-2のように多様になる。

　私たち一般消費者の常識から考えても、図表2-1-2に示したような契約関係は納得できるし、ほとんど何の問題も見当たらない。しかし図表2-1-3に示すような契約が可能であるとすれば、どうであろうか。死亡保険などではこんな契約関係も考えられるし、実際に許されているのである。

　なぜ日本では図表 2-1-3のような契約関係が許されるのであろうか。結論から先にいえば、日本では生命保険の場合、**被保険利益**概念を軽視する傾向が強いからである。損害保険では英国法に従い、被保険利益の存在を契約成立の大前提とし、それを経済的に評価した額を**保険価額**（insurable value）といって、保険で保護されるべき最高限度額あるいは保険に付けられる最高限度額と考える。その結果、理論的には損害保険では**利得禁止原則**が貫徹されることになる。

しかし生命保険では大陸法（特にドイツ法）の影響を受け、被保険利益の概念を受け入れなかった[5]。したがって、生命保険では人とモノ（人）との経済的利害関係という被保険利益を軽視するだけでなく、保険に付けられる最高限度額としての保険価額の概念も導入されなかった。たとえ生命保険が経済的保障のための制度であるとしても、日本人としては、人の生命価値を金銭的に換算するという考え方は受け入れ難かったのであろう。生命保険における被保険利益や保険価額の導入については、新保険法でも見送られた。

(3)　損害保険における保険金額と保険価額との関係

　損害保険における保険金額とは、損害発生時に保険者が負担する損害塡補責任の最高限度額のことであり、保険価額とは先にも述べた経済的評価額のことである。保険金額と保険価額がイコールの場合のことを**全部保険**（full insurance）、保険金額が保険価額より大きい場合、**一部保険**（under insurance）、保険金額より保険価額が大きい場合のことを**超過保険**（over insurance）、また超過保険において 2 社以上の契約がある場合のことを**重複保険**（double insurance）という。超過保険の場合、利得禁止の原則から超過部分は当然無効となる。ここで問題となるのが、一部保険である。

　たとえば、契約時点で 1000 万円と評価されている家屋に 800 万円の保険金額で火災保険に加入（一部保険）したとする。その後、火災が発生し 600 万円の損害が発生したらどうなるか。支払限度額である保険金額が 800 万円であるから当然損害額 600 万円の保険金が支払われると思われるのであるが、実際は 600 万円は支払われない。なぜならば、保険法第 19 条に保険金額が保険価額に満たないときは、保険者が行うべき保険給付の額は、当該保険金額の当該保険価額に対する割合を塡補損害額に乗じて得た額とすると定められた**比例塡補方式**で計算されるからである[6]。比例塡補方式の計算式は以下

5　詳しくは大林（1971、pp. 88-93）を参照されたい。また、保険本質論として生命保険の被保険利益を否定する根拠としては、庭田（1966、pp. 38-42）を参照されたい。なお、生命保険契約において被保険利益の存在を要求する英米法系の国では、自分自身の生命や健康については無限大の被保険利益を有するとされているが、他人の生命保険においては、被保険者と契約者または受取人との間に被保険利益がなければ無効とされている。詳しくは甘利他（2017）pp. 208-209 を参照されたい。

6　山下他（2010）pp. 110-112 参照。

の通りである。

$$保険金 = 損害額 \times \frac{保険金額}{保険価額}$$

　この計算式に従い、この場合の保険金を計算すると 480 万円となってしまう。そこで一般住宅火災の場合のみ **80% co-insurance clause**（80% コインシュアランス：80% 付保割合条件付実損塡補条項）が設けられており、損害発生時に保険金額が保険価額の 80% 以上であれば、保険金額を限度として実損塡補で支払われることになっている[7]。したがって、この例の場合は以下の計算式で求められる。

$$保険金 = 損害額 \times \frac{保険金額}{（保険価額 \times 80\%）}$$

　この式に従い計算すると 600 万円となり、損害額全額が塡補されるのである。

　このように、保険金額を低く設定し、保険料負担を軽減することは可能となるが[8]、実際に損害を被ったときに必要となる保障について、加入時にしっかりと確認する必要がある。

③ 生命保険におけるモラルハザードの可能性とその対応

　上述のように理論的には、生命保険は誰にでも、そしていくらでも掛けられるとすれば、保険金殺人などの**モラルハザード**（**道徳的危険**）[9] を誘発することが容易に想像できよう。だからこそ生命保険は、**新保険法**（第 2 条第 8 号）でも契約当事者間で合意された一定の保険金額を支払う**定額保険**として規定されているのである。加えて、「当事者（契約者：筆者注）以外の者を被保険者とする死亡保険契約（略）は、当該被保険者の同意がなければ、その効力を生じない」（第 38 条）と規定されているのである。

7　80% 未満の金額で保険金額を設定した契約においては、各保険会社が一定割合がない火災保険に比べて緩やかな保険金支払いが行われる。
8　なぜそうなるかは 1 部 2 章、「給付・反対給付均等の原則」をもう一度確認されたい。
9　実務では**モラルリスク**という和製英語を使う場合が多い。

ただし、このような規定は旧商法（第674条）にも存在していたが、生命保険のモラルハザードを十分に抑制できたとはいえない。そのため、1970年代の後半から80年代にかけて業界独自の対応を始めた。たとえば、生命保険業界は一般の死亡保険における保険金限度額（普通死亡1億5000万円まで）を導入し、「受取人が被保険者の親族以外の第三者である契約については、被保険者の加入同意のための自署捺印、第三者とする理由、加入経路、付保額などについて担当者が必ず確認することとした。契約中途における受取人変更の場合も同様とした」[10]。そして1989年からは「生命保険共同センター」[11]を利用し、複数の保険会社に短期で集中して高額の生命保険に加入しようとする行動の排除にも努めた。それでもモラルハザードが横行するため、2002年にはJA共済とも契約情報を相互に照会する「契約内容照会制度」を創設し、2005年には保険金支払い時点での情報交換制度として「支払査定時照会制度」を創設、JAだけでなく全労済（こくみん共済）や日本生協連（コープ共済またはCO・OP共済）などとも共同体制をとった。

　以上のことから、被保険利益概念を軽視し利得禁止原則も当てはまらないとする日本の生命保険では、モラルハザード問題がいかに根深いかが理解できよう。そのような中で多少の前進がみられたのは、2008年の法改正を契機に内閣府（金融庁）の政令に基づいて被保険者が15歳未満の場合の死亡保険金限度額を1000万円（かんぽ生命は700万円）としたことであろうか。

2　生命保険の主要な種類と特徴

　新保険業法（1996年）の施行以来、新商品について一部**届け出制**が認められたため、商品開発競争が活発化し、現在では生命保険商品だけで1000種類をはるかに超えるであろう。したがって、比較情報サイトや店舗型保険販

10　生命保険協会（2009、p. 82）。以下、モラルハザード対策については同書、p. 113 および p. 383 を参照。なお、同書では「モラルリスク」と表現されている。

11　生命保険共同センターとは、生命保険業界が1986年5月に設立した共同システム処理機構構 いわゆる生保VAN（付加価値通信網）のことである（生命保険協会　2009、p.529）。

図表2-1-4　生命保険の主要な種類と第三分野

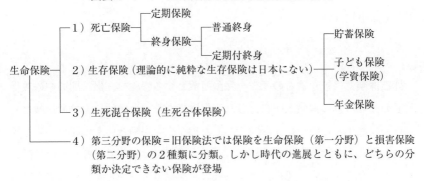

生命保険
- 1）死亡保険
  - 定期保険
  - 終身保険
    - 普通終身
    - 定期付終身
- 2）生存保険（理論的に純粋な生存保険は日本にない）
  - 貯蓄保険
  - 子ども保険（学資保険）
  - 年金保険
- 3）生死混合保険（生死合体保険）
- 4）第三分野の保険＝旧保険法では保険を生命保険（第一分野）と損害保険（第二分野）の2種類に分類。しかし時代の進展とともに、どちらの分類か決定できない保険が登場

例）医療保険、傷害保険、就業不能保険などの第三分野

生命保険　第三分野の保険　損害保険

そのため、実務上は第三分野の保険として生損両保険会社で扱える保険として認めてきた。なお、就業不能保険のことを損害保険では所得補償保険という。

新保険業法では、第三分野の保険と明示し、新保険法では生損保それぞれに、傷害疾病定額保険、傷害疾病損害保険という名称で代表させた。

出所）田畑・岡村（2020、p.235）を筆者が一部加筆修正。

売が発展してきたとはいえ、消費者はどんな保険に加入してよいかわからないというのが実情といえよう。しかし理論的に生命保険を考えるならば、その種類は基本的に**死亡保険**、**生存保険**、この両者を合わせた**生死混合保険**（生死合体保険）の3種類しかなく、それに**第三分野の保険**を加えても4種類ということになる。それを簡単に図示すれば、図表2-1-4のようになる。

　図表2-1-4の第三分野の説明でわかるように、生命保険の第三分野では保険金はあらかじめ決められた一定金額＝**定額保険**、損害保険の第三分野では損害に応じて保険金は異なる＝**不定額保険**と一応想定している。しかし現実にはこのように明確な区分がしにくい保険も存在している。以下では、図

表2-1-4に示した生命保険の主要な種類とその特徴を簡単に述べていくことにしよう[12]。

1　死 亡 保 険

死亡保険とは被保険者の死亡を保険事故とする保険で、保険期間中の被保険者の死亡のみに保険金が給付される保険である。歴史的にも生命保険として最初に誕生したのが死亡保険であるため、生命保険といえば死亡保険をイメージする人々は多いであろう。しかし、実際には短期で純粋な死亡保険はほとんど存在しない。死亡保険は遺族の生活保障を目的とする保険で保障機能が重視され、定期保険と終身保険に分けることができる。

①**定期保険**は被保険者が一定期間内に死亡することが条件の死亡保険で、死亡しなかった場合、いわゆる**掛け捨て**になる（図表2-1-5）。ただし、保険理論的には最も典型的な保険である[13]。死亡率は低いが、被保険者が死亡した場合の遺族保障として備える若い世帯や子育て中の世帯などの保険としてはきわめて有効であろう。

②**終身保険**はその名の通り被保険者の一生涯を保険期間とする保険であるから、保険料は定期保険よりも高い。そして保険料の払込み（保険料期間）は一定期間として**払済保険**（はらいずみほけん：保険料をすべて支払ったと見なすこと）にすることも多い（図表2-1-6）。したがって払済みとなる時点ではそ

図表2-1-5　定 期 保 険

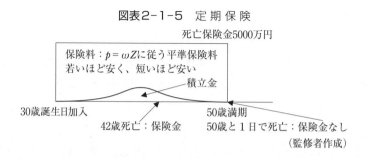

死亡保険金5000万円

保険料：$p = \omega Z$に従う平準保険料
若いほど安く、短いほど安い

積立金

30歳誕生日加入

42歳死亡：保険金

50歳満期
50歳と1日で死亡：保険金なし

（監修者作成）

12　以下の生命保険の説明や図表については、出口（2009）「第4章」、および家森（2015）「第8章」に負うところ大である。
13　1部2章Column 2を参照されたい。

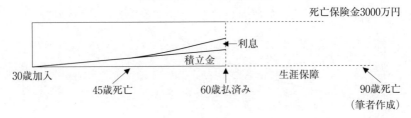

図表2-1-6　終身保険

死亡保険金3000万円

利息

積立金

生涯保障

30歳加入

45歳死亡

60歳払済み

90歳死亡
（筆者作成）

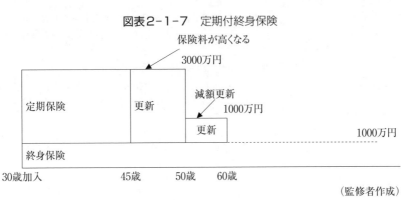

図表2-1-7　定期付終身保険

保険料が高くなる

3000万円

定期保険

更新

減額更新
1000万円

更新

1000万円

終身保険

30歳加入　　　45歳　　50歳　　60歳

（監修者作成）

の後の保険料に充当するために積立金が形成されているので、まったくの掛け捨てになることはない。一定の死亡保障のみに重点を置くならば有効な保険であるが、保険料負担面からみると終身保険単独ではあまり有効ではない。

　そのようなことから、①②を組み合わせると、**定期付終身保険**ができあがる（図表2-1-7）。終身の死亡保障は低く抑え、死亡保障が最も必要な時期には定期保険を上乗せする。それが終了してもさらに死亡保障が必要であれば、**更新**すればよい。ただし、年齢が上がるため更新する場合の保険料率は高くなる。したがって、ある程度の死亡保障が必要な場合、保険金額を減額して更新する**減額更新**も有効である。理論的には増額更新もあり得るが、アドバースセレクションやモラルハザード誘発の可能性が高いため、実務的には経営者を対象とした特殊な場合以外あまり扱われていない。

図表2-1-8　生存保険

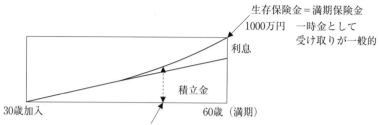

生存保険金＝満期保険金
1000万円　一時金として
　　　　　受け取りが一般的

利息

積立金

30歳加入　　　　　　　　　　　　60歳（満期）

50歳死亡：理論的には保険金はないが死亡時給付金となる
（監修者作成）

図表2-1-9　生存保険の年金化

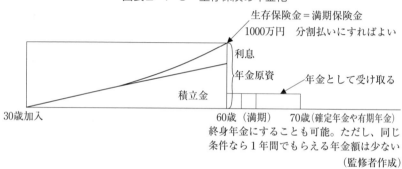

生存保険金＝満期保険金
1000万円　分割払いにすればよい

利息

年金原資

年金として受け取る

積立金

30歳加入　　　　　　　　　　　60歳（満期）　　　70歳(確定年金や有期年金)

終身年金にすることも可能。ただし、同じ
条件なら1年間でもらえる年金額は少ない
（監修者作成）

2　生存保険

　生存保険は保険期間満期時の被保険者の生存を保険事故とする保険である。したがって、理論的には保険期間内に被保険者が死亡してしまった場合、何の給付も得られない。しかしこのように純理論的な生存保険は日本にはなく、何らかの死亡保障が付けられている。たとえば、子どもの教育資金形成を目的としたいわゆる子ども保険や学資保険などでは、契約者（一般的には親）が死亡した場合、その後の保険料負担を免除することが多い。また老後保障や子どもの教育資金形成などのために利用されることが多いため、実務的には保険料の大部分を積立金とし、その運用益と合わせて一部を保険期間中の給付金とした上で、満期時に生存保険金（＝満期保険金）として給付するのが一般的である（図表2-1-8）。そのため貯蓄保険といわれることもあるが、運用成果の低迷やマイナス金利の導入もあって魅力が薄れているのが実情であ

る。

　生存保険を年金として応用するためには、生存保険金を一時金として受け取るのではなく、それを年金原資として分割して受け取ればよい。年金原資残額は保険会社が運用し続けているので、総額としては一時金よりも一般的には増加する（図表2-1-9）。

　なお、年金の場合は受取方法によって、少なくとも以下の4種類に分けることができる。

①**確定年金**：年金給付開始後一定期間、被保険者の生死に関係なく年金を給付する。

②**有期年金**：年金給付開始後一定期間、被保険者の生存を条件として年金を給付する。

③**終身年金**：年金給付開始後、被保険者が生存している限り年金を給付する。

④**夫婦連生年金**：夫婦2人を被保険者とし、いずれかが生存している限り年金を給付する。この発想は**トンチン年金**[14] に近いといえよう。

　この中で確定年金は銀行などの保険以外の金融機関でも実施できるが、②〜④は保険技術を駆使しているため、保険業者にしかできない。その代わり、被保険者の寿命によって年金受給総額は変わってくる（このようなことから生命年金といわれることもある）。そしてこの短所を補うために、たとえば終身年金で不幸にして支給開始後1年で死亡してしまっても、5年間だけは年金を支払うというような**保証期間付終身年金**という発想も出てくる。これについては有期年金にも応用できる。このような応用や他の保険との組み合わせによって、保険や年金の種類が増加していく。

　また、生存保険や年金で特徴的なことは、モラルハザードが起こりにくいという点である。なぜならば、被保険者が健康で長生きをしようと努力することをモラルハザードとして保険者側が阻止することは不可能だからである。この点が後述する健康増進型保険の急展開につながる一因とも考えられる。

14　トンチン年金については1部3章 Column 4を参照されたい。

図表2-1-10　生死混合保険（普通養老保険）

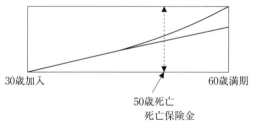

死亡保険金＝生存保険金（満期保険金）

30歳加入　　　　　　　　　　　　　　　60歳満期

50歳死亡
死亡保険金

（監修者作成）

図表2-1-11　定期付養老保険

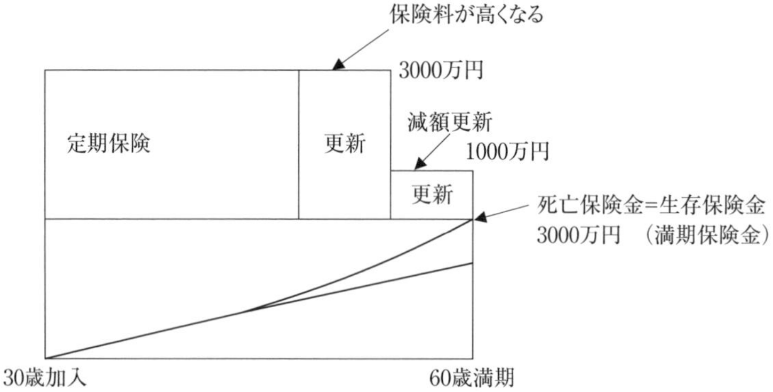

保険料が高くなる

3000万円

定期保険	更新

減額更新
1000万円

更新

死亡保険金＝生存保険金
3000万円　（満期保険金）

30歳加入　　　　　　　　　　　　　60歳満期

（監修者作成）

3 生死混合保険

生死混合保険（生死合体保険）とは、まさに死亡保険と生存保険を混ぜ合わせた（合体させた）保険で、一般に**養老保険**と呼ばれている。日本では明治以来1970年代初めまで、生命保険といえば「養老保険」が中心であった。その中でも死亡保険金と生存保険金（満期保険金）が同額の**普通養老保険**が最も普及していた（図表2-1-10）。

その理由は、必ず保険金がもらえる、つまり掛け捨てではないからである[15]。

15　この点については田村（2006、pp. 1-18）に詳しい。

しかし死亡保険に比べ、保険料は当然高くなる。ただし、死亡保険と生存保険を別々に契約するよりも合理的である。しかし**予定利率**の問題[16]や資産運用の低迷から養老保険は最近ほとんど販売が打ち切られている。しかし、一定の消費者ニーズがあることも確かで、かんぽ生命では販売を継続している。

　ところで高度成長時代の1970年代には、生命保険会社は定期付養老保険（図表2-1-11）や定期付終身保険で保険金額の倍率競争に突入していった。一時期（1980年代）には、普通死亡保険金の実に30倍まで定期保険が上乗せできるようになったのである。そうなれば、問題点として保険金殺人などの**モラルハザード**が急増することは容易に想像できよう。そのため、生命保険業界全体として保険金額の上限を設定したり、各社によって倍率の上限を設けたりした。しかしその効果がどの程度あったか、必ずしも明確ではない[17]。

　なお、定期付養老保険を含め養老保険全体の需要は1980年代後半（バブル経済）を境に陰りをみせた。その理由は、満期後の保障がなくなり、満期後では年齢的にも新たな保険に入りにくいだけでなく、寿命の伸びに対応できないからであった。その結果、定期付終身保険や医療保険を中心とする第三分野の需要が増大した。他方でバブル崩壊後の長期不況の中で、バブル期に爆発的な人気を博した金融商品的な**一時払い養老保険**の満期を迎え、多くの生命保険会社は**逆ザヤ**（予定利率＞実現利回り）に苦しんでいった[18]。また、あらゆる死亡保険について、余命6カ月以内と診断された場合、保険金の一部または全部の保険金請求権が得られる**リビングニーズ特約**が無料で付けられるようになったことは評価できる。これは医療の発展や長寿化によって遺族保障よりも被保険者本人の生活保障や医療保障に充てたいというニーズに沿ったものである。この他にも無料の特約として指定代理人請求制度がある。これは被保険者または保険金受取人が寝たきりその他で自分の意思が告げられなくなった場合、本人に代わって請求できる制度である。しかし老後保障も意図した一時払い養老保険や一時払い終身保険あるいは一時払いの個人年

16　予定利率の問題については、本書2部4章を参照されたい。
17　この点については本書1部7章でも述べている。
18　生命保険商品の変遷については下和田（2014、pp. 183-184）に詳しい。

先進医療特約

　第三分野の保険の中に、医療保険やがん保険がある。その主契約に、特約として先進医療特約がある。任意で加入でき、先進医療を受けたときにその治療費が保険金として支払われる。

　先進医療とは、いまだ保険診療として認められていない先進的な医療技術等について、安全性・有効性等を確保するための施設基準等を設定し、保険診療と保険外診療との併用を認め、将来的な保険導入に向けた評価を行う制度である[注]。

　2023年8月現在、先進医療A、28種類、先進医療B、54種類が認められており、先進医療Aは、未承認の医薬品、医療機器もしくは再生医療等製品の使用または医薬品、医療機器もしくは再生医療等製品の適用外使用を伴わない医療技術であり、先進医療Bとは、未承認の医薬品、医療機器もしくは再生医療等製品の使用または医薬品、医療機器若しくは再生医療等製品の適用外使用を伴う医療技術である。先進医療部分にかかる医療費は全額自己負担となる。現在認められている先進医療のうち、最も高額な医療は重粒子線治療である（以下、一般社団法人粒子線治療推進研究会「重粒子線治療ガイド」https://www.particle.or.jp/hirtjapan/medical/about/に負っている）。

　重粒子線がん治療とは、炭素イオンを加速器で光速の70%まで加速し、がん病巣にねらいを絞って照射する放射線治療である。

　重粒子線は、従来の放射線治療で使用されるエックス線やガンマ線とは異なり、体の表面では放射線量が弱く、がん病巣において放射線量がピークになる特性がある。がん病巣をピンポイントでねらい撃ちすることができ、病巣にダメージを与えながら、正常細胞へのダメージ、副作用を最小限に抑えることができる治療法である。

　重粒子線治療は、1994年に臨床応用が開始され、2003年10月に高度先進医療（現在の先進医療）として認められ、2016年4月から一部のがんに公的医療保険の保険診療として治療が行われている。

　重粒子線治療の医療費は、がんの種類にもよるが、最も高額なものでおよそ300万円にものぼる。

　少額の保険料負担で先進医療特約に入っていれば、この高額な治療が必要になったとき、治療を選択し受けられることとなるが、もし加入していなければ、全額自己負担となってしまい、治療が受けられなくなってしまう可能性もあり得る。

　すべてのがんに対し、この治療法が先進医療から保険導入になってくれることが望ましいが、保険導入への壁はまだまだ高いようである。

　注）厚生労働省「保険診療と保険外診療の併用について」

金や外貨建ての保険などは投資的要素も強いので、加入前に十分な理解が不可欠である。

④ 第三分野の保険

生損保両方で扱うことができる**第三分野の保険**としては、医療保険、傷害保険、就業不能保険などがある。生命保険の第三分野では新保険法の規定にあるように、定額保険が中心である。

医療保険は疾病（病気）による入院や手術を含む医療給付、死亡給付などの他に、通院に対する給付なども加えることができる。また、必要な医療を特定する病気を明示した「がん保険」、「三大疾病保険（がん、心臓病、脳血管障害：脳梗塞・脳血栓）」などや先進医療を特約に加えるものもある。

また、**傷害保険**は、病気以外の偶然な事故による怪我や傷害に伴う医療給付、死亡給付などを行う保険である。保険事故を傷害に限ることによって、事故発生確率を低くすることができるため、保険料の割安感がある。さらに、掛け捨てを嫌う消費者のために、医療保険や傷害保険でも保険事故がなかった場合、健康祝金、無事故祝金などの名目で給付が行われる保険もある。

なお、病気や傷害による休業中の所得を補償する**就業不能保険**もあるが、モラルハザードの可能性が高いため、引受けには慎重であった。しかし最近では定期保険（死亡保険）の一種として「**収入保障保険**（加入時の死亡保険金額が最も高く、加齢に従って保険金額が下がっていく保険）」が低料率の保険として若手新婚層などから人気を得ている。また、事故や入院・手術などに伴う長期就業不能による所得減少を保障する就業不能保険や介護保障分野も注目を集めている。さらに2018年夏から登場したのが**健康増進型保険**である。この保険はわが国では少額短期保険業者によって開発されたという。しかし、世界的には1996年に南アフリカのディスカバリー社からVitality（バイタリティー）の名で発売され、保険の概念を変える革命的商品になる可能性があるといわれている。なぜならば、IoTを活用して被保険者の健康増進努力を情報収集し、それに応じて特典（リワード）がつく仕組みになっているからである。これは個人だけではなく企業等の健康保険組合と提携することによって、

さらに応用範囲が広がる可能性もあるので[19]、3部2章でもう少し詳しく述べることにしよう。

練習問題

1　日本における生命保険の特徴を損害保険と比較して説明し、あなたの意見を述べなさい。
2　日本の生命保険における被保険利益の概念についてあなたの考えを述べなさい。
3　生命保険の主要な種類を簡単に述べ、それをどのようにすると保険の種類が増えていくか、例を挙げながら説明しなさい。

●引用・参考文献

甘利公人・福田弥夫・遠山聡著（2017）『ポイントレクチャー保険法（第2版）』有斐閣

大林良一著（1971）『保険総論』春秋社

下和田功編（2014）『はじめて学ぶリスクと保険（第4版）』有斐閣

生命保険協会編（2009）『生命保険協会百年史』

田村祐一郎著（2006）『掛け捨て嫌いの保険思想』千倉書房

出口治明著（2009）『生命保険入門（新版）』岩波書店

東洋経済新報社（2017）『週刊東洋経済臨時増刊生保・損保特集（2017年版）』

米山高生（2017）「マイナスのモラルハザード―保険契約法で想定していなかった保険商品の登場」『保険学雑誌』第637号、日本保険学会

庭田範秋著（1966）『保険理論の展開』有斐閣

山下友信・竹濱修・洲崎博史・山本哲生著（2010）『保険法（第3版）』有斐閣アルマ

家森信善編著（2015）『はじめて学ぶ保険のしくみ（第2版）』中央経済社

19　当時の状況については米山（2017、pp. 110-112）および東洋経済新報社（2017、pp. 10-17）を参照されたい。

2章

生命保険契約

● キーワード ●

免責危険、解約返戻金、早期解約控除、告知義務、新保険法、標準下体保険、引受基準緩和型保険、減額、延長保険、払済保険、契約者貸付、増額、転換制度、保険金請求権

1 契約締結前に注意すべきこと

　生命保険は契約期間・保険期間が長期にわたること、また、かつては住宅に次ぐ家計支出であるともいわれた高価な買い物である[1]。しかもあらゆる消費者にぴったり合ったオールマイティの保険はなく、その内容はきわめて複雑でわかりにくい。

　そこで契約締結前に注意すべき点が4つある。まず1つ目に、「加入目的を明確にすること」である。どんな経済的保障が必要か。死亡保障（遺族のため）、生存保障（学資や老後保障）、病気や怪我などを想定しながら、重要性の順番を考える必要がある。

　そして2つ目に「どんな場合に保険金が支払われるか」よりも「どんな場合に支払われないか」を知る必要がある。つまり**免責危険**（契約者・被保険者の故意、自殺条項など）や支払い条件、たとえば契約締結後90日以内とか1年

---

[1]　二宮（1997、p. 40）によれば、簡保や共済を含む全民間生命保険支出で1世帯当たり最も多かったのは1994年の62万8000円であった。最近の1世帯当たりの支出について生命保険文化センターの2012年調査では41万6000円（2010年度調査から5万8000円の減少）、2015年調査では38万5000円、2021年度調査では37万1000円に減少している。生命保険文化センター（2012、p. 19、2015、p. 22、2021、p. 37）。健康増進型保険などの新しい保険がこの減少傾向に歯止めを掛けるか注目に値する。

以内の入院・手術については、給付制限がある場合が多いので、より注意が必要である。

　そして3つ目に「保険料負担能力」についても長期的に考えることが重要である。積立部分がある保険でも月払いなどの場合、契約後1年以内の解約はほとんど**解約返戻金**（かいやくへんれいきん）がない。生命保険の場合、安易な解約は最も損な手段である。

　最後に4つ目として、今後ますます重要になるのは、「保険会社の選択」である。保険会社が破綻した場合、保険金削減や保険料引上げ、あるいは破綻した保険会社の契約を早めに解約しようとすると、解約返戻金を大幅に減額される**早期解約控除**もある。つまり、保険会社選択にも契約者が応分の自己責任を負わなければならないのである。

2　契約締結までの重要事項

　生命保険契約は、20世紀末まではいわゆる外務員（営業職員・募集人）の戸別訪問に始まり、その説明と了解の中で、契約締結に漕ぎ着けた。最近では電話やインターネットを利用した通信販売型や銀行等の窓口販売、来店型の店舗販売の生命保険も多くなっている。そのいずれの場合でも、最も重要なことは**告知義務**である。これは契約者または被保険者に「保険者になる者が告知を求めたもの」に対して正確に応える義務（新保険法第4条、第37条、第66条）が課されていることである。これに違反すれば**告知義務違反**となり、保険者に**契約解除権**が生じる。旧保険法時代にはこれを乱用して保険金不払いなどの問題に発展した反省を踏まえ、**新保険法**では自発的申告義務から質疑応答義務に緩和された。しかし解除権は維持された。なお、最近では既応症のある人や病弱の人々を対象とした保険（**標準下体保険**：本章 Column10 参照）が**引受基準緩和型保険**や「無選択型保険」という名称で登場している。これらの保険が一般の保険よりも保険料率が高いのは当然である。

サブプライムローンと標準下体保険

2008年9月の**リーマン・ショック**とそれに引き続く世界的金融恐慌の根源となったのがサブプライムローン問題である。**サブプライムローン**（subprime loan）は日本語では「低所得者向け住宅融資」と訳されている場合が多いが、ここで考えたいことは、接頭語の sub である。小説や論文などでサブタイトルといえば、「副題」と訳され、スポーツなどでサブメンバーといえば、「（代わりに出場できる能力のある）控え選手・補欠選手」という意味で、日本語で「サブ」というときはあまり悪いイメージはない。

また、prime を調べれば「最も重要な、主要な、最高の、第1級の……」など、きわめてよい意味で用いられている。ちなみに prime minister といえば総理大臣・首相を指す。したがって、prime loan の金利といえば、最優遇金利つまり借り手に信用力があり最も低利の貸出を意味することになろう。

しかし英語の sub には上述の意味以外に、「下の、下位の、劣った」という意味もある。ちなみに subhuman といえば「人間以下の、非人間的な」という意味がある。したがって、サブプライムローンの本当の意味は「本来的には融資してはいけない人々への融資」という意味が込められていたのである。しかし日本人が「副」とか「準」というイメージで捉えていたとすれば、そこに潜むリスクを感じ取れなかった可能性がある。

それに対して生命保険には substandard life insurance という保険がある。これは、一般的な健康体よりも劣る（病気がちな、身体の弱い）人々のための特別な生命保険を指し、標準下体保険と呼ばれている。この翻訳名が優れているかどうかは別にして、sub の意味を正しく理解した上での訳語であったことは評価に値する。最近では、このような保険を引受基準緩和型や「無選択型」と呼ぶことも多く、保険料も割高になるので注意を要する。

3 契約締結後に知っておくべき重要事項

保険料支払いまたは申し込み直後に知っておくべきことは、**クーリングオフ**の制度である。これは訪問販売、店舗外販売などに適用される制度で、消費者保護のための冷却期間と考えることができる。一般に保険料支払い後8日以内に文書で契約の撤回を知らせることによって、支払った全額が返却され、契約申し込みそのものを撤回できる。会社によっては8日以上にしている場合もある。ただし、それまでに医的診査を受けた場合は適用されない。

一時的に保険料が払えなくなった場合については、月払いなら１カ月、半年払いや年払いなら２カ月の**払込猶予期間**が設けられている[2]。また、積立部分（解約返戻金）のある保険では、積立金を自動的に保険料に充当する**自動振替制度**もある。このような制度があるのは、解約が消費者にとって損であるからだけでなく、保険による経済的保障をできる限り維持しようと考えているからである。しかし猶予期間や積立金がなくなれば、契約は失効する。それでも失効後３年以内であれば、滞納保険料と指定金利（契約者貸付金利）を支払い、必要な告知または診査を受けることによって**復活**できる。この復活は同一条件で新たな保険に加入するよりも有利な場合がある。

　保険料負担に耐えられなくなった場合、一般的には解約してしまうことが多いであろう。しかし多くの場合、中途解約は消費者にとって最も損な手段であるため、契約を維持する手段が講じられている。その一つが**減額**である。減額とは保険金額を減らして保険料負担を少なくする方法であり、保険金額を半分にすれば保険料も理論的には半額に抑えることができる。

　またこの他に**延長保険**といって、積立金（解約返戻金）を元手にして、死亡保険中心の定期保険にする方法や、終身保険などで利用されている**払済保険**にする方法もある。払済保険は、積立部分を元手に同種の減額した保険に切り替える。延長保険も払済保険もその時点から保険料負担はなくなり、ある程度の経済的保障を維持することができる。ただし、このような措置をとった場合には、すべての特約はなくなるのが原則である。

　契約途中でお金が必要になった場合には、**契約者貸付**といって、保険会社が一般企業に融資する一般貸出と比べ、有利に貸し付ける制度がある。これは解約返戻金を担保にした貸出であるが、特に相互会社では契約者（＝社員＝所有者）の権利でもある。融資額は積立金の80〜90％程度までの場合が多く、契約保険会社の本支店に保険証券と契約印を持参すれば、即日融資も可能である。契約者貸付で特徴的なことは、返済方法が原則として自由な点である。なぜならば、融資額は最終的に保険金で返済できるように設定される

2　東日本大震災の被災者に対し、この猶予期間を緊急措置として大幅に延長したことは高く評価できよう。また、その後発生した熊本地震、能登半島地震にも適用されている。

からである[3]。

　保険金額に不足を感じた場合には、中途増額といって主契約の保険金額を**増額**したり、定期保険を増額したりすることも可能である。しかしその場合には診査が必要になる場合もあり、保険料も高くなる。

　この他にも「**転換制度**（下取り制度）」という今までの保険を下取りに出して新たな保険に加入する制度もある。この場合、転換価格＞解約返戻金（解約価格）となるが、1990年代には、逆ザヤに苦しむ生命保険会社が、過去の高予定利率の保険から新たな低予定利率の保険に転換を勧め、社会問題になったことも忘れてはならない[4]。

　また、**移行**といって終身保険の払済み時または養老保険の満期時や個人年金の給付開始時に、他の給付方法に変更することもできる。たとえば、満期保険金を年金にしたり、年金の一部を死亡保険や介護保険などに移行することも可能である。

　なお、他社契約を解約させて自社契約に乗り換えさせることはかつての「保険募集の取締に関する法律（募取法：1996年廃止）」違反行為だったので、そのような募集人には注意が必要である。ただし、これに類似した行為が2019年6月に発覚したかんぽ生命保険問題でも多数発生している。

4 　保険金受取と契約の終了

　保険金請求権は**保険金受取人**（または**指定代理人**）の固有の権利で、権利行使をしなければ放棄したものと見なされる。これは保険に限らないが、権利を行使しなければ、やがて**消滅時効**を迎える。新保険法（第95条）でも保険金請求権の消滅時効は3年と規定されている。

　一般に満期保険金や年金の支払い開始時期は保険会社から連絡してくるが

3　アメリカでは1980年代後半に生命保険版**ディスインターメディエーション**（disinter-mediation：銀行などからの高額引出し）が発生し、生命保険の契約者貸付を利用して高金利商品に投資するという行動さえ起こった（中垣　1991、p. 121〔田畑康人担当箇所〕）。
4　本書2部4章Column12「予定利率と『お宝保険』」を参照されたい。

（ただし、連絡義務なし）、被保険者の死亡や病気などについて保険会社は知る立場にない。したがって、保険金受取人が保険金請求権を行使する必要がある[5]。しかしここで注意すべきことは、保険金受取人自身が自分であることを知らない場合があるということである。なぜならば、保険者には保険契約内容の守秘義務があり、契約者の承諾なしに受取人本人に知らせることができないからである。このようなことが保険金不払いや支払い漏れの原因にならないようにするため、最近では早めに契約者から承諾を得て保険金受取人に知らせられるよう改善が図られている。この点は受取人変更の場合も同様である。そして、約定の満期保険金、年金、死亡保険金の支払いで契約は終了する。定期保険では、被保険者生存による保険期間終了で契約も終了する。

練習問題

1 生命保険契約締結前に消費者として注意すべきことについて述べなさい。
2 なぜ「転換制度」が問題となったのかを述べなさい。
3 保険金請求権の消滅時効についてあなたの考えを述べた後、あなたの家族が加入している保険について確認しなさい。

●引用・参考文献
生命保険文化センター（2012）『生命保険に関する全国実態調査〈速報版〉（平成24年度）』
生命保険文化センター（2015）『生命保険に関する全国実態調査〈速報版〉（平成27年度）』
生命保険文化センター（2021）『生命保険に関する全国実態調査（令和3年度）』
中垣昇編著（1991）『日本企業の国際化戦略』中央経済社
二宮茂明編（1997）『図説日本の生命保険（平成9年版）』財経詳報社

5　1部4・6章で述べたように、保険会社の不払い問題の一因は請求権の行使とその消滅時効を悪用したものもあった。

3章

III

生命保険と税金

● キーワード ●
生命保険料控除、生命保険料、介護医療保険料、個人年金保険料、旧契約、新契約、所得税、生命保険特別控除、贈与税、贈与控除、相続税、法定相続人、配偶者控除

1 生命保険料控除

　納税者が**生命保険料、介護医療保険料、個人年金保険料**を支払った場合、所得控除を受けることができる。2012 年 12 月 31 日までの契約（**旧契約**）では、生命保険料 5 万円、個人年金保険料 5 万円の合計 10 万円までの所得控

図表2-3-1　生命保険料控除

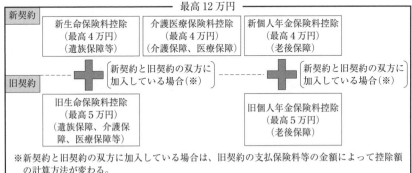

出所）国税庁 HP「生命保険料控除」より筆者作成。

除を受けることができ、2012年1月からの契約（**新契約**）については生命保険料4万円、個人年金保険料4万円、介護医療保険料4万円の合計12万円までの所得控除を受けることができる（図表2-3-1参照）。

　新契約に基づく新生命保険料、介護医療保険料、新年金保険料の控除額は図表2-3-2の計算式から求められる。

　旧契約に基づく旧生命保険料と旧個人年金保険料の控除額は図表2-3-3の計算式から求められる。

図表2-3-2　新契約に基づく場合の控除額

年間の支払保険料等	控除額
20,000円以下	支払保険料等の全額
20,000円超　40,000円以下	支払保険料等×1/2＋10,000円
40,000円超　80,000円以下	支払保険料等×1/4＋20,000円
80,000円超	一律40,000円

注）　1　支払保険料等とは、その年に支払った金額から、その年に受けた剰余金や割戻金を差し引いた残りの金額をいう。
　　　2　新契約については、主契約または特約の保障内容に応じ、その保険契約等に係る支払保険料等が各保険料控除に適用される。
　　　3　異なる複数の保障内容が一の契約で締結されている保険契約等は、その保険契約等の主たる保障内容に応じて保険料控除を適用する。
　　　4　その年に受けた剰余金や割戻金がある場合には、主契約と特約のそれぞれの支払保険料等の金額の比に応じて剰余金の分配等の金額を按分し、それぞれの保険料等の金額から差し引く。
出所）国税庁HP「生命保険料控除」より筆者作成。

図表2-3-3　旧契約に基づく場合の控除額

年間の支払保険料等	控除額
25,000円以下	支払保険料等の全額
25,000円超　50,000円以下	支払保険料等×1/2＋12,500円
50,000円超　100,000円以下	支払保険料等×1/4＋25,000円
100,000円超	一律50,000円

注）1　旧契約に基づく「いわゆる第三分野とされる保険（医療保険や介護保険）の保険料」も、旧生命保険料となる。
　　2　支払保険料等とは、その年に支払った金額から、その年に受けた剰余金や割戻金を差し引いた残りの金額をいう。
出所）国税庁HP「生命保険料控除」より筆者作成。

また、新契約と旧契約の両方に加入している場合の控除額については、生命保険料控除の控除額については、旧契約の年間支払保険料が6万円を超える場合は、旧契約に基づく場合の控除額で計算した金額となり、最高5万円が控除される。旧契約の年間支払保険料が6万円未満の場合は、新保険料控除の年間支払保険料については、新契約に基づく場合の控除額で計算し、旧生命保険料控除の年間支払保険料の金額については、旧契約に基づく場合の控除額で計算し、それぞれを合計した金額が控除額となる（最高4万円）。

　個人年金保険料控除の控除額については、旧個人年金保険料の年間支払保険料が6万円を超える場合は、旧個人年金保険料控除の年間支払保険料で計算した金額となり、最高5万円が控除される。また、旧個人年金保険料控除の年間支払保険料が6万円以下の場合は、新個人年金保険料控除の年間支払保険料については、新契約に基づく場合の控除額で計算し、旧個人年金保険料控除の年間支払保険料については、旧契約に基づく場合の控除額で計算し、それぞれを合計した金額が控除額となる（最高4万円）。

2 　生命保険金と税金

　生命保険金は課税対象で、所得税や相続税あるいは贈与税が課されることがある。2部1章1、生命保険の当事者とその契約関係の図表2-1-2をもとにそれぞれどの税の課税対象となり、どのくらいの税金を納めることになるのかをみていくこととする。

1 　生存保険金と税金
（1）　課税対象額：所得税

　1章図表2-1-2の①②のケースの場合、**所得税**の課税対象となる。所得税の課税対象額は以下の計算式で求められる。

　　　　課税対象額＝（生存保険金－総支払い保険料－<u>50万円</u>）×1/2

↑
生命保険特別控除

50万円は**生命保険特別控除**である。生存保険金を1000万円、支払った総保険料を900万円とした場合、課税対象額は25万円となる。

課税対象額＝（1000万円－900万円－50万円）×1/2＝25万円

課税対象額である25万円を図表2-3-4と照らし合わせると、5％の税率がかけられ、控除額が0円であることがわかる。したがって25万円の5％の1万2500円を納めることとなる。

図表2-3-4　所得税の税率

課税される所得金額	税率	控除額
1,000円 から 1,949,000円まで	5%	0円
1,950,000円 から 3,299,000円まで	10%	97,500円
3,300,000円 から 6,949,000円まで	20%	427,500円
6,950,000円 から 8,999,000円まで	23%	636,000円
9,000,000円 から 17,999,000円まで	33%	1,536,000円
18,000,000円 から 39,999,000円まで	40%	2,796,000円
40,000,000円 以上	45%	4,796,000円

出所）国税庁HP「所得税の税率」

(2)　**課税対象額：贈与税**

図表2-1-2の③のケースを考えてみよう。この場合は**贈与税**の課税対象となる。贈与税の課税対象額は以下の計算式で求められる。

課税対象額＝生存保険金－110万円
↑
贈与控除

110万円は**贈与控除**である。受け取った生存保険金を1000万円とした場合の課税対象額は890万円となる。

課税対象額＝1000万円－110万円＝890万円

課税対象額である890万円を図表2-3-5と照らし合わせると、40％の税率がかけられ、控除額が125万円であることがわかる。したがって890万円×40％－125万円で231万円を納めることとなる。

図表2-3-5　贈与税の税率

基礎控除後の課税価格	200万円以下	300万円以下	400万円以下	600万円以下	1000万円以下	1500万円以下	3000万円以下	3000万円超
税　率	10%	15%	20%	30%	40%	45%	50%	55%
控除額	－	10万円	25万円	65万円	125万円	175万円	250万円	400万円

出所）国税庁HP「贈与税の計算と税率」（暦年課税）

2　死亡保険金と税金

(1)　課税対象額：相続税

　図表2-1-2の死亡保険金を受け取る④のケースについて考えてみよう。この場合は**相続税**の課税対象となる。相続税の課税対象額は以下の計算式で求められる。

　　　　課税対象額＝死亡保険金－（500万円×**法定相続人**の数）

　子どもが2人、死亡保険金を5000万円とした場合、課税対象額は3500万円となる。

　　　　課税対象額＝5000万円－（500万円×3人）＝3500万円

　死亡保険金のほかに相続するものが何もなかった場合、課税対象額である3500万円を図表2-3-6と照らし合わせると、20%の税率がかけられ、控除額が200万円であることがわかる。したがって3500万円×20%－200万円で500万円となるのであるが、相続税の場合、被相続人の配偶者は**配偶者**

図表2-3-6　相続税の税率

法定相続分に応ずる取得金額	税率	控除額
1000万円以下	10%	－
1000万円超 から 3000万円以下	15%	50万円
3000万円超 から 5000万円以下	20%	200万円
5000万円超 から 1億円以下	30%	700万円
1億円超 から 2億円以下	40%	1700万円
2億円超 から 3億円以下	45%	2700万円
3億円超 から 6億円以下	50%	4200万円
6億円超	55%	7200万円

出所）国税庁HP「相続税の税率」

生前贈与と相続時精算課税制度

　生前贈与という言葉を聞いたことがあるだろう。相続税の節税対策として利用され、生前贈与をする場合、贈与税の非課税枠を活用することによって、贈与税を支払わなくてもよくなることがある。

　贈与税の課税方法には、暦年課税、相続時精算課税があり、一定の要件を満たした場合、相続時精算課税を選択することができる。

　暦年課税とは、一人がその年の1月1日から12月31日までの1年間に贈与を受けた財産の合計額から基礎控除額の110万円を差し引いた額に対し課税される制度である。1年間で贈与額が110万円以下の場合、贈与税は係らない。

　相続時精算課税とは、原則として60歳以上の父母や祖父母から18歳以上の子や孫に対して財産を贈与した場合において選択できる制度で、その年の1月1日から12月31日までの1年間の贈与財産が累計2500万円から特別控除額を控除した残額に対して、贈与税が係る制度である。累計が2500万円を超えた場合は、超えた金額に対して一律20%の贈与税が係ることになる。

　この制度を利用することにより、若い世代に財産を移転することができ、相続時の遺産分割などの問題も解決することも可能となる。しかし、注意しなければならない点もいくつかある。

　まず、この特別控除額は、贈与税の期限内申告書を届け出た場合のみ控除が可能となり、届け出を忘れてしまった場合は、暦年課税が適応されてしまう。また、相続時精算課税制度を一度選択すると、その年以降暦年課税による贈与に戻ることができなくなってしまう。さらにこれまでは、110万円以内の贈与であっても贈与税の申告が必要であった。

　しかし、2024年4月から制度が改正され、2500万円の特別控除額と年110万円の基礎控除が認められることとなった。

　相続時精算課税制度を選択しても、1年間で贈与額が110万円以下の場合、贈与税の申告も不要となり、しかも、1年間110万円までの贈与財産は相続の際に相続財産に加算する必要がないため、相続税の対象にもならない。

　生前贈与を検討する際、節税対策の一つの選択肢として、検討してみてもよいだろう。

控除が受けられることに注意されたい[1]。

(2)　課税対象額：所得税

　死亡保険金を受け取る場合、所得税の課税対象となるケースがある。図表

1　2024年1月現在、1億6000万円まで控除される。

2-1-2のケース⑤の場合が該当し、受け取った保険金は所得税の課税対象額となる。したがって、本章2-□-(1)における所得税の課税対象額の計算方式と同様となる。

(3) 課税対象額：贈与税

死亡保険金を受け取る場合、贈与税の課税対象となるケースがある。図表2-1-3のケース④′⑤′⑥′の場合が該当し、受け取った保険金は贈与税の課税対象額となる。こちらも、本章2-□-(2)における贈与税の課税対象額の計算方式と同様となる。

このように生命保険の契約関係によっては予想外の課税額（特に贈与税の場合、高額）になるので注意を要する。いずれにしても契約締結時によく確認するだけでなく、契約内容については定期的に確認し、不明な点があればいつでも保険者に問い合わせることが重要であるといえる。

練習問題

1　図表2-1-2のケース①、③において、生存保険金1000万円、総支払保険料900万円の場合、それぞれどの税の課税対象となり、いくら税金を納めなければならないかを計算しなさい。
2　図表2-1-2のケース④、⑤、⑥において、死亡保険金5000万円、総支払い保険料4000万円、子ども2人（20歳以上）の場合、それぞれどの税の課税対象となり、いくら税金を納めなければならないかを計算しなさい。

●引用・参考文献

国税庁HP「生命保険料控除」(https://www.nta.go.jp/taxes/shiraberu/taxanswer/shotoku/1140.htm)

国税庁HP「所得税の税率」(https://www.nta.go.jp/taxes/shiraberu/taxanswer/shotoku/2260.htm)

国税庁HP「贈与税の計算と税率（暦年課税）」(https://www.nta.go.jp/taxes/shiraberu/taxanswer/zoyo/4408.htm)

国税庁HP「相続税の税率」(https://www.nta.go.jp/taxes/shiraberu/taxanswer/sozoku/4155.htm)

4章

生命保険の現代的課題

● キーワード ●─────────────────────

予定利率、標準利率、三利源、死差益（危険差益）、費差益、利差益、逆ザヤ、社員配当、契約者配当、社員総代会、基礎利益、ソルベンシー・マージン基準、経済価値ベースのソルベンシー規制、標準生命表、変額保険、ユニバーサル保険、アドバースセレクション、生損保一体型、健康増進型保険、保険金不払い問題、ADR

1 保険業界の現況

　1945年第2次大戦の敗北によって日本の生命保険業界は壊滅的な打撃を受けた。その後は1部6章で述べたように**護送船団体制**に守られて順調に発展してきた[1]。しかし1996年の保険政策の大転換によって、特に生命保険業界は大きな影響を受けた。バブル経済の崩壊とそれに続く長期不況の中で**競争原理**が本格的に導入され、政府は銀行を中心とする金融機関を救済するために超低金利政策を採用し、その後も事実上ゼロ金利政策が続いていた。しかも日銀は2016年1月末に日本で初めてマイナス金利（0.1%）の導入を発表し、翌2月16日から実施することにした。そしてさらに2020年1月から、各社の**予定利率**を決める基礎となる**標準利率**がとうとう0%に引き下げられた[2]。この影響については容易に予測できるものではないが、各社はその対応に追われることになるので、生命保険分野についてはほとんどよい影響

1　戦後の生命保険の変遷については、田村（2002）「第2章」に詳しい。なお、その後の動向については植村（2008）および出口（2008）に負うところ大である。

2　予定利率、標準利率の推移については本章Column11「予定利率と『お宝保険』」を参照されたい。

を与えないであろう。

　生命保険事業では**三利源**といわれるように、利潤は**死差益（危険差益）**、**費差益**、**利差益**から生じる。死差益とは、過去の統計をもとに死亡者数を予測し、将来の保険金支払いに必要な危険保険料を算定するときに用いる予定死亡率と、実際の死亡率を引いた保険収益であり、年金などでは逆の方向に動く。費差益とは、保険業を運営する上で必要な経費[3]をあらかじめ予定事業費率として予測し、その予測したものと実際にかかった事業費用を差し引いた保険収益であり、保険料率競争の中で付加保険料率を引き下げることが重要課題になっている。最後に利差益について説明しよう。保険会社は責任準備金を有価証券や貸付などの資産運用に充て収益を得ているが、あらかじめ一定の運用収益を見込み、その分保険料を割り引いており、その割引率を予定利率という。予定利率は、保険契約締結時に決定され、保険期間中は通常は変更されない。そして、予定利率から実際の運用利回りを差し引いたのが利差益としての保険収益となる。ゼロ金利政策や不動産・金融市場等の低迷の中では**逆ザヤ**が生じる可能性も大きい。実際、1990年代末から連鎖的に生じた生命保険会社の破綻や2008年に起きた大和生命の破綻原因は逆ザヤの増大（図表2-4-1）と資金運用の失敗に求めることができる[4]。

　三利源から最終的に利益が生じた場合、相互会社であれば社員である契約者に配当し（**社員配当**または**契約者配当**）、株式会社も競争的配慮から積立部分のある保険については契約者配当を行っていた。しかし1990年代以降は逆ザヤがあまりにも大きく、ほとんどの生命保険会社で無配当状態が続いた。

　ただし、これについては内容的に不明な点が多いという契約者側からの不満が続出した。その結果、保険相互会社の**社員総代会**（相互会社の最高意思決定機関）において、保険会社の説明責任（**アカウンタビリティ**）を求める声に発展していったのである。これは社員としても契約者としても、20世紀の旧保険業法時代にはみられなかった新たな傾向といえよう。それに対して2000

3　人件費、土地代・テナント代などの固定費、各種税金などである。
4　植村（2008）「第2章」において個別事例を取り上げ、トップの責任の大きさを指摘している。また、逆ザヤによる負担を軽減するためもあって、かつては社員配当を剰余金または総利益の90％以上としていたのが、最近では20％以上に引き下げられている。

図表2-4-1　三利源・逆ザヤの推移

三利源の推移

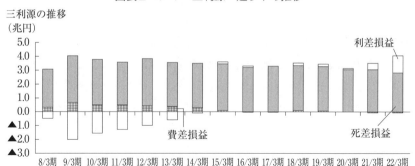

利差損益：予定利率に基づく予定運用収益と実際の運用収益の差額。
死差損益：保険金・給付金等支払予定額と実際の保険金・給付金等支払額との差額。
費差損益：事業費支出予定額と実際の事業費支出との差額。

逆ザヤ等の推移

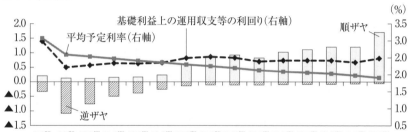

注）主要生保：生命保険会社19社（2022年3月末時点で総資産5兆円以上の会社）を集計。

　　三利源、逆ザヤ等について、会社単位で算定されたものを集計しており、民営化前（2008年3月期以前）のかんぽ生命は含まない。

出所）金融庁（2023、p.4）をもとに筆者作成。

年度決算から保険会社側は**基礎利益**という概念を導入し、三利源から生じた全体としての利益を公表することにした。

　しかし契約者・消費者の不満はこれでも収まらず、三利源の公表を2007年度決算からは自主判断に任せ、2008年度決算からは各社公表に踏み切ることになった。それは新規参入したある保険会社が三利源の公表に踏み切ったからである。これによって保険契約者は自分が契約している保険会社の状態をより詳しく知ることができるようになっただけでなく、他社との比較も

予定利率と「お宝保険」

「お宝保険」という言葉を聞いたことはあるだろうか？　本章で学んだ予定利率の推移を表したのが以下の表である。

予定利率の推移

1976 年〜	5.00%〜5.50%	1996 年〜	2.75%
1981 年〜	5.00%〜6.00%	1999 年〜	2.00%
1985 年〜	5.50%〜6.25%	2001 年〜	1.50%
1990 年〜	5.50%〜5.75%	2013 年〜	1.00%
1993 年〜	4.75%	2017 年〜	0.25%
1994 年〜	3.75%	2020 年〜	0.00%（標準利率）

出所）猪ノ口（2013）等より筆者作成

予定利率は契約時の利率が固定されて終了まで使用されるため、このギャップを埋めるために一層実際の運用利回りを上げなければならなくなる。予定利率が高ければ、保険料は安くなり、予定利率が低ければ、保険料は高くなる。どのくらい保険料の差があるのか、具体例を挙げてみよう。

終身保険
死亡保険金：1000万円　30歳男性　60歳払済み

予定利率　5.50%の場合　月払い保険料　10,000円
10,000円×12カ月×30年＝3,600,000円

予定利率　1.00%の場合　月払い保険料　24,000円
24,000円×12カ月×30年＝8,640,000円

上記のように同じ保障内容にもかかわらず、予定利率が高いほど少ない保険料負担で済むことがわかる。このような予定利率の高い保険を「お宝保険」という。
　今、過去と比べると非常に保障内容の充実した商品やこれまでになかった保障を提供する商品も販売されている。これまでに加入していた商品を下取りに出し、保障内容の充実した商品に「転換」する前に、現在加入している保険商品は時期的にどの予定利率が適用されているのかを一度確認してみるのもよいかもしれない（「転換」については本書2部2章を参照のこと）。

可能になった。加えて、保険企業の支払い余力を示す**ソルベンシー・マージン基準**の見直しや国際会計基準をはじめとした国際的な規制も大きく見直されようとしている[5]。保険会社の健全性を図る基準として、現在ソルベンシー・マージン基準が導入されているものの、保険負債などが簿価による評価

となっているため、契約時点から評価日までの環境変化が反映されていないなどの課題が存在している。そのため、保険負債などを時価評価することで健全性を図る**経済価値ベースのソルベンシー規制**が 2025 年から導入される予定となっている[6]。これらの情報は既契約者のみではなく、これから保険契約を結ぼうとする新たな消費者にとっても、保険会社選択の重要な情報になるであろう。2018 年 4 月から**標準生命表**[7]が改定されたので、新たな消費者は特に注意を要する。標準生命表は保険会社のソルベンシーに関わる責任準備金積立の基になるからである。2018 年の改定は死亡保険用の部分だけであるが、平均余命の大幅な伸びもあって保険料率もかなり引き下げられた。他方 2017 年 4 月にマイナス金利の影響もあって、予定利率に関係する標準利率は大幅に引き下げられた。そうであれば理論的には保険料引上げにつながるはずであるが、各社は保険料を引き上げていなかった。しかし前述のように 2020 年 1 月から標準利率が 0 ％ に引き下げられた。これは保険会社の大きな負担になるため、各社が今後どのように動くか消費者としてますます見極めが重要になるであろう。

2　新たな生命保険商品の動向

　生命保険といえば**養老保険**という時代が長く続いたが、高度成長期には**定期付養老保険**、その後は高齢化とともに**定期付終身保険**が人気を集め、バブル期には一時払い養老保険や変額保険などの金融商品性保険が注目を集めた。しかしバブル崩壊とそれに続く長期不況の中で、保険商品の動向も大きく変わっていった。それは消費者の保険料負担能力の低下、保険政策大転換の中

5　この点については東洋経済新報社（2015、pp. 122-124）および金融庁総務企画局総務課国際室（2016、p. 5、pp. 18-21）を参照されたい。

6　経済価値ベースのソルベンシー規制の導入についての詳細は茶野他（2016）、森本他（2021）、東洋経済新報社（2023、pp. 12-16）を参照されたい。

7　生命保険各社の予定死亡率の基準となる現行の標準生命表は、「死亡保険用」「年金開始後用」「第三分野用」の 3 種類あり、死亡率の改善により 11 年ぶりに「死亡保険用」と「第三分野用」が改定されて 2018 年 4 月から適用され、生保標準生命表 2018（死亡保険用）、第三分野標準生命表 2018、生保標準生命表 2007（年金開始後用）が用いられている。

で届け出制による新商品開発競争、そして保険企業の相次ぐ支払不能・破綻などの影響が大きいと考えられる。

そこでは逆ザヤに苦しむ保険会社と保険料負担を抑えたい保険消費者のニーズによって保険料をあらかじめ安く設定している**無配当保険**[8] なども注目されたが、最初に大きな注目を集めたのは**アカウント型保険**ともいわれる**利率変動型積立終身保険**であった。また、他方で所得格差が大きくなったことや団塊の世代の定年・引退もあって、高所得階層では一時払い終身型の変額保険や変額年金外貨建で同種の保険も注目されている。そして最近では定期保険や第三分野の医療保険需要も多くなっているが、その他にも組み合わせ型や生損保一体型の保険も登場してきている。以下では、注意すべき点が多い**変額保険**（変額年金も含む）その他、最近注力されている保険を簡単に取り上げてみよう[9]。

変額保険とは、積立部分の運用成果によって満期保険金や年金が変化する保険・年金である（図表2-4-2）。生命保険は保険法の定義でも**定額保険**とされているが、変額保険は例外と考えてよい。つまり従来の積立型保険が**予定利率**という保証利率の形で運用リスクを保険会社が負担していたのに対し、変額保険は契約者がそのリスクを負担するハイリスク・ハイリターンの保険・年金である。したがって、投資方法について契約者に選択権や変更権はあるが、その結果にも全責任を負う必要がある。金融市場が不安定で情報分析能力が低い一般消費者には注意が必要な保険である。ただし、死亡保険金については最低保証がある。

アカウント型保険（利率変動型積立終身保険）は、アメリカで1970年代末に開発された**ユニバーサル保険**（ユニバーサル生命保険）[10] の日本版と考えてよい。

8　相互会社の場合、無配当保険は「理念と抵触するため全商品の20％までという販売制限が設けられている」（出口　2009、p. 53）。

9　以下の説明は出口（2009、pp. 53-65）および日本経済新聞社（2012）、東洋経済新報社（2014、pp. 82-90）などに負う。なお、独立行政法人国民生活センター（2017、p. 2）によれば、銀行窓口販売による生命保険の相談件数は減少傾向にあるとはいえず、2008年度以降2016年の調査時点までにおいて、60歳以上の相談件数が7割以上を占めているという。その後もこの種の保険の銀行窓口販売での行きすぎが金融庁から指摘され、2019年1月には一時的に銀行窓口販売の自粛措置も取られた。

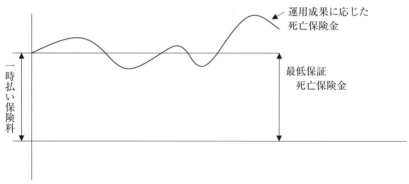

図表2-4-2　一時払い型変額保険

運用成果に応じた
死亡保険金

最低保証
死亡保険金

一時払い保険料

注）満期保険金には、最低保証がない。

（監修者作成）

　この保険では、主契約を貯蓄部分（積立部分）と保障部分に分離し、積立部分をアカウントと呼ぶ。しかもこの積立部分の利率はきわめて低い最低保証利率はあるものの、市場金利の変動によって一定期間（毎月、毎年、3年など）ごとに見直される。つまりこの保険も運用リスクのほとんどを契約者が負うことになる。アカウント型保険で便利なことは、払い込む保険料の積立部分と保障部分を毎回自由に変えられること、そして積立金への投入・引出しも自由な点であろう。これに必要な特約を付加すれば、さらに各種のリスクに対応できる。しかし日本でこの保険が導入されたのが2000年ごろであることを考えると、アメリカとは違い[11]、生命保険会社の逆ザヤ解消策、あるいは運用リスク回避策の保険にもみえるのである。このような点もあってか、最近ではアカウント型保険が話題になることは少なくなっている。

　この他に単品化保険の組み合わせ型や生損保一体型の保険など、保険の選択肢はますます増加している。生命保険の単品化は、保険金不払い問題の一

10　ユニバーサル保険（ユニバーサル生命保険）とは契約者が支払う保険料を自由に変更することができ、積立部分を特別勘定でファンド運用する保険である。

11　前節の契約者貸付で述べたように、アメリカでは生命保険版ディスインターメディエーションという現象が起きたが、ユニバーサル保険（ユニバーサル生命保険）はその対策として考え出されたのである。つまり、生命保険会社の資金運用力の高さを明らかにするための保険だったのである。この点についても出口（2009、p. 57、115）に詳しい。

遺伝子情報と生命保険

　人間の生命や健康に関する研究は日進月歩で進んでいる。その研究成果の中で今後の生命保険に深く関係することは遺伝子情報あるいはゲノム解析による情報かもしれない。2019 年 4 月に生命保険協会は生命保険加入条件等について、遺伝子情報を使用しない指針を策定したと報道された（以下の内容については東洋経済新報社　2019、pp. 26-27 に負うところ大である）。欧米ではこの問題について、差別防止の観点から遺伝子情報の利用を禁止する方向で、すでに保険業界と協定を策定しているという。しかし日本では保険業界からの明確な指針が示されたのは上述の 2019 年 4 月であった。それに呼応して生命保険各社が対応を急いでいるという。なぜならば、遺伝子情報を生命保険加入時に被保険者情報として入手できるか否かで大きな相違があるからである。

　もしも遺伝子情報を活用できれば、**アドバースセレクション**（逆選択）を防止でき、加入者の公平性が維持できる。しかし活用できないとすれば、遺伝的な疾患の罹病可能性が高い人々が積極的に加入する可能性が高くなり（アドバースセレクション）、**保険の限界**を超え、保険として維持できなくなるかもしれない。

　遺伝的要因による疾患については（以下の記述は宮地　2005、pp. 110-113 に負うところ大である）、単一遺伝子病といってその遺伝的要因を受け継いでいればほぼ 100％ 罹患する病気もあれば、多因子性疾患といって複数の遺伝的要因と環境的要因によって引き起こされる疾患（たとえば高血圧、糖尿病、心疾患、認知症など）があるという。そうであれば、単一遺伝子病の遺伝子を受け継いでいる人々は生命保険や第三分野の医療保険に強い加入意思を持つことになろう。多因子性疾患でも親兄弟や親せき等の状況から加入意思が高くなるかもしれない。しかもこのような情報については、保険者は知るすべを持たないからである。ここに**情報の非対称性**が生じる。

　しかし、ここで保険という制度の枠を超えて重要なことがある。それは、この種の情報が人間自身への差別につながる可能性があるということである。生命の尊厳や人間の尊厳が遺伝的要因によって差別されることがあってはならないと筆者（田畑康人）は考える。そのような意味で生命保険協会の対応は高く評価できよう。

因ともなった保険商品の複雑化に対する反省から登場した考え方である。つまり、従来の主契約に特約を付けるという発想から、死亡保険、生存保険、医療保険、介護保険などを一つ一つバラし、消費者が必要とする保険を自由に組み合わせて加入できる保険である。これらはライフスタイルの多様化や保険料負担能力の変化にも対応できるようになっている[12]。

生損保一体型の保険は、保険政策大転換（1996年）によって生損保の子会社方式による兼営が認められて以来、模索され続けてきた。しかし戦略的に実現してきたのは2010年代になってからである。世帯単位で必要な保険には、生損保の区別は不要であろう。死亡保障、医療保障、火災や交通事故など、あらゆるニーズに対する保険を一契約で済ますことができれば、経済的かつ合理的でもある。この種の保険は生命保険業界よりも損害保険業界の方が先行している観がある。

　このほかに長寿化・平均余命の伸びを背景に注目されるのはトンチン性を高めた個人年金である。**トンチン性**とは17世紀末に西欧で実施されたトンチン年金の応用で[13]、保険料期間中の死亡給付や解約返戻金を低く抑えて年金給付開始後の年金額を増やす個人年金である。そして早期死亡者から生じた資金を長生きした受給者に回すことによって年金額をさらに高めたり終身年金化することも可能になる。ただしこのような長寿リスクに対応した個人年金は実務的には50歳以上に加入が制限されているようである。また、2018年から登場した**健康増進型保険**は健康長寿を願う消費者ニーズとあいまって大きな発展の可能性もある。

　最近における国内の健康増進型保険は大きく3パターンに分類できるという[14]。1つは健康診断結果の提出で、契約期間にわたり同じ割引が適用されるもの、2つ目は保険料を「健康年齢」に連動させるタイプで、健康診断結果を入力して健康年齢を算出しそれによって保険料が算定される。実年齢より若ければリワードとして保険料が安くなるが、実年齢より高いと判断されたり健康診断結果を提出しなかった場合は保険料が高くなる。3つ目は健康増進祝金を出すタイプで、ある基準を満たした健康状態になると、それ以降の保険料が割引されるだけでなく、契約日にさかのぼって計算した保険料差額分が祝金としてキャッシュバックされるものである。今後はさらに多く

12　日本人の死亡率が低いにもかかわらず、定期保険料の高さは欧米の2～3倍にも達し、その原因は付加保険料の高さにあるといわれてきた（出口　2009、p. 64）。同書（p. 223）によれば、若年層では50～60％となることが示されている。

13　より詳しくは本書1部3章 Column 4 を参照されたい。

14　最近の状況については東洋経済新報社（2019、pp. 40-41）に負うところ大である。

の健康増進型保険が登場してくるであろう。ICT や AI の発展によって、ウェアラブル端末を被保険者が装着し、その結果を保険会社が情報収集することで保険料を連動させる保険も海外では登場しているという。それらが最近の生命保険料収入の低迷を打破し、新たな可能性に結び付けることができるか、注目に値する。

しかし被保険者にウェアラブル端末を着けさせて得た個人情報が保険会社に時々刻々と伝えられ、それをビッグデータとして処理・活用するという点は、新たな問題につながる可能性もある。そして本章 Column13 でも述べたように、被保険者の遺伝子情報などについても、きわめて微妙な問題があることも忘れてはならない。

いずれにしても、目まぐるしく変化する保険を見極める能力とその対応が、これからの保険消費者にとってますます重要になることは確かであろう。

3 新しい保険消費者に求められること

ところで最近の保険契約高の動きをみると、生命保険の重要性、特に個人保険の重要性が大きく低下しているように思われる（図表2-4-3）。しかし保有契約高の 20 年以上にわたる低下が本当に生命保険需要の低下を意味しているかどうかは不明である。なぜならば、保有契約件数は 2008 年ごろから増大傾向にあるからである。

また、2005 年度あたりから**契約者配当**が復活し始め、2008 年 3 月期（2007年度）決算によれば、大手生命保険会社ではほぼ逆ザヤが解消されただけでなく、配当競争の兆しさえみえた。それは保険会社の健全性がしだいに高まっていったことを示す。しかし 2008 年 9 月の**リーマン・ショック**以降の金融恐慌ならびにそれに続いた世界的大不況および人口減少時代への突入、さらには 2016 年 1 月のマイナス金利の導入によって、生命保険業界の苦境は続いていると考えなければならない。その点は 2 部 2 章注 1 で示した一世帯当たりの生命保険料支出が減少傾向から脱していないことや、2017 年 4 月以降の劣後債発行や基金調達が相次いでいることからも明らかであろう。し

図表2-4-3　個人保険保有契約高と保険契約件数の推移

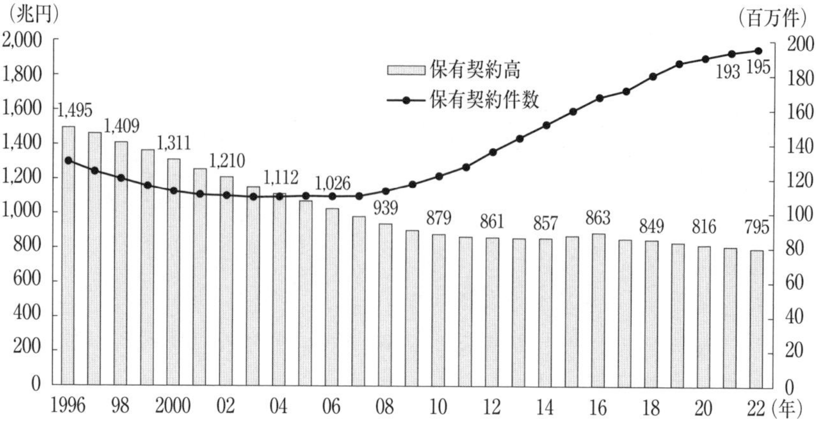

（兆円）

2,000
1,800
1,600
1,400
1,200
1,000
800
600
400
200
0

　保有契約高
　保有契約件数

1,495　1,409　1,311　1,210　1,112　1,026　939　879　861　857　863　849　816　795
193　195

（百万件）

200
180
160
140
120
100
80
60
40
20
0

1996　98　2000　02　04　06　08　10　12　14　16　18　20　22（年）

出所）生命保険協会『生命保険の動向』2015年版〜2023年版より筆者作成。

かも1部6章で述べたように生命保険会社・業界が抱える問題はあまりにも大きく、**保険金不払い問題**で失われた信用を取り戻したとはいまだにいえない。さらに近年発覚した営業職員による金銭搾取問題も起こっており[15]、生命保険協会は2023年2月に「営業職員チャネルのコンプライアンス・リスク管理体制の更なる高度化にかかる着眼点」を公表し、各生命保険会社は実効性のある営業職員チャネルの管理体制の整備・確立が求められている。ただし、東日本大震災およびその後発生した熊本地震における生命保険業界の対応は、1部7章でも指摘したように、信頼回復にも大きく貢献したことは確かであろう。しかしここでは、これからの保険消費者がどうあるべきか、最後に考えてみよう。

　結論から先にいえば、自立する消費者、考える消費者、選択できる消費者、変化に対応できる消費者そして自己責任を認識して行動できる消費者でなければならない。つまり、これからの保険消費者は自律的な消費者とでもいえようか。ただし、2017年3月末に策定された金融庁の方針「**顧客本位の業務運営に関する原則**」および7月末に公表された「取組方針」は、本書1部

15　2020年11月に発覚した第一生命の89歳の女性営業職員が顧客から約19億円をだまし取っていたとの報道には衝撃を受けた。

7章でも述べたように、注目に値する。監視し検査する保険政策から保険会社の自主性重視に方向転換しているからである。

　20世紀末までの保険政策は、弱い消費者、無知な消費者、保護すべき消費者、そして保護しなければならない保険業界という構図の上に実施されてきた。つまり、護送船団体制の下で保険業界を保護し、それに基づいて保険消費者は保険会社の「不倒神話」を信じ、保険商品や価格選択の自由もなく、保険会社選択も GNP（義理、人情、プレゼント）によって行われてきた。

　しかし近年の外務員・募集人の減少と負の相関を持つように、通信販売やインターネット販売そして来店型店舗販売が増加してきている。この傾向は生損保を問わない。従来から保険販売は対面販売が中心で、そうしなければアドバースセレクションやモラルハザードが増大すると信じられてきた。その点については経済学的視点からも支持されていた。しかし最近の状況をつぶさにみると、必ずしもそれを裏付ける状態にはない。告知義務もなく、医的診査も行われず、既往症やすでに疾患があるとわかっていても、加入できる**引受基準緩和型**や無選択型の生命保険や医療保険がどんどん登場してきているのである。これは**標準下体保険**の一般化ともいえる。そのような意味では、本当に保険の必要な人に必要な保険が得られるようになってきている。

　従来の保険は、必要のない人に無理やり押し付けるものであったかもしれない。つまり、死亡保険であれば、絶対的に健康に自信があり病歴もない、保険なんかいらないという人に死亡保険を売りたがったのである。これを英語では cherry picking（美味しいところ取り）という。これが保険会社によるセレクションあるいは**アンダーライティング**（アンダーライティングは主として損害保険で用いられる）であった。いわゆる**グッドリスク**（優良危険：事故発生確率の低い人）を選択できれば、保険会社としても死差益（危険差益）を増加させることができる。保険企業としては当然の戦略である。

　しかし「必要な人に必要な商品を」、あるいは「欲しい人に欲しい商品を」という考え方が**CS**（顧客満足）であるとすれば、従来の販売方法・販売戦略は CS とは正反対の保険会社中心主義といわざるを得ない。欲しい人に売らずに、いらない人に無理やり売る商品は押し売り以外の何ものでもない。た

だし、理論的に考える限り、この販売方法は決して誤りではない。アドバースセレクションもモラルハザードも危険選択によって軽減・排除できるからである。

このような従来の常識を打ち破るような商品や販売方法が最近では注目され始めている。上述した来店型の店舗販売、インターネット通販、そして保険比較サイトもその象徴であろう。ただしここで忘れてはならないことは、保険の第一原則、すなわち**給付・反対給付均等の原則**である。これが維持できなければ、第二原則である**収支相等の原則**も確保できない。つまり保険経営は成り立たないのである。

「必要な人に必要な保険を」、「欲しい人に欲しい保険を」という考え方は、他の一般の商品と比べ保険の場合は、消費者にとってより冷徹なものであることを理解する必要がある。私的保険における公平性・公正性は、当事者の事故発生確率・危険率に応じた保険料負担と給付の合理的関係、すなわち給付・反対給付均等の原則の貫徹なのである。既往症のある人に対する死亡保険や医療保険が健康者より保険料率が高いのは当然なのである。

また、保険に関する比較情報はますます入手しやすくなってきている。そして消費者が得られる情報もますます正確でより多くなっている。それらを総合的に判断し、よりよい保険をよりよい保険会社から入手できる環境は今後ますます整っていくであろう。そうであれば、消費者自身の選択の結果について、消費者が応分の責任を負うのは当然である。自立する消費者、自律的な消費者になることは、自己責任を自覚し、そこで生じるリスクも負担する覚悟がある消費者でもある。生命保険は数十年にわたるきわめて長期の契約になることが多い。その中で自立的かつ自律的な消費者になることは想像以上に難しいであろう。しかし新たな消費者はそれに向かって学び努力しなければならないのである[16]。

新保険業法や**新保険法**は自立し考えて行動する賢い消費者を育てることも

16　賢い保険消費者としてのより具体的・実践的な内容としては、出口（2015、「第5章　生命保険をどう買うか」、「第6章　生命保険をどこで買うか」）が有益である。なお著者が「生命保険に加入する」のではなく、「買う」と表現している点も興味深い。

目標としている。そうであれば、保険政策においてもそれが実施可能なように、より具体的なリレギュレーション（再規制）やベターレギュレーション（よりよい規制）が必要になってくるであろう。その一つが2009年6月に公布（2010年4月に施行）された「金融商品取引法等の一部を改正する法律」で導入された **ADR**（Alternative Dispute Resolution：裁判外紛争解決制度）であろう。この制度は一定の能力のある中立・公正な紛争解決機関を設立し（保険の場合は生・損保両協会内に設立）、迅速かつ低廉な費用で紛争解決を目指そうとするものである[17]。また2014年5月公布、2016年5月29日に施行された改正保険業法（第294条および第303～305条）は、保険募集に大きな影響を与えている。そこでは保険募集に関する基本的なルールが創設され、契約者の「意向把握」「意向確認」、徹底した「情報提供」義務が課され、募集人および代理店の適切な事業運営に関する「体制整備」義務も導入された[18]。そして、その後も毎年のように少しずつ改正されている。

　このようなリレギュレーションやベターレギュレーションの内容を決めるのは、保険会社や保険業界でもなく、政府でもない。多くの消費者・利用者の声、そして少人数ではあっても情報デバイド（情報格差）にある人々の声なき声を汲み取ることが不可欠なのである。特に情報機器やICT、そしてIoTやAI（人工知能）の劇的な発展の中で、新たな情報格差が生じる可能性もある。このような状況において生命保険業界がCSを重視することは、いわれなくても当然である。

　本書1部7章末で述べたように、2016年9月に金融庁が公表した一連の**「保険会社向けの総合的な監督指針」**によって、より具体的に保険会社のあるべき方向が示された。この金融庁の要請以上に何ができるか今ほど問われている時はない。そこでは新たな顧客目線での発想と顧客本意の明確な戦略が不可欠であろう。また、人口減少や超高齢時代の中で、新たな競争が国内だけでなくグローバル展開される。これらすべての環境変化に生保業界そして各社が自社の特徴を踏まえて着実に対応できれば、生命保険の新時代が拓

17　保険におけるADRのより詳しい内容は、日本保険学会（2011、pp. 11-64）を参照されたい。
18　詳しくは石田（2015、pp. 607-609）および東洋経済新報社（2015、pp. 12-15）を参照されたい。

けてくるであろう。

練習問題

1　1990 年代末から連鎖的に生じた生命保険会社の破綻や 2008 年に起きた大和生命の破綻原因が逆ザヤの増大と資金運用の失敗であったことに対し、これからの生命保険経営のあり方についてあなたの考えを述べなさい。
2　経済価値ベースのソルベンシー規制についてあなたの考えを述べなさい。
3　21 世紀における新たな消費者として、あなたはどうあるべきか、できるだけ具体的に述べなさい。

●引用・参考文献

石田満著（2015）『保険業法』文真堂

猪ノ口勝徳（2013）「民間生命保険会社の予定利率の変遷と生保商品動向」『共済総研レポート』農協共済総合研究所、pp. 4-13

植村信保著（2008）『経営なき破綻　平成生保危機の真実』日本経済新聞出版社

金融庁（2023）『2023 年保険モニタリングレポート』（https：//www.fsa.go.jp/news/r4/hoken/20230630-2/02.pdf）

金融庁総務企画局総務課国際室（2016）『国際金融規制改革の最近の動向について 資料4 』全 32 ページ

生命保険協会『生命保険の動向（各年版）』

田村祐一郎編（2002）『保険の産業分水嶺』千倉書房

茶野努・安田行宏編著（2016）『経済価値ベースの ERM—グローバル規制改正とリスク管理の高度化』中央経済社

出口治明著（2008）『生命保険は誰のものか』ダイヤモンド社

出口治明著（2009）『生命保険入門（新版）』岩波書店

出口治明著（2015）『生命保険とのつき合い方』岩波書店

独立行政法人国民生活センター（2017）『保険商品の銀行窓口販売の全面解禁から 10 年を迎えて』

東洋経済新報社『週刊東洋経済　臨時増刊　生保・損保特集』（各年版）

日本経済新報社（2012）『日経 MOOK—間違えない保険選びのツボ』

日本保険学会（2011）「『金融 ADR』—創立 70 周年大会共通論題」『保険学雑誌』第 613 号、日本保険学会

宮地朋果（2005）「遺伝子検査と保険」『FSA リサーチ・レビュー』第 2 号、金融研究センター、pp. 107-130

森本祐司・松平直之・植村信保著（2021）『経済価値ベースの保険 ERM の本質（第 2 版）』金融財政事情研究会

3部

社会保障の中核としての社会保険

1章

社会保障と社会保険

● キーワード ●
社会保障、公的扶助、社会手当、社会保険、リスクの社会化、所得再配分、ミーンズテスト、劣等処遇の原則、社会保障法、ニューディール政策、ベヴァリッジ報告、国民皆保険、国民皆年金

1 社会保障の中の社会保険

人は一生のうちにさまざまな危険・リスクにさらされる。一例を挙げれば、加齢、病気や事故、それらに伴って生じる障害、失業などがある[1]。そうしたリスクは収入の減少や喪失、日常生活の妨げとなるものなどを生じさせ、人々を貧困に陥れることにつながる。これらリスクおよびリスクから生じる事態に対しては、個々人の意識や頑張りといったものだけでは対処しきれないものも多く存在する。これらに対し、社会全体で対処して人々の生活ひいては人生をサポートし、暮らしやすくする仕組みが**社会保障**（social security）である。

社会保障には貧困状態に陥ったり、リスクが生じたりした後に対応する「事後的」な策と、あらかじめ想定されるリスクに対し備えておく「事前的」な策がある。また社会保障を実施していくための技術・方法には**公的扶助、社会手当、社会保険**がある。このうち、公的扶助、社会手当が事後的な策に当たり、社会保険が事前的な策に当たる。

---

1 保険理論では、こうした不利益の可能性をリスク、リスクを実現する事象・事故そのものをペリル（peril）として区別する場合がある。詳しくは、本書1部1章を参照。しかし、本章では危険やリスクという言葉を、より一般的な意味で用いている。

保険論のテキストである本書のテーマからすると、社会保険を主題として説明すべきであろう。しかし、社会保険の特徴を理解していくためには、公的扶助や社会手当の役割や特徴、歴史についても説明し、社会保険がどのように社会保障に取り入れられていったのかなどを理解しておくことも重要である。なぜならそれらを踏まえることで、社会保険が社会保障の中でどのような位置付けや役割を果たしているのか理解しやすくなるからである。

2　社会保障の役割

　最初に社会保障制度の意味や策の種類について示したが、ここでは社会保障制度が果たす具体的な役割を掘り下げていく。以下で述べるものは社会保障の役割として代表的な「最低生活の保障」、「生活の安定」、「所得再分配機能」の3つである[2]。

［1］　最低生活の保障
　最低生活の保障とは、今現在生活ができないほどに貧しい状況に陥っている人（世帯）に対し、国や地方自治体が現金を給付することで最低限度の基準である**ナショナルミニマム**（national minimum）の生活を保障するものである。人々を貧困から救済するという、救貧の発想は古くから存在するが、このナショナルミニマムという政策は、ウェッブ夫妻としても知られているシドニー・ウェッブによって提唱された。
　シドニー・ウェッブは国が労働条件に関して最低基準を定め、それを企業に守らせることで、国民に最低限の生活水準を維持する所得保障になると考えた。代表的な最低基準として、最低賃金が挙げられる。これは企業が労働者に支払うべき賃金の最低水準を定めたものである。この考えが労働条件だけでなく、医療や住宅、教育などにも広げられ、現代ではさまざまな生活分野にも広がっており、社会保障制度の根幹ともいえる役割を果たしている[3]。

2　社会保障制度の役割や機能については、このほかにも「社会的統合」（一圓　2013、p. 29）や「経済安定化機能と経済基盤整備機能」（秋元他　2006、p. 18）などがある。

また、人々にとっての最終手段の**安全網**（セーフティネット）といわれている最低生活の保障は、次節で説明する公的扶助によって実施される。これにより、最低限の生活を送るだけの所得が保障され、自立した生活への道を模索することも可能となる。

　最低生活を保障していくためには、「最低生活」をするための所得はどの程度なのかを定めなければならない。そして、その水準を下回る者に対し、水準に達しない分の現金を給付することになる。だが、これはあくまで最低生活を保障するものであるため、給付の水準は低くなるのが当然で、自らの力で生活していくように促すためである。この「最低生活水準」を決める方法はいくつかあり、時代とともにその算出方法や水準も変わる。現在の日本では、水準均衡方式が用いられている。これは消費支出の最下位10％の世帯の消費支出の状況を踏まえて、最低生活水準の基準を決める方式である。

2 生活の安定

　先述した最低生活の保障は、事後的に人々を貧困から救う役割＝「救貧」である。それに対し、多様な原因によって貧困に陥ってしまう前に予防していく役割が生活の安定である。これを救貧に対し、「防貧」という。

　貧困に陥る原因はさまざまであるが、そのリスクには人々・国民に共通するものがある。たとえば、病気になった場合、仕事を続けることが困難になり、職を失い、収入がなくなってしまう。また治療費もかかることになり、さらなる負担を強いられ、急激に貧困に陥ることがある。こうしたリスクは誰にでも起こり得ることである。そのような、「人々に共通して起こり得るリスク」を前もって想定できているのならば、それに対して事前に備えておくべきであろう。つまり、事前に貧困になりにくくするような対策を立てておけば、貧困に陥るリスクによって生活がおびやかされそうな状況になった

3　シドニー・ウェッブの妻、ベアトリス・ウェッブは貧困の発生原因は社会や経済体制にあると考え、貧困を引き起こす原因に対応する政策が必要であることを主張した。ただし、ウェッブ夫妻は選別的な公的扶助に依存する人はできるだけ少なくすることが望ましいと考えていた（田畑2020、p. 33および一圓　2013、pp. 4-5）。

際にも、安定した生活が可能となるのである。

　これを実現する役割を担っている制度が社会保険である。社会に生きる人々全員に起こり得る貧困や生活不安を起こすリスクをあらかじめ想定しておき、そのリスクに関係する社会の構成員全員が社会保険に加入することでリスクに備え、いざリスクが生じた際には給付が行われ、生活の不安を取り除くことを可能にする。これにより、人々は安心して日常生活を送ることができる。こうした事前的な政策と先述した事後的な政策により、人々の生活を保障していくのである。このような考え方を**リスクの社会化**ともいう。

③　所得再分配機能

　資本主義的経済社会では、個人主義、自由主義と競争の結果、経済的な不平等が必然的に発生する。競争の結果生じた過度な経済的不平等を是正し、相対的な平等を実現していくための役割を果たすのが所得再分配機能である。つまり、税や社会保険料を控除されていない一次所得（これが最初の分配である）から、税や社会保険料を国家が強制的に徴収し、それを経済的な保障を必要とする者に給付していく（これが再分配である）という**所得再分配**により、不平等の是正を行うのである。

　一般的に所得税には、所得の多い者ほど多く納める**累進課税制度**がとられており、他の税においても資産などが多い者ほど多く納める仕組みになっている。また、社会保険の保険料も所得に比例して拠出することが多い。これにより、相対的に豊かな者から、そうでない者へ所得が再分配されていくこととなる。このような再分配の仕方を**垂直的再分配**という。

　また、同じ人物でも働いている間は高い所得があるが、加齢や疾病、失業といったリスクが発生することにより働けなくなり、所得が大幅に低下もしくはなくなってしまうこともあり得る。社会保障制度はこうした事態に対し、自分に高い所得があるうちに税や社会保険料を支払うことでリスクに備えておき、自分にリスクが生じた際に給付を受ける、という見方もできる。このような所得再分配を**時間的再分配**という[4]。

　以上のような備えは人々の自由な意思に任せておくと、行わない人も出て

くることは容易に想像できる。そのため国家は社会保障制度および社会保険制度を整備し、これらの再分配を国家権力に基づいて強制的に行うことにより、人々の生活を安定させるとともに、不平等の是正を促そうとするのである。

3 社会保障の技術

　ここではこれまでに述べてきた社会保障制度の代表的な役割を果たし、人々を暮らしやすくしていくための技術について説明する。その中で以下に示す3つの技術のメリットとデメリットを比較していくことが重要である。

1 公 的 扶 助

　これは、前節の「最低生活の保障」を実現するためのものであり、日本では生活保護がこれに当たる。現在貧困に陥っている人に対し、税を財源とし最低限度の生活ができるように所得の補助を行っていく政策である。このシステムのメリットとしては、事前に費用を負担することなく、給付を受けられることである。

　ただし、税を財源とするこの給付を受けるには**ミーンズテスト**（means test 資力調査）と呼ばれる調査を受ける必要がある。この審査では世帯の収入、資産、労働能力や、養うことができる身内がいるかどうか、などの調査が行われる。これは税を財源とするがゆえに対象者が真に貧しい者かどうかを、選別するための審査である。しかし、自分の収入や身内について調べられることに対する抵抗感や屈辱感を感じる人も多く、ミーンズテストを受けたくないがために、公的扶助の受給を断念する場合もある。このように、受給に際して屈辱感などを与えてしまうことを**スティグマ**（stigma）[5] と呼ぶ。この

4　この2つの再分配に加え、同一所得階層内で、所得再分配を行う水平的再分配という役割もある。これら3つの概念は、見方を変えることで互いに重なり合う部分もあるため、厳密に分けて考えられるものではない。

5　スティグマとは本来、動物や罪人、奴隷に押された「焼き印」という意味である。

スティグマを強く感じさせてしまうことは、社会保障の最も根本的な役割としての最低生活を保障する妨げとなるため、可能な限りミーンズテストを受けやすくする必要がある。しかし、受給者が費用の負担なく受給できる公的扶助では、ミーンズテストの基準を甘くして、簡単に受給できてしまうようになると、人々が安易に公的扶助へと流れてしまうこともある（公的扶助における**モラルハザード**といえる）ので、スティグマの緩和には十分な注意が必要となる。

2　社会手当

社会手当は、事前の費用負担なく受けられるという点では公的扶助と同様であるが、ミーンズテストがないという点で公的扶助よりも受給しやすい給付である。

これは、あらかじめ給付の条件（リスク）を定めておき、それが生じた際には自動的に現金給付を行うものである[6]。定められた条件の一例として、「子どもがいる」というものを挙げる。つまり子どもがいる家庭には、子ども1人当たりに定額の現金給付が行われることになる。これは日本の児童手当にあたる。

子どもがいるという条件さえクリアすれば、誰でも給付を受けられるため受給は容易だが、定額の給付とならざるを得ず、給付金額が少なくなることが欠点である。日本では2023年12月現在、3歳未満の児童と第3子以降の児童（ただし、小学校修了前まで）に1人当たり月額1万5000円、3歳～中学校修了前の第1子・第2子と第3子以降の中学生に1人当たり月額1万円が支給されている（所得制限あり）[7]。

6　現金ではなく現物で給付を行う場合、社会サービスと呼ぶ。

7　この児童手当は、2024年10月分から給付対象が高校生まで拡充され、第3子以降は年齢にかかわらず3万円が支給されることが閣議決定された（支給は12月）。0歳～中学校修了前の第1子・第2子については、支給額に変更はない。ただし、これまであった所得制限がなくなることとなっている（2024年2月現在）。

3 社会保険

　社会保険の仕組みや詳細な特徴などは次章で示すため、ここでは社会保険が公的扶助や社会手当と異なる点に焦点を当てる。

　まず、社会保険ではあらかじめ定められたリスクに対し、事前に保険料を納めておく必要がある。この点は公的扶助・社会手当との大きな違いである。しかし、この事前の費用負担のおかげで、リスクが生じた場合、給付を受ける「権利」が得られるので、スティグマは発生しなくなる。また所得比例の保険料が設定されている場合、他の制度に比べ低所得者層は高い給付を得られるので、所得再分配機能も発揮する。

　このように社会保険は公的扶助や社会手当のデメリットをカバーしている。しかし、保険料の支払いが困難な人については給付が受けられないこともあり、この点は他の2つの制度からすれば、社会保険のデメリットとも受け取れる。だが、社会保険は貧困に陥らないようにするための予防策であるため、保険料を支払う必要性を否定することはできない。無論、保険料の支払いが困難な人々に対する政策を充実させることは必要である。実際、日本の国民年金の保険料には、多段階免除が用いられている。これは所得に応じて保険料が、全額免除、4分の3免除、半額免除、4分の1免除となる制度である。

　この社会保険は世界各国の社会保障制度の中核をなすものとなっている。このような仕組みに至った経緯について、社会保障制度の歴史からみていく。

4　社会保障制度の歴史

1 社会保障制度の起源

　生活に困っている人を社会で救済していくシステムは古くから存在している。有名なものとしては、1601年のイギリスのエリザベス救貧法（Elizabethan Poor Law）が挙げられる。これは、労働力のある貧しい者と労働力のない貧しい者とを審査し、働ける者には労役場で仕事を与え、働けない者には救貧院で保護をするという制度であった。しかしながら、この制度の本当の目的は働けるのに働かない者を取り締まることであったため、現在の公的扶助の

ような貧困層の救済といった目的は二の次であった。

　産業革命を経て工業化が進むと、資本家に雇用される労働者の中でも貧しい労働者の賃金を補助するような、救貧院以外で行われる救済制度も生まれた。しかし、現在のような最低賃金制がなかったため、「賃金を下げても労働者は保護を受けられる」と雇用主に考えられ、悪用されることもあった[8]。

　その後1834年には**新救貧法**が成立した。新救貧法の特徴として挙げられることは、**劣等処遇（less eligibility）の原則**である。これは救貧法の適用を受けている人の生活水準を、自らの力だけで生活している人の生活水準よりも下にするというものである。これは自立した生活を促すためでもあり、現在の公的扶助などにも通じる発想である。また、院外給付も禁止し、救貧院の中でしか援助を受けられないようにした。このため、上述した労働者への賃金補助という救済政策は廃止された。

　この新救貧法は、人々が自立した生活をしていくための最低限の役割だけを国家が果たすべきであるという、**自由放任主義**に基づいたものである。これにより人々は、国家によって財産の保護や個人の自由を守ってもらえる代わりに、貧困に陥ることも個人の責任（自己責任）とされた。新救貧法は貧困層に対し厳しい面があるが、それまで地域ごとに行われていた救貧行政を全国的に統一したこともあり、ある意味では貧困救済への国の責任や義務を定めたともいえる。

　しかし、19世紀後半の大不況（Great Depression）により、多くの失業者を抱えたイギリスでは貧困問題が大きくなり、院外給付も行われるようになっていった。新救貧法のような制度では、貧困層が少ない場合は機能するが、多くなりすぎてしまうと、救貧院では救済しきれなくなる。そのため社会主義運動の激化と、それによる資本主義国家としての危機意識も手伝って、20世紀前半のイギリスでは、救貧法のような公的扶助に加え、新たな救済手段の一つとして社会保険を導入することになる。その点を含め、以下で世界的な視野から歴史的に再確認をしよう。

8　院外の救済制度の例として、スピーナムランド制度（Speenhamland system）が挙げられる。これは、基本生活費を算出し、賃金がその額に満たない場合は、差額分を支給する制度であった。

2 社会保険の創設から社会保障へ

イギリスは 1911 年に**国民保険法**を制定したが、これに先立ちドイツでは鉄血宰相と呼ばれた**ビスマルク**により、1883 年に健康保険法（疾病保険法）が制定されている。これが世界最初の社会保険である。当時のドイツでは社会主義運動が激しく、これを封じ込めるための**飴と鞭の政策**の一環として社会保険（飴）を創設した[9]。その後、1884 年に労災保険法、1889 年に年金保険法（老齢障害年金法）と続けて社会保険を創設し、労働者の生活不安を取り除き、社会主義運動の鎮静化を図ろうとした。ドイツのこのような政策が成功したため、その後、こうした動きはヨーロッパ大陸に広がっていくことになる。社会保険が導入された経緯については、純粋に人々の救済そのものが目的であったとはいえないかもしれないが、それまでの公的扶助による事後的な救済政策だけでなく、社会保険という事前的な救済政策も導入されたことで、人々の生活の安定には一歩近づいたといえる。そのような意味で、社会保険が資本主義的経済社会で必然的に発生する経済的不平等や、共通に発生するリスクを社会的に抑制した役割は大きい。

だが、社会保障（social security）という言葉は、まだこのときには生まれていない。「社会保障」という言葉が公式に登場するのは、1935 年のアメリカの**社会保障法**（Social Security Act）においてである。この背景には 1929 年に起こった大恐慌がある。アメリカでは失業率が高まり、経済的にも大きな危機を迎えていた。その際、有効な対策と考えられたものが、**ケインズ経済学**に基づいた**ニューディール政策**である。これは大規模な公共事業を国が行うことで雇用と有効需要を創出するものであった。さらには失業の問題から国民を守る制度として、老齢年金保険、失業保険、公的扶助、社会福祉といった政策が導入されていった。それが社会保障法である。それまでは社会保険、社会福祉、公的扶助といった制度はバラバラに存在していたが、「人々の生活を救済する政策」という一つの目的を目指すこととなった。これによって国民一人ひとりの努力ではどうにもならないリスクに対し、国の責任で対応

---

9 「鞭」に当たる政策は社会主義者鎮圧法である。

していくことが明文化されたことになる。

　しかし、「社会保障」という言葉を最初に用いたのはアメリカであるにもかかわらず、アメリカ＝社会保障制度が優れた国というイメージは薄い。むしろ、イギリスの方が社会保障制度では優れているというイメージがある。その理由として、第二次世界大戦中から戦後にかけて社会保障制度が継続して整備されてきたからであろう。それに大きく貢献したのが 1942 年[10]の**ベヴァリッジ報告**（Beveridge Report）である。

　ベヴァリッジ報告はベヴァリッジ（Beveridge, W.）の責任でまとめられた『社会保険および関連サービス』（Social Insurance and Allied Services）のことで、当時イギリス国内だけでなく国際的にもベストセラーとなった。このベヴァリッジ報告は、世界で初めて貧困をなくすことを目標とした社会保障システムを計画した。それまでの社会保険が雇用労働者を対象にしていたのに対し、ベヴァリッジ報告ではすべての国民を対象にして、貧困をなくすことを目指していた。社会保険を用い、貧困になってからの事後的な救済ではなく、貧困に陥るのを防ぐための事前的対処の仕組みを構想した。公的扶助のような事後的な救済は恩恵的、選別的にならざるを得ないが、社会保険は権利として貧困を拒否できるという意味においても近代市民社会に合った仕組みであった[11]。

　ベヴァリッジ報告の中では、戦後の発展を阻む**五大巨人**（five giants）[12]として、「窮乏（Want）」、「疾病（Disease）」、「無知（Ignorance）」、「狭苦しさ（Squalor）」、「無為（怠惰）（Idleness）」を挙げている。これらに対して、社会保障、医療、教育、住宅、雇用、といった社会政策の総合的な取り組みの必要性を示し、社会保障制度についても他の取り組みと深く関連していることを示した[13]。

10　同年には ILO（国際労働機関）から、『社会保障への途』が出されており、ベヴァリッジ報告との共通性が強く認められている（堀　2004、p. 35）。なお、本文中に示したように、これらのものが第二次世界大戦中に示されたことは注目に値する。

11　堀（2004、p. 34）。

12　ここでいう巨人（giants）とは、日本人のイメージとは違い、「悪の根源」を指す。「鬼」という方が、日本人のイメージには近いかもしれない。

13　一圓（2013、pp. 11-12）。

さらにその中で、社会保障に関する制度を体系的に再編している。その特徴としては、すべての国民を対象とした社会保険を中心にし、公的扶助を例外的な制度とすること、その給付水準は最低生活を維持するに足る額（**ナショナルミニマム**）とすること、給付が一律定額であるならば保険料も定額にする定額拠出定額給付が挙げられる[14]。

　このように社会保険中心の社会保障制度を示したベヴァリッジ報告は、第二次世界大戦後に世界各国の社会保障制度に大きな影響を与えていった。それについては敗戦後の日本についても例外ではない。

③　日本の社会保障制度が形成されるまで

　日本においても、救貧法のような救済制度は存在したが、日本初の社会保険制度は1922年に成立した健康保険法である。これを皮切りに社会保険が整備されていくが、日本の社会保障制度の幕開けといえるものは、「社会保障」という言葉が初めて登場した日本国憲法第25条であろう。第25条では、「すべて国民は、健康で文化的な最低限度の生活を営む権利を有する」、「国は、すべての生活部面について、社会福祉、社会保障及び公衆衛生の向上及び増進に努めなければならない」と定められている。

　その後、社会保障制度審議会が1950年に「社会保障制度に関する勧告」を提出した。その勧告では、貧困の原因を挙げ、それらに対し社会保険または、税財源によって経済保障を行うことが提示されている。生活困窮者に対しては公的扶助により、最低限度の生活保障を規定している。また、社会福祉や公衆衛生を向上させ、文化的な最低限度の生活をできるようにすることも示している。ここでは、社会保障制度が社会福祉や公衆衛生よりも上に位置付けられており、社会保障制度の中心が社会保険であることも示されている。この時点で日本の社会保障制度の方向性が定まったといえる。

　それ以降、日本では1961年に**国民皆保険、国民皆年金**が達成され、すべ

14　一圓（2013、pp. 9-11）。一圓（2013）では、ベヴァリッジ報告の考え方の特徴として、「社会保険の前提条件」も挙げられている。その内容を簡潔に示すと、「雇用の維持」、「包括的な保健医療サービスの提供」、「第二子以降を対象とする児童手当の支給」である。

ての国民が社会保険に加入することとなり、社会保険を中心にした社会保障が形成されていった。さらに1973年には**福祉元年**と呼ばれるほどの改革が行われた。医療保険や年金の給付水準が引き上げられ、70歳以上の老人医療費の自己負担分を無料化する**老人医療費支給制度**や、高額な自己負担を軽減する**高額療養費制度**が創設されたのである。しかし、老人医療費の無料化は高齢者の医療費の高騰（1973年から1980年までの間で4.5倍以上の増加）を招いたことから、1983年実施の**老人保健制度**により無料化は改められた。このとき戦後日本で初めて社会保険の給付が抑制されることとなり、政策の転換点となったといえるであろう。その後この老人保健制度は、2008年4月に新たに創設された75歳以上を対象とする**後期高齢者医療制度**となった。また、高齢化も進み、高齢者の介護問題が表面化してきたことで2000年4月には新しい社会保険として、**介護保険**が実施された。

　図表3-1-1は1980年からの社会保障給付費の推移を部門別にみたものである。年金や医療といった社会保険に関する部門で社会保障給付費の多くを用いていることが読み取れる。年金や医療以外の社会保険や他の社会保障

図表3-1-1　社会保障給付費の部門別推移

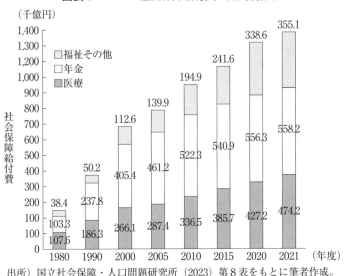

出所）国立社会保障・人口問題研究所（2023）第8表をもとに筆者作成。

選別主義と普遍主義

　2020 年、新型コロナウイルスの流行によって日本経済は大きな打撃を受けた。その際緊急経済対策として、国民一人当たり一律 10 万円を給付する特別定額給付金が支給された。当初は減収世帯のみを対象にした給付になる予定であったが、人々が連帯してコロナ禍を克服し、かつ迅速に家計支援を行うために国民全員に一律給付することとなった。

　このように、給付に条件を付けない政策は普遍主義といわれている。これは本文でも取り上げたウェッブ夫妻が主張していたものである。最低賃金の設定などは、全国民を対象としたものとなるので普遍的な制度であるといえる。ウェッブ夫妻は他にも、労働時間や義務教育、保健医療、公的な職業紹介所など普遍的な制度を充実させ、貧困に陥る人をなくすことを目指した。

　それとは逆の考えを主張したのは、ミルトン・フリードマンである。彼は最低賃金や社会保障のような国家干渉は自由な市場活動を阻害するものとして否定し、貧困線以下の人にのみ貧困線の水準まで所得を与える「負の所得税 (negative income tax)」を提案した。このように給付を行う際に、条件を付けて対象者をしぼる政策を選別主義という。ミーンズテストを課して受給者を選別する生活保護もその一つとなる。

　日本での補助や給付は低所得世帯を対象とする選別的な制度が目立っていたが、2023 年に児童手当の所得制限を撤廃することが提案されるなど、普遍主義的な政策も見受けられるようになった。こうした動きは、給付を「もらえる者」と「もらえない者」という区別をなくし、国民の分断を防ぐという点では歓迎されるべきであるが、国家財政が厳しくなると選別主義に戻る可能性があることも想定しておく必要がある。

制度の給付額である「福祉その他」では、介護保険が実施された 2000 年以降、その割合が増えている。

　このように現在の社会保障制度では、社会保険という防貧制度が中心となっていることがわかる。次章からは、その社会保険に焦点をしぼっていく。

1 公的扶助、社会手当、社会保険のそれぞれの特徴について、メリット・デメリットを比較しながら挙げなさい。
2 社会保険制度のように、国が強制的に保険料を徴収し、老後などに備えさせる方法と、個々人で貯金を積み立てて老後などに備える方法ではどういった点が異なるのかを示しなさい。
3 『ベヴァリッジ報告』が示した主な内容を調べ、それが現在の日本の社会保障制度にどれほど適用されているのかを論じなさい。

●引用・参考文献

秋元美世・一圓光彌・栃本一三郎・椋野美智子編（2006）『社会保障の制度と行財政（第2版）』有斐閣

一圓光彌編（2013）『社会保障論概説（第3版）』誠信書房

大沢真理著（1986）『イギリス社会政策史』東京大学出版会

田畑雄紀（2020）「イギリスの社会保障制度における現金給付」『健保連海外医療保障』No. 126、pp. 28-38

高島進著（1995）『社会福祉の歴史』ミネルヴァ書房

ベヴァリッジ, W. 著、一圓光彌監訳（2014）『ベヴァリッジ報告──社会保険および関連サービス』法律文化社

堀勝洋編（2004）『社会保障読本（第3版）』東洋経済新報社

Beveridge, W.（1942）*Social Insurance and Allied Services*, Her Majesty's Stationery Office. 山田雄三監訳（1969）『ベヴァリジ報告　社会保険および関連サービス』至誠堂

国立社会保障・人口問題研究所（2023）「令和3年度 社会保障費用統計」（https://www.ipss.go.jp/ss-cost/j/fsss-R03/fsss_R03.html）

2章

社会保険の種類とその特徴

● キーワード ●
保険料水準固定方式、マクロ経済スライド、所得比例、応能負担、現金給付、
現物給付、応益負担、高額療養費制度、強制保険、無過失責任主義、メリット制

　社会保険が対象とする危険（リスク）は、現代社会で必然的に発生する危険であるとともに、国民全体に共通する社会的危険として認識されるリスクを実現してしまう事象である。具体的には、老齢、疾病、障害、失業などであり、社会保険はこのような生活上の困難が生じる危険に対し、保険の技術を用いて対応する制度である。

　わが国の社会保険には、老後の所得保障などを担う**年金保険**、疾病・傷害に対する医療保障を行う**医療保険**、要支援や要介護等の介護保障を行う**介護保険**、失業等に対応する**雇用保険**、労働災害に対する**労働者災害補償保険**の5つの社会保険制度がある。

　以下ではこれらの社会保険の現行制度を概観し、その特徴をみていくこととする。

1　年　金　保　険

　年金保険とは、老齢、障害、死亡などを保険事故とし、労働能力の喪失や生計維持者の死亡などに対し、本人や遺族の生活保障を行う保険である。その給付内容には、高齢になったときの**老齢年金**、障害を持ったときの**障害年金**、生計維持者が死亡したときの**遺族年金**などがある[1]。

　わが国は全国民を対象とする**国民年金**（**基礎年金**）と、その上に民間企業

の従業員や公務員等を対象とする**厚生年金保険**[2] の**所得比例**の二階建て部分があり、分立した制度から成り立っている（図表3-2-1）。

　保険者は国民年金、厚生年金保険ともに政府（**日本年金機構**[3] など）である。被保険者は、20歳以上60歳未満の自営業者等を**第1号被保険者**、厚生年金保険に加入している勤め人を**第2号被保険者**、第2号被保険者に扶養されている配偶者を**第3号被保険者**という。

　国民年金の保険料は定額（2023年度、月額1万6520円）であり、第1号被保険者は自分で保険料を支払う。第2号被保険者の保険料は、平均標準報酬額に保険料率を乗じた額を労使折半する。その保険料の中には国民年金の保険料も含まれており、保険者から一括して国民年金に支払われる。なお、被用者の保険料は給与から天引きされる。第3号被保険者は保険料負担がない。ただし、扶養されているかどうかの基準があり、その基準は年収130万円未満である。年収が130万円以上の場合には、第1号被保険者となり、保険料を支払わなければならない[4]。

　なお、2004年の法改正により、**保険料水準固定方式**が導入され、国民年金の保険料については、毎年280円ずつ引き上げられ、2017年度以降月額1万6900円に固定[5]、厚生年金保険の保険料率は毎年0.354%ずつ引き上げられ、2017年9月を最後に引上げが終了し、18.30%で固定された。さらに、負担の範囲内で給付とバランスがとれるようになるまでは、年金額の計算に

1　その他には付加年金（第1号被保険者・任意加入被保険者が国民年金の保険料に付加保険料〔月額400円〕をプラスして納付すると、老齢基礎年金に200円×付加保険料納付月数が上乗せされる年金）、寡婦年金、死亡一時金、恩給（旧軍人等が公務のために死亡した場合、公務による傷病のために退職した場合において、国家に身体・生命をささげて尽くすべき関係にあった者およびその遺族の生活の支えとして給付される年金）などがある。

2　2015年10月1日に公務員等が加入していた共済年金は厚生年金保険に統合された。これに伴い、これまでの職域加算部分が廃止され、新たに年金払い退職給付が新設された。ただし、2015年9月30日までの共済年金に加入していた期間分については、2015年10月以降も加入期間に応じた職域加算部分が支給される。また、この統合に伴い、共済組合と日本年金機構の連携・処理ミスにより、元公務員を夫に持つ妻に対する振替加算の支給漏れが発生した。

3　日本年金機構は、年金記録問題などで廃止された社会保険庁から年金事業を引き継ぎ、2010年1月以降、厚生労働大臣の監督下で運営業務を担っている。

4　「年収の壁」問題に対し、2025年に予定されている5年に1度の年金制度改正のつなぎ措置として、2023年10月より年収130万円を超えても連続2年までなら扶養にとどまれることとなった。

図表3-2-1　年金制度の体系

（数値は2022年3月末時点）※斜線部は任意加入

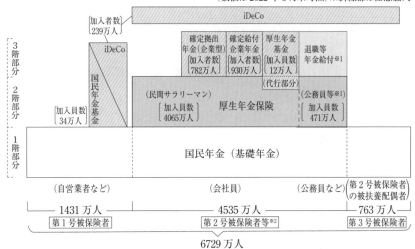

※1　被用者年金制度の一元化に伴い、2015年10月1日から公務員および私学教職員も厚生年金に加入。また、共済年金の職域加算部分は廃止され、新たに退職等年金給付が創設。ただし、2015年9月30日までの共済年金に加入していた期間分については、2015年10月以後においても、加入期間に応じた職域加算部分を支給。

※2　第2号被保険者等とは、被用者年金被保険者のことをいう（第2号被保険者のほか、65歳以上で老齢、または、退職を支給事由とする年金給付の受給権を有する者を含む）。

第1号被保険者	第2号被保険者	第3号被保険者
○20歳以上60歳未満の自営業者、農業者、無業者等	○民間サラリーマン、公務員が該当	○民間サラリーマン、公務員に扶養される配偶者
○保険料は定額、月1万6520円（2023年4月～） ・2005年4月から毎年280円引き上げ、2017年度以降1万6900円（2004年度価格）で固定 ※産前産後期間の保険料免除の開始に伴い、2019年度以降は1万7000円（2004年度価格） ※毎年度の保険料額や引上げ幅は、物価や賃金の動向に応じて変動 ○任意で、付加保険料の納付や国民年金基金、iDeCoへの加入が可能	○保険料は報酬額に比例、料率は18.3%（2017年9月～） ※2004年10月から毎年0.354%引き上げ、2017年9月以降18.3%で固定 ○労使折半で保険料を負担 ○企業により、企業型確定拠出年金や確定給付型年金を実施 ○任意で、iDeCoへの加入が可能	○被保険者本人は、負担を要しない ○配偶者の加入している厚生年金制度が負担 ○任意で、iDeCoへの加入が可能

○老齢年金の給付額（2023年度）※67歳以下の方（新規裁定者）の場合
　・自営業者（40年加入の第1号被保険者1人分）　　　　　　　　　　　　　　：月額6万6250円
　・サラリーマン夫婦〔第2号被保険者の厚生年金（平均的な賃金で40年加入）と基礎年金夫婦2人分（40年加入）の合計〕　：月額22万4482円
○公的年金受給権者数（2022年3月末）　　　　　　　　　　　　　　　　　　：4023万人
○公的年金受給者の年金総額（2022年3月末）　　　　　　　　　　　　　　　：56兆674億円
出所）『厚生労働白書（令和5年版）資料編』（p.240）をもとに筆者作成。

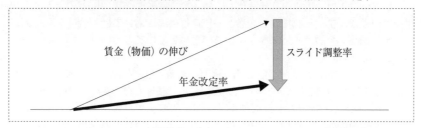

図表3-2-2　マクロ経済スライド

年金を初めてもらうとき（新規裁定者）：賃金の伸び率－スライド調整率※
年金をもらっている人（既裁定者）　　：物価の伸び率－スライド調整率※
※　スライド調整率：
　　公的年金全体の被保険者数の減少率＋平均余命の延びを勘案した一定率

賃金（物価）の伸び
スライド調整率
年金改定率

○　少なくとも5年に一度の財政検証の際、おおむね100年間の財政均衡期間の終了時に年金の支給に支障が生じないようにするために必要な積立金（給付費1年分程度）を保有しつつ、財政均衡期間にわたり年金財政の均衡を保つことができないと見込まれる場合は、年金額の調整を開始。

○　年金額は、<u>通常の場合</u>、賃金や物価の伸びに応じて増えるが、<u>年金額の調整を行っている期間</u>は、年金を支える力の減少や平均余命の延びを年金額の改定に反映させ、その伸びを賃金や物価の伸びよりも抑える（この仕組みを、「マクロ経済スライド」という）。

○　その後の財政検証において、給付と負担の均衡を取ることができると見込まれるようになった時点で、こうした年金額の調整を終了。

出所）『厚生労働白書（令和5年版）資料編』（p.241）をもとに筆者作成。

当たり、賃金や物価の伸びをそのまま使うのではなく、被保険者数の減少率や平均余命の伸びに基づいた「スライド調整率」を設定し、その分を賃金や物価の変動による改定率から控除する仕組みとして**マクロ経済スライド**も導入された。そして、標準的な年金額が現役世代の平均賃金の50％を下回らないようにすることとなっている（図表3-2-2）。

　また、国民年金には受給資格期間が定められており、その資格期間は10年以上であり、65歳になったときに受給できる[6]。資格期間には**免除期間**と**猶予期間**が含まれる[7]。

5　2017年4月に引上げは終了し、2004年度の価格水準で月額1万6900円で固定された。ただし、実際の国民年金保険料額は、名目賃金の変動に応じて毎年度改定されるため、2023年度の保険料は月額1万6520円となっている。また、次世代育成支援のため、2019年4月から第1号被保険者に対して、産前産後期間の保険料免除制度が施行されることに伴い、2004年度の価格水準を基準として、2019年4月以降は1万7000円に引き上げられた。

「2000万円問題」の本質と資産寿命

　2019年6月3日、金融審議会、市場ワーキング・グループによる「高齢社会における資産形成・管理」と題する報告書が発表された。この報告書は、高齢社会において個々人は「人生100年時代」に備えた資産形成や管理にどのように取り組んでいくか、またそれに対し金融サービス提供者においては社会的変化に対応した金融商品・金融サービスをどのように提供していくかという議論を取りまとめたものである。

　メディアや野党などが指摘した「2000万円問題」はどのように記載されていたのかを改めて報告書をみてみよう。まず、1. 現状整理（高齢社会を取り巻く環境変化）の(2)収入・支出の状況の中のp.10において「高齢夫婦無職世帯の平均的な姿で見ると、毎月の赤字額は約5万円となっている。この毎月の赤字額は自身が保有する金融資産より補填することとなる」そして(3)金融資産保有状況のp.16においてこの数値をもとに「(2)で述べた収入と支出の差である不足金額約5万円が毎月発生する場合には、20年で約1300万円、30年で約2000万円の取り崩しが必要になる」との記述がある。ここの部分を取り上げ問題視したのである。

　しかし、p.16の記述の前段には「老後の生活において年金などの収入で足らざる部分は、当然保有する金融資産から取り崩していくことになる。65歳時点における金融資産の平均保有状況は、夫婦世帯で…（中略）…2252万円となっている」との記述がある。

　2252万円保有していて、2000万円の取り崩しが必要となる。月5万円の収支不足が発生しても、30年以上は大丈夫だということを掲載しているのではないだろうか。

　同報告書では、老後の生活を営んでいくに当たって、これまで形成してきた資産が尽きるまでの期間を**資産寿命**と定義し、老後の資金不足に対し、この資産寿命を延ばすためには、「若いうちから少しずつ資産形成に取り組む」ことが重要であると提言している。そのためには、個々人にとっての資産形成・管理の心構えとして、現役期、リタイヤ期前後、高齢期に分け、考えられる対応やその対応を有効なものにしていくための環境整備についての提言も行われている。

　「2000万円問題」が一人歩きし、国民に不安を醸成してしまったわけであるが、現役期から長寿化に備え「資産寿命」を延ばす方法を考えさせられるよい機会になったのではないだろうか。

　老齢基礎年金の受給額は、40年間保険料を納付した場合、2023年4月分からの年金額は満額で月額6万6250円である。なお、支給開始年齢は原則65歳からであるが、繰り上げて60歳からもらうこともできる（繰上げ支給）。

その場合、1 カ月繰り上げるごとに 0.4% ずつ年金額が減額され、60 歳から受給すると最大 24% 減の年金額となる[8]。逆に 75 歳まで繰り下げて支給を開始することもでき（繰下げ支給）、75 歳から受給すると 84% 増の年金額となる[9]。

2　医　療　保　険

　医療保険とは、被保険者とその被扶養者の疾病、負傷、死亡、出産などを保険事故とし、必要な給付を行う保険である。また、すべての国民が平等にしかもフリーアクセスで医療の提供を受けることができる国民皆保険であり、**職域保険**である**健康保険、船員保険、各種共済、地域保険**である**国民健康保険、後期高齢者医療制度**（長寿医療制度）のいずれかに加入している。わが国の医療保険の概要は図表 3-2-3 の通りである。

　健康保険の保険者は、**全国健康保険協会**[10]（以下、**協会けんぽ**）と**健康保険組合**（組合管掌健康保険）、国民健康保険の保険者は市町村である[11]。また、保険料率については協会けんぽが 10.0%、健康保険組合の 2023 年度の平均保険

6　現行制度では、受給資格期間が 10 年に満たない場合、一生無年金となる。たとえば、20 歳以上の学生が学生納付特例の手続きを忘れ、国民年金の猶予申請を行っていなかったときに事故に遭い、障害を負ったとしても一生障害基礎年金を受給することができないのである。なお、2017年 8 月より受給資格期間は 25 年から 10 年に短縮され、新たに年金を受け取れるようになった規定年齢（原則 65 歳）に達している該当者には、日本年金機構から黄色い封筒に入った年金請求書が送られている。ただし、封筒が届いただけでは年金を受け取ることはできず、同封の年金請求書を年金事務所などの窓口に提出する必要がある。また、この期間の短縮は老齢年金のみを対象としているため、今回の制度変更の対象となっていない障害年金や遺族年金は、条件を満たさなければ受給することができない可能性もあることに注意が必要である。

7　保険料免除制度・一部納付（免除）制度においては、所得により全額、4 分の 3、半額、4 分の 1 免除がある。また、猶予制度には若年者（30 歳未満）納付猶予制度、学生納付特例制度、また産前産後期間の免除制度、配偶者からの暴力を受けた人の特例免除もある。なお、保険料の追納制度もあり、10 年以内であれば追納は可能である。

8　1962 年 4 月 1 日以前に生まれた人は、1 カ月当たり 0.5% ずつ年金額が減額され、60 歳から受給すると最大 30% 減の年金額となる。

9　1952 年 4 月 1 日以前に生まれた人の繰下げ支給は 70 歳までとなっている。

10　2008 年 9 月末までは政府管掌健康保険（政管健保）と呼ばれ、国（社会保険庁）が運営を行っていたが、新たに全国健康保険協会が設立され、2008 年 10 月 1 日より同協会がその運営を行っている。

11　2018 年度から都道府県が国民健康保険の財政運営の責任主体となっている。

図表3-2-3　医療保険制度の概要

制度名		保険者(2022年3月末)	加入者数(2022年3月末)[本人][家族]千人	一部負担	高額療養費制度、高額医療・介護合算制度	入院時食事療養費	入院時生活療養費	現金給付	保険料率	国庫負担・補助
健康保険	一般被用者 協会けんぽ	全国健康保険協会	40,265 [25,072][15,193]	義務教育就学後から70歳未満 3割	(高額療養費制度)・自己負担限度額(70歳未満の者)(年収約1160万円〜)252,600円+(医療費-842,000円)×1%(年収約770〜約1160万円)167,400円+(医療費-558,000円)×1%(年収約370〜約770万円)80,100円+(医療費-267,000円)×1%(〜年収約370万円)57,600円(住民税非課税)35,400円	(食事療養標準負担額)・一般 1食につき460円・住民税非課税世帯 1食につき210円 90日目まで1食につき210円	(生活療養標準負担額)・一般 1食につき460円+1日につき370円	・傷病手当金・出産育児一時金	10.00%(全国平均)	給付費の16.4%
	組合	健康保険組合 1,388	28,381 [16,410][11,971]					同上(附加給付付あり)	各健康保険組合によって異なる	定額(予算補助)
	健康保険法第3条第2項被保険者	全国健康保険協会	16 [11][5]		(70歳以上75歳未満の者)(年収約1160万円〜)252,600円+(医療費-842,000円)×1%(年収約770〜約1160万円)167,400円+(医療費-558,000円)×1%(年収約370〜約770万円)80,100円+(医療費-267,000円)×1%(〜年収約370万円)57,600円	91日目から1食につき160円	・住民税非課税世帯 1食につき130円+1日につき370円	・傷病手当金・出産育児一時金	1級日額390円 11級3,230円	給付費の16.4%
船員保険		全国健康保険協会	113 [57][56]				・特に所得の低い住民税非課税世帯 1食につき130円+1日につき370円	同上(附加給付あり)	9.60%(疾病保険料率)	定額
各種共済	国家公務員	20共済組合	8,690 [4,767][3,923]	義務教育就学前 2割 70歳以上75歳未満 2割(※)(現役並み所得者3割)	外来(個人ごと)18,000円(年144,000円)(住民税非課税世帯)24,600円 外来(個人ごと)8,000円(住民税非課税世帯のうち特に所得の低い者)15,000円、外来(個人ごと)8,000円		※療養病床に入院する65歳以上の方が対象	同上(附加給付あり)	—	なし
	地方公務員等	64共済組合						同上(附加給付あり)	—	
	私学教職員	1事業団							—	
国民健康保険	農業者自営業者等	市町村 1,716 国保組合 160	28,051 市町村25,369 国保組合2,683	70歳以上75歳未満 2割(※)(現役並み所得者3割)	・世帯合算基準額 70歳未満の者については、同一月における21,000円以上の負担が複数の場合は、これを合算して支給 ・多数該当の負担軽減 12月間に3回以上該当の場合の4回目からの自己負担限度額(70歳未満の者)(年収約1160万円〜)140,100円(年収約770〜約1160万円)93,000円(年収約370〜約770万円)44,400円(〜年収約370万円)44,400円(住民税非課税)24,600円(70歳以上75歳未満の者)(年収約1160万円〜)140,100円(年収約770〜約1160万円)93,000円(年収約370〜約770万円)44,400円(〜年収約370万円)44,400円 ・長期高額疾病患者の負担軽減 血友病、人工透析を行う慢性腎不全の患者等の自己負担限度額10,000円(ただし、年収約770万円超の区分で人工透析を行う70歳未満の患者の自己負担限度額20,000円) (高額医療・高額介護合算制度)1年間(毎年8月〜翌年7月)の医療保険と介護保険における自己負担の合算額が著しく高額になる場合に、負担を軽減する仕組み。自己負担限度額は、所得と年齢に応じきめ細かく設定。		※指定難病の患者や医療の必要性の高い者等には、更なる負担軽減を行っている	・出産育児一時金・葬祭費	世帯毎に応益割(定額)と応能割(負担能力に応じて)を賦課 保険者によって賦課算定方式は多少異なる	給付費等の41% / 給付費等の28.4〜47.4%
	被用者保険の退職者	市町村 1,716								なし

| 後期高齢者医療制度 | [運営主体] 後期高齢者医療広域連合 47 | 18,434 | 1割
(一定以上所得者 2割)
(現役並み所得者 3割) | ・自己負担限度額
（年収約1160万円～）252,600円
　　＋（医療費－842,000円）×1％
（年収約770～約1160万円）167,400円
　　＋（医療費－558,000円）×1％
（年収約370～約770万円）80,100円
　　＋（医療費－267,000円）×1％
（～年収約370万円）57,600円
　　外来（個人ごと）18,000円※
　　　　　　　　　　　　（年144,000円）
（住民税非課税世帯）24,600円、
　　外来（個人ごと）8,000円
（住民税非課税世帯のうち特に所得の低い者）
　15,000円、外来（個人ごと）8,000円

・多数該当の負担軽減
（年収約1160万円～）　　　140,100円
（年収約770～約1160万円）　93,000円
（年収約370～約770万円）　44,400円
（～年収約370万円）　　　　44,400円
※2割負担対象者について、2022年10月1日から3年間、1月分の負担増加額は3000円以内となる。 | 同上 | 同上
ただし、
・老齢福祉年金受給者
1食につき100円＋1日につき0円 | 葬祭費等 | 各広域連合によって定めた被保険者均等割額と所得割率によって算定されている

給付費等の約10％を後期高齢者支援金として負担 | 給付費等の約50％を公費で負担
（公費の内訳）
国：都道府県：市町村
4：1：1
さらに、給付費等の約40％を後期高齢者支援金として現役世代が負担 |

注）1　後期高齢者医療制度の被保険者は、75歳以上の者および65歳以上75歳未満の者で一定の障害にある旨の広域連合の認定を受けた者。
　　2　現役並み所得者は、課税所得145万円（月収28万円以上。以上または世帯に属する70～74歳の被保険者者の基礎控除後の総所得金額等の合計額が210万円以上の者。ただし、収入が高齢者複数世帯で520万円未満もしくは高齢者単身世帯で383万円未満の者、および旧ただし書所得の合計額が210万円以下の者は除く。特に所得の低い住民税非課税世帯とは、年金収入80万円以下の者等。
　　3　国保組合の定率国庫補助については、健保の適用除外承認を受けて、1997年9月1日以降新規に加入する者およびその家族については協会けんぽ並とする。
　　4　加入者数は四捨五入により、合計と内訳の和とが一致しない場合がある。
　　5　船員保険の保険料率は、被保険者保険料負担軽減措置（0.30％）による控除後の率。
出所）『厚生労働白書（令和5年版）資料編』（p.27）をもとに筆者作成。

料率は9.27％であり、年金保険と同様、労使で折半する。この保険料も厚生年金保険と同じように**総報酬制**が導入されており、ボーナスからも毎月の給与と同率で保険料を納め、所得水準で算定される。これを**所得比例**といい、**応能負担**（所得能力に応じて負担する）という。国民健康保険の保険料については、世帯人員に応じた**応益割**（定額）と資産を加味した**応能割**を組み合わせ、各市町村で決められている。なお、協会けんぽの財政は、保険料のほか、国庫扶助金および健康保険組合等の財政支援金等によりまかなわれており、国民健康保険は、国庫負担金、国および都道府県からの調整交付金等でまかなわれている。

　保険診療の仕組みは図表3-2-4に示すように、①被保険者が保険者に保険料（掛金）を支払い、②病気などになった場合、被保険者およびその被扶養者が医療機関等で診療サービス（療養の給付）を受け、③医療機関に一部負担金を支払う。④医療機関側は審査支払機関に**診療報酬請求**を行い、審査

図表3-2-4　保険診療の仕組み

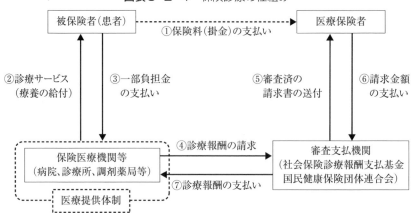

出所）『厚生労働白書（令和5年版）資料編』（p.30）をもとに筆者作成。

支払機関は**診療報酬請求書（レセプト）**のチェックを行う。そして⑤審査支払機関は保険者に審査済の請求書を送付し、⑥保険者は審査支払機関に請求金額を支払い、⑦審査支払機関は医療機関に診療報酬の支払いを行う。

　この一連の流れの中で、②の診療サービス（療養の給付）については、年金保険とは違い、保険金（現金：**現金給付**）を受け取るのではなく、診察、治療、手術といった保険医療サービス（**現物給付**）を受けることである。そしてここでの医療費については、個別の診療行為ごとに社会保険診療報酬点数表によって算定され（1点＝10円）、受けた医療サービスに対して医療費が決定される。また③の一部負担金（自己負担分）はかかった医療費の3割[12] を負担する（**応益負担**：受益に応じて負担する）のである。

　さらに、一部負担金には**高額療養費制度**があり、自己負担限度額が設定されている。たとえば70歳未満の年収が約370〜約770万円で、1カ月にかかった医療費が高額となった場合、8万100円＋（医療費−26万7000円）×1％を負担するだけでよい制度が医療保険には存在する（図表3-2-3）[13]。このように医療保険では一般的な社会保険と異なり、最低保障ではなく適正

12　義務教育就学前、70歳以上75歳未満は2割、後期高齢者医療制度では現役並み所得者を除き1割負担である。詳しくは図表3-2-3を参照のこと。

保障を追求しているのである。

3 介護保険

　高齢化の進展に伴い、要介護者の増加、介護期間の長期化などにより介護
ニーズが増大したことに加え、核家族化や介護をする家族の高齢化（老老介

図表3-2-5　介護保険制度の仕組み

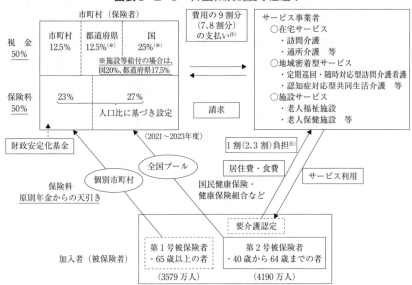

第1号被保険者の数は、2020年度「介護保険事業情況報告」によるものであり、2020年度末現在
　の数である。
第2号被保険者の数は、社会保険診療報酬支払基金が介護給付費納付金額を確定するための医療保
　険者からの報告によるものであり、2020年度内の月平均値である。
注）2015年8月以降、一定以上の所得者については、費用の8割分の支払いおよび2割負担であ
　る。
　　2018年8月以降、特に所得の高い層は費用の7割分の支払いおよび3割負担である。
資料）厚生労働省
出所）『保険と年金の動向（2022／2023年版）』（p.186）をもとに筆者作成。

13　過去に放映されていた某民間保険会社のCMでは、保険診療においてかかった医療費の自己
　負担額が○○万円もかかるようなことを謳い、民間医療保険への加入を勧めていたが、実質この
　制度によりそんなにかからないことは明白であることに注意していただきたい。より詳しくは田
　畑・岡村（2011、pp.65-68）を参照されたい。

護）などの家族をめぐる状況の変化もあり、介護不安を抱える人が増えている。さらには**社会的入院**問題[14] などの改善を目指し、高齢者の介護を社会全体で支え合う仕組みを創設しようとのねらいから、2000年に導入された最も新しい社会保険が介護保険である。

　介護保険の仕組みは図表3-2-5の通りである。介護保険は年金保険や医療保険のような分立した制度ではなく、単一の制度である。保険者は市町村および特別区であるが、複数の市町村による広域連合も保険者となることができ、単一制度でありながら地方の特徴に合わせて制度化され、特に過疎地などではきわめて有効な制度になっている。

　被保険者、受給権者、保険料負担、賦課・徴収方法は図表3-2-6の通りである。被保険者は65歳以上の第1号被保険者と40歳以上65歳未満の医療保険加入者の第2号被保険者[15] からなり、介護保険は皆保険制度ではない。

図表3-2-6　介護保険制度における被保険者・受給権者等

	第1号被保険者	第2号被保険者
対象者	65歳以上の者	40歳以上65歳未満の医療保険加入者
受給権者	・要介護者（寝たきりや認知症で介護が必要な者） ・要支援者（要介護状態となるおそれがあり日常生活に支援が必要な者）	要介護・要支援者のうち、初老期における認知症、脳血管疾患などの老化に起因する疾病（特定疾病）によるもの
保険料負担	所得段階別定額保険料（低所得者の負担軽減）	・健保：標準報酬×介護保険料率 　（事業主負担あり） ・国保：所得割、均等割等に按分 　（国庫負担あり）
賦課・徴収方法	年金額一定以上は特別徴収（年金天引き）、それ以外は普通徴収	医療保険者が医療保険料とともに徴収し、納付金として一括して納付

出所）『保険と年金の動向（2022／2023年版）』（p. 186）をもとに筆者作成。

14　この問題の詳細については本書3部4章を参照されたい。

15　被保険者を40歳以上とした理由の一つは、おおむね40歳ぐらいから、自らが初老期における認知症や脳卒中によって要介護状態になる可能性が高まる時期であることからとされる。また、自らの親も介護を要する状態になる可能性が高まることから、世代間連帯によって介護を支え合うという制度の目的にかなっていることも理由として挙げられよう。ただし、この40歳以上とした理由には政治的妥協が図られてきた面もある。より詳しくは介護保険制度史研究会（2016）pp. 174-183 および p. 221 を参照されたい。

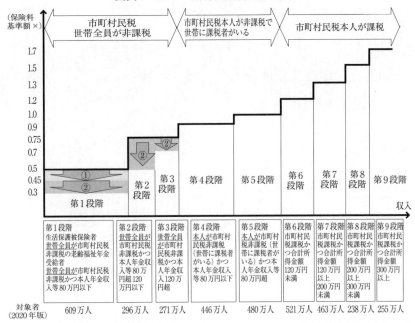

図表3-2-7　所得段階別定額保険料

第1段階 生活保護被保険者 世帯全員が市町村民税 非課税の老齢福祉年金 受給者 世帯全員が市町村民税 非課税かつ本人年金収 入等80万円以下	第2段階 世帯全員が 市町村民税 非課税かつ 本人年金収 入等80万 円超120 万円以下	第3段階 世帯全員 が市町村 民税かつ本 人年金収 入120万 円超	第4段階 本人が市町 村民税非課 税（世帯に 課税者が いる）かつ 本人年金収 入等80万円以下	第5段階 本人が市町 村民税非課 税（世 帯に課税者が いる）かつ 本人年金収 入等 80万円超	第6段階 本人が市町村 民税課税か つ合計所 得金額 120万円 未満	第7段階 市町村民 税課税か つ合計所 得金額 120万円 以上 200万円 未満	第8段階 市町村民 税課税か つ合計所 得金額 200万円 以上 300万円 未満	第9段階 市町村民 税課税か つ合計所 得金額 300万円 以上
対象者 （2020年版） 609万人	296万人	271万人	446万人	480万人	521万人	463万人	238万人	255万人

出所）厚生労働省「介護保険制度をめぐる状況について」および『厚生労働白書（令和5年版）資料編』（p.231）をもとに筆者作成。

第2号被保険者の保険料は医療保険者が医療保険料とともに徴収するのに対し、第1号被保険者の保険料は負担能力に応じた負担を求める観点から、応能負担の一種である**所得段階別定額保険料**で市町村によって算定される（図表3-2-7）[16]。

　介護保険の給付を受けるには、要介護認定を受ける必要がある。その利用手続きの流れが図表3-2-8である。要介護認定は、全国一律の**要介護認定基準**によって行われ、**要支援**1・2[17]、**要介護**1～5までの7段階のいずれに該当するかの判定を行う。第2号被保険者においては、脳血管疾病や初老

16　市町村により所得段階区分は異なっている。自分が住んでいる地域は何段階になっているか、一度調べてみてもらいたい。ちなみに筆者が住んでいる福岡市では2021年度から2023年度の保険料は13段階に細分化されている。

17　2005年の制度改正において、急増する軽度の要介護者の介護状態の悪化を食い止めるために要支援2が創設された。より詳しくは本書3部4章を参照されたい。

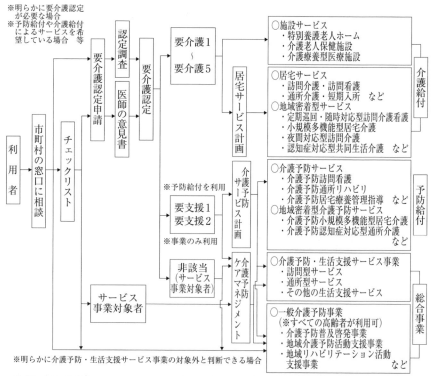

図表3-2-8　介護サービスの利用手続き

資料）厚生労働省ホームページ「公的介護保険制度の現状と今後の役割（平成30年度）」
出所）『保険と年金の動向（2022／2023年版）』（p. 187）をもとに筆者作成。

期の認知症など加齢に起因する特定の16の疾病の場合にのみ給付を受ける
ことができる。

　認定を受けた場合には、施設サービス、居宅サービス、介護予防サービス
などが給付され、利用者負担は、原則として費用の1割である。施設サービ
スの場合は、このほかに食費と部屋代を支払わなければならない。また、居
宅サービスにおいては、要介護度に応じて支給上限額（区分支給限度基準額）
が定められているが（図表3-2-9）、施設サービス、グループホームなどの
一部の居宅サービス、ケアプランの作成では支給限度額は定められていない。
　介護サービス料は介護報酬として定められており、医療保険とは違い地域

図表3-2-9　居宅サービスにおける区分支給限度基準額

区分に含まれる サービスの種類	限度額の 管理期間	区分支給限度基準額	
訪問介護、訪問入浴介護、 訪問看護、訪問リハビリ、 通所介護、通所リハビリ、 短期入所生活介護、 短期入所療養介護、 福祉用具貸与、 介護予防サービス	1カ月 （暦月単位）	要支援1	5,003単位
		要支援2	10,531単位
		要介護1	16,765単位
		要介護2	19,705単位
		要介護3	27,048単位
		要介護4	30,938単位
		要介護5	36,217単位

注）　1　1単位：10〜11.40円（地域やサービスにより異なる）。
（「厚生労働大臣が定める1単位の単価」〔平成27.3.23厚
告93〕）
　　　2　経過的要介護は6,150単位である。
出所）『保険と年金の動向（2022／2023年版）』（p.190）をもと
に筆者作成。

によって1単位当たりの金額が異なっている。しかし、介護報酬請求の審査
支払いは医療保険の診療報酬支払いと同じ仕組みで行われ、都道府県の国民
健康保険団体連合会が担当している。このように介護保険の特徴としては、
地域密着型、地域特性に応じたサービスであることが挙げられる。

4　雇 用 保 険

　雇用保険は、かつて失業保険と呼ばれていたが、1974年に雇用保険法が
制定され、失業給付、再就職の促進、雇用改善、能力開発、雇用福祉を目的
とする保険に改められた。雇用保険は政府が管掌する**強制保険**であり、労働
者を雇用する事業は、原則強制適用となる。雇用保険の概要は図表3-2-10
の通りである。

　保険者は政府であり、中央に厚生労働省職業安定局雇用保険課、各都道府
県労働局に雇用保険主管課と公共職業安定所（ハローワーク）がその業務を行
っている。2023年度の保険料率は1000分の15.5であり、このうち1000分
の8.0が失業等給付、1000分の4.0が育児休業給付に係る費用に充てられ、

図表3-2-10　雇用保険の概要

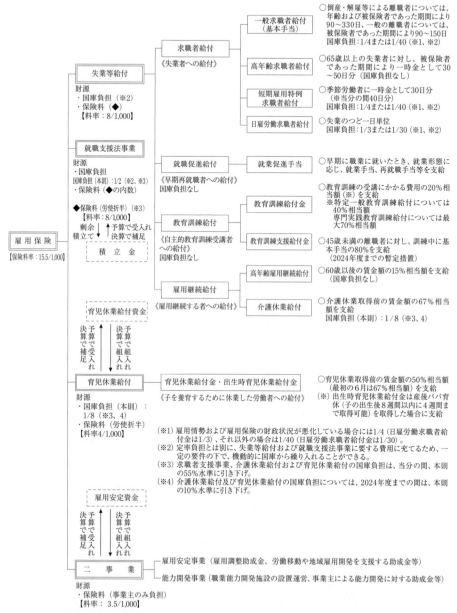

雇用保険
【保険料率：15.5/1,000】

失業等給付
財源
・国庫負担（※2）
・保険料（◆）
【料率：8/1,000】

就職支援法事業
財源
・国庫負担
　国庫負担（本則）：1/2（※2、※3）
・保険料（◆の内数）

◆保険料（労使折半）（※3）
【料率：8/1,000】
剰余　→予算で受入れ
積立て←決算で補足

積 立 金

育児休業給付資金
予算で受入れ／決算で補足　決算で組入れ

育児休業給付
財源
・国庫負担（本則）：
　1/8（※3、4）
・保険料（労使折半）
【料率4/1,000】

雇用安定資金
予算で受入れ／決算で補足　決算で組入れ

二　事　業
財源
・保険料（事業主のみ負担）
【料率：3.5/1,000】

求職者給付
《失業者への給付》

- 一般求職者給付（基本手当）
  ○倒産・解雇等による離職者については、年齢および被保険者であった期間により90～330日、一般の離職者については、被保険者であった期間により90～150日　国庫負担：1/4または1/40（※1、※2）
- 高年齢求職者給付
  ○65歳以上の失業者に対し、被保険者であった期間により一時金として30～50日分（国庫負担なし）
- 短期雇用特例求職者給付
  ○季節労働者に一時金として30日分（※当分の間40日分）　国庫負担：1/4または1/40（※1、※2）
- 日雇労働求職者給付
  ○失業のつど一日単位　国庫負担：1/3または1/30（※1、※2）

就職促進給付
《早期再就職者への給付》
国庫負担なし

- 就業促進手当
  ○早期に職業に就いたとき、就業形態に応じ、就業手当、再就職手当等を支給

教育訓練給付
《自主的教育訓練受講者への給付》
国庫負担なし

- 教育訓練給付金
  ○教育訓練の受講にかかる費用の20％相当額（※）を支給　※特定一般教育訓練給付については40％相当額　専門実践教育訓練給付については最大70％相当額
- 教育訓練支援給付金
  ○45歳未満の離職者に対し、訓練中に基本手当の80％を支給（2024年度までの暫定措置）

雇用継続給付
《雇用継続する者への給付》

- 高年齢雇用継続給付
  ○60歳以後の賃金額の15％相当額を支給（国庫負担なし）
- 介護休業給付
  ○介護休業取得前の賃金額の67％相当額を支給　国庫負担（本則）：1/8（※3、4）

育児休業給付金・出生時育児休業給付金
《子を養育するために休業した労働者への給付》
- ○育児休業取得前の賃金額の50％相当額（最初の6月は67％相当額）を支給
- （※）出生時育児休業給付金は産後パパ育休（子の出生後8週間以内に4週間まで取得可能）を取得した場合に支給

（※1）雇用情勢および雇用保険の財政状況が悪化している場合には1/4（日雇労働求職者給付金は1/3）、それ以外の場合は1/40（日雇労働求職者給付金は1/30）。
（※2）定率負担とは別に、失業等給付および就職支援法事業に要する費用に充てるため、一定の要件の下で、機動的に国庫から繰り入れることができる。
（※3）求職者支援事業、介護休業給付および育児休業給付の国庫負担は、当分の間、本則の55％水準に引き下げ。
（※4）介護休業給付及び育児休業給付の国庫負担については、2024年度までの間は、本則の10％水準に引き下げ。

- 雇用安定事業（雇用調整助成金、労働移動や地域雇用開発を支援する助成金等）
- 能力開発事業（職業能力開発施設の設置運営、事業主による能力開発に対する助成金等）

出所）『厚生労働白書（令和5年版）資料編』（p.154）をもとに作成。

労使折半で負担する。残りの1000分の3.5は雇用安定事業、能力開発事業[18]に係る費用に充てられ、全額事業主負担となっている。

失業等給付には、求職者給付、就職促進給付、教育訓練給付、雇用継続給付がある。求職者給付の基本手当の受給要件は離職の日以前2年間に被保険者期間が12カ月以上あるときに支給され[19]、基本手当日額は、原則として、離職前6カ月における賃金の総額を180で除して得た金額の8割から5割が支給される。また、給付日数は、離職理由、年齢、心身障害などの就業の難易度と被保険者期間に応じて決定され、90日から360日で決められる。なお東日本大震災の被災地域ではきわめて弾力的な特例措置が講じられたことも特記しておきたい。

5 労働者災害補償保険

労働者災害補償保険（以下、労災保険）とは、就業中や通勤途上などに傷害、死亡、職業病などの労働災害が発生した場合、医療保障と所得保障を行う保険である。労災保険の概要は図表3-2-11の通りである。

労災保険の保険者は政府であり、保険給付に関する事務と社会復帰促進等事業に関する事務は、厚生労働省労働基準局、都道府県労働局、労働基準監督署が行っており、保険料の徴収に関する事務は厚生労働省労働基準局、都道府県労働局で行われている。また、労災保険は原則として労働者を使用するすべての事業に適用され、他の社会保険とは違い、保険料は事業主が全額

18　雇用安定事業とは、事業活動縮小時の雇用の安定、高齢者の雇用の安定、地域における雇用の安定を図り、障害者その他就職が困難な者への雇用機会の増大を図るため、失業の予防、雇用状態の是正、雇用機会の増大その他雇用の安定を図るための事業である。また、能力開発事業とは、事業主等が行う職業訓練に対する助成援助、公共職業能力開発施設の充実、職場講習・職場適応訓練の実施、採用促進講習、訓練等の受講の奨励、技術評価の実施と援助など、技術の進歩、産業構造の変化に対応し、労働者の能力を開発・向上させることを促進するための事業である。より詳しくは、『保険と年金の動向（2022/2023）』pp. 219-220を参照されたい。

19　倒産・解雇等による離職の場合は、離職の日以前1年間に被保険者期間が6カ月以上であれば支給される。また、2010年4月1日より施行された雇用保険法等の一部を改正する法律により、非正規労働者に対するセーフティネットの強化として、適用範囲を従来の6カ月以上の雇用見込みから31日以上の雇用見込みにその適用範囲が拡大された。

図表3-2-11 労働者災害補償保険制度の概要

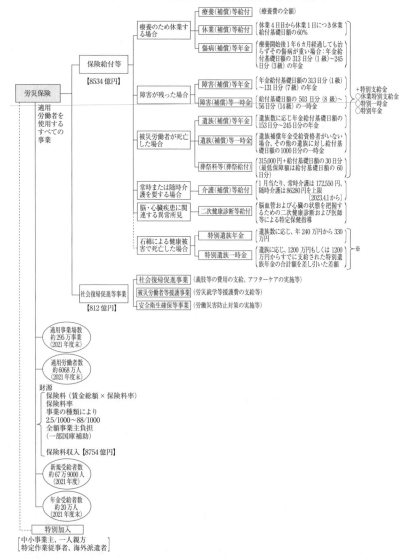

・給付基礎日額とは、原則として被災前直前3カ月間の賃金総額をその期間の暦日数で除した額（最低保障額3920円〔2022.
8.1から〕）である。
・年金給付および長期（1年6カ月経過）療養者の休業（補償）給付に係る給付基礎日額については、年齢階層ごとに最
低・最高限度額が設定されている。
・個々の事業の労災保険の収支に応じて、保険率（保険料の額）を増減させるメリット制あり（継続事業および有期事業
〔一括有期事業を含む〕である建設の事業 ±40%、有期事業〔一括有期事業を含む〕である立木の伐採の事業 ±35%）。
※「石綿による健康被害の救済に関する法律」に基づくもの。
出所）『厚生労働白書（令和5年版）資料編』（p.133）をもとに作成。

負担しているとともに、被保険者の故意を除き事業主の**無過失責任主義**[20]が徹底されている。さらに、保険料は、将来にわたる財政均衡を維持することに留意し、過去3年間の災害率やその他の事情が考慮され、業種別に厚生労働大臣が定めることとなっており、2023年4月1日現在、54業種について定められている。なお、事業主の災害防止努力の促進を図るとともに保険料負担の公平性を図るため、災害率に応じて保険料率または保険料額を一定の範囲内で増減する**メリット制**[21]がとられている。

　保険給付には、業務災害に関する保険給付と通勤災害に関する保険給付、二次健康診断等給付があり、業務災害とは、業務を遂行する過程において生じた災害（**業務遂行性**）と、業務と災害の因果関係（**業務起因性**）が給付認定の根拠となる。また、通勤災害とは、通勤途上にある状態に起因する災害であり、通勤とは、住居と就業の場所との間を合理的な経路・方法により往復することをいう[22]。

　しかし、最近では労働者・従業員の過労死、自殺などに対する保険給付の認定をめぐって多くの訴訟が行われているのが現状である。そこで、労働安全衛生法の一部を改正する法律が2015年12月1日に施行され、従業員数50人以上のすべての事業場において従業員のストレスチェックを義務付け、従業員の心理的な負担の程度を把握することとなった。事業者は検査結果を通知された従業員の希望に応じて医師による面接指導を実施し、その結果、医師の意見を聴いた上で、必要な場合には作業の転換、労働時間の短縮その他の適切な就業上の措置を講じなければならなくなったのである[23]。この結

20　業務災害の無過失責任主義とは、使用者は労働者の過失の有無にかかわらず、当然に一定額の補償を行うことであり、労働者の過失の存在は要求されない。使用者が労働者を雇用して営利活動を追求する過程で発生するものである以上、利益帰属主体である使用者に当然損害を補償させるべきとの考えから無過失責任制を形成してきたとされる。より詳しくは労務安全センター「労災補償制度とその特徴」（http://labor.tank.jp/r/10/zukai10/10-02.PDF）を参照のこと。

21　なお、労災申請をすることにより、保険料率が上がることから、雇用主の「労災隠し」も問題として取り上げられている。

22　たとえば、帰宅途中に経路を外れた娯楽施設に立ち寄ろうとし、そこで交通事故に遭ってしまった場合、労災保険からの保険給付は受けることができないのである。

23　より詳細については、厚生労働省「労働安全衛生法の一部を改正する法律（平成26年法律第82号）の概要」（https://www.mhlw.go.jp/file/06-Seisakujouhou-11300000-Roudoukijunkyokuanzeneiseibu/0000094566.pdf）を参照のこと。

果、精神障害の労災認定件数は、2016年度498件と前年度より26件増加し過去最高を更新したが、2022年度の精神障害に関する事案の労災補償状況をみてみると、請求件数は2683件（前年度比337件の増加）、支給決定件数は710件（前年度比89件増加）、うち未遂を含む自殺の件数は67件（前年度比12件の減少）となっている。

練習問題

1　年金保険、医療保険はなぜ分立した制度で成り立っているのかを答えなさい。
2　なぜ医療保険では現金給付ではなく現物給付が行われているのかを答えなさい。
3　介護保険制度がなぜ創設されたのかを答えなさい。

●引用・参考文献

石田重森著（2006）『改革期の社会保障』法研
石田重森・庭田範秋編著（2004）『キーワード解説　保険・年金・ファイナンス』
　東洋経済新報社
大谷孝一編著（2008）『保険論（第2版）』成文堂
介護保険制度史研究会編著（2016）『介護保険制度史—基本構想から法施行まで』
　社会保険研究所
厚生統計協会『保険と年金の動向（2022／2023年版）』
下和田功編（2004）『はじめて学ぶリスクと保険』有斐閣ブックス
『週刊社会保障　社会保障読本（2023年版）』第77巻第3231号、法研
田畑康人・岡村国和編著（2011）『人口減少時代の保険業』慶應義塾大学出版会
近見正彦他著（1998）『現代保険学』有斐閣アルマ
近見正彦他著（2006）『新・保険学』有斐閣アルマ
中垣昇・友杉芳正・近藤龍司編著（1995）『最新経営会計事典』八千代出版
庭田範秋著（1973）『社会保障論』有斐閣
庭田範秋編（1989）『保険学』成文堂
庭田範秋編（1993）『新保険学』有斐閣
堀勝洋編著（1999）『社会保障論』建帛社
椋野美智子・田中耕太郎著（2015）『はじめての社会保障（第12版）』有斐閣ア
　ルマ
家森信善編著（2009）『はじめて学ぶ保険のしくみ』中央経済社
金融審議会市場ワーキング・グループ報告書「高齢社会における資産形成・管

理」令和元年6月3日（https：//www.fsa.go.jp/singi/singi_kinyu/tosin/
20190603/01.pdf）

厚生労働省「平成30年版　過労死等防止対策白書」（https：//www.mhlw.go.jp/
wp/hakusyo/karoushi/18/dl/18-1.pdf）

厚生労働省『厚生労働白書（令和5年版）資料編』（https：//www.mhlw.go.jp/
wp/hakusyo/kousei/22-2/dl/all.pdf）

厚生労働省「地域における医療及び介護の総合的な確保を推進するための関係
法律の整備等に関する法律の概要」（https：//www.mhlw.go.jp/topics/bukyoku
/soumu/houritu/dl/186-06.pdf）

厚生労働省「働き方改革」（https：//www.mhlw.go.jp/content/000335765.pdf）

厚生労働省「労働安全衛生法の一部を改正する法律（平成26年法律第82号）
の概要」（https：//www.mhlw.go.jp/file/06-Seisakujouhou-11300000-
Roudoukijunkyokuanzeneiseibu/0000094566.pdf）

厚生労働省年金局「公的年金各制度の財政状況」（https：//www.mhlw.go.jp/topics
/nenkin/zaisei/zaisei/04/）

厚生労働省老健局「介護保険制度をめぐる最近の動向について」令和4年3月
24日（https：//www.mhlw.go.jp/content/12300000/000917423.pdf）

3章

少子高齢社会の公的年金

1 少子高齢社会が公的年金に及ぼす影響

わが国の人口は、2004年の1億2779万人をピークに**人口減少社会**が到来している。2005年に**合計特殊出生率**が過去最低の1.26を記録し、死亡数が出生数を上回るとともに、**高齢化率**も20%を超え、**少子高齢社会**を迎えた。

国立社会保障・人口問題研究所の「日本の将来推計人口（令和5年中位推計）」によると、2070年には、合計特殊出生率は1.36、総人口は8700万人を下回り、65歳以上の割合が40%近い水準になるという**超高齢社会**が到来すると予測されている（図表3-3-1参照）。

このような急速な少子高齢化の進行は、年金保険料を支払っても、将来確実に給付が受けられるかどうか、税・社会保険料負担が増加するとともに、どこまでその負担が上がるのか、さらには年金の給付水準が下げられるのではないか、など、年金保険に対する不安・不信感が醸成されている。現行制度下において、制度を揺るがすさまざまな問題に直面しているのである。

そこで以下では、現在直面している諸問題についてみていくこととする。

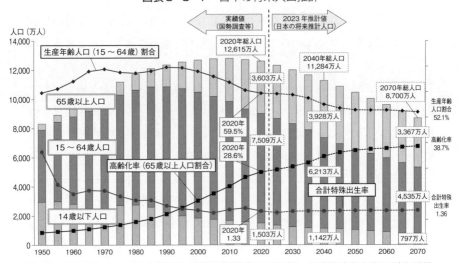

図表3-3-1　日本の将来人口推計

資料）2020年までの人口は総務省「国勢調査」「人口推計」、合計特殊出生率は厚生労働
　　　省「人口動態統計」、2025年以降は国立社会保障・人口問題研究所「日本の将来推
　　　計人口（令和5年推計）」（出生中位（死亡中位）推計）
出所）『厚生労働白書（令和5年版）資料編』（p.5）をもとに筆者作成。

2　国民年金の空洞化

　国民年金の空洞化とは、国民年金制度に加入手続きをしていない未加入者
や、第1号被保険者として加入はしていても24カ月の保険料を納付してい
ない未納者が存在することである。かつて、**未納率**は約40%にも上り、社
会問題として取り上げられ、国民年金制度が破綻するという人たちもいる。

　この現象が発生する理由には、年金の損得勘定や世代間格差、年金記録問
題（2007年2月発生）、日本年金機構による加入者の個人情報流出問題[1]（2015
年5月発生）、振替加算の支払漏れ（2017年9月発覚）や年金福祉事業の赤字化

1　たとえば、日本年金機構による加入者の個人情報流出問題は、日本年金機構の職員の端末に対
　する外部からのウイルスメールによる不正アクセスにより、日本年金機構が保有している約125
　万件の個人情報が外部に流出したという事件である。その原因は、日本年金機構の職員が電子メ
　ールのウイルスが入った添付ファイルを開封してしまったことにより不正アクセスが行われ、情
　報が流出したという人為的なものであった。

などによる公的年金への不信感、パート、フリーター、派遣社員等の非正規労働者の増加に伴う雇用・賃金事情の悪化などにより、低所得者からの保険料支払いが困難になっていることなどが空洞化を進行させていると考えられる。

　しかし、実際は未納者が増えても国民年金制度が破綻することはないのである。なぜならば、未納率40％というのは、10人のうち4人が保険料を納めていないということを表しているのではなく、国民年金の被保険者数約6700万人のうち、第1号被保険者である約1400万人に対する未納率であり、保険料納付が免除されている者などを除いた国民年金全体の実際の未納率は約2％にすぎないからである。また、未納者は保険料を支払っていないため、理論的・制度的には当然年金給付はゼロであり、年金財政に及ぼす影響はないのである。

　しかし、未納者・滞納者は将来、減額か一生無年金となり、国民皆年金の理念や老後の生活保障という観点から問題とされる。なぜならば、老後の生活を**生活保護制度**に頼らざるを得なくなる可能性が高くなるからである。生活保護制度は社会保障としての扶助制度であるが、その財源は税金であり、それを負担するのは国民である。

　年金制度の根幹には世代間の助け合いという**相互扶助の精神**があり、国民が老後に経済的に安定した生活を送るための制度であって、低所得者救済のための制度ではないことを忘れてはならない。なお、2022年度の納付率は76.1％で、11年連続して上昇している。

3　賦課方式と積立方式

　現行の年金制度の財政方式は、**賦課方式**で行われている。賦課方式とは、現役世代が高齢者世代の給付を支える仕組みであり、より詳しくいえば、自分が老後に受け取る年金は、そのときに生きている現役世代が支払う保険料でまかなわれるという財政方式のことである（図表3-3-2）。

　この方式により、**世代間扶養**が働いているのである。しかし、少子高齢社

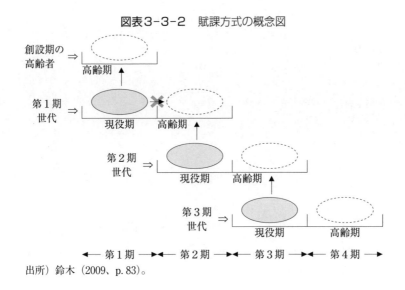

図表3-3-2　賦課方式の概念図

創設期の高齢者 ⇒ 高齢期

第1期世代 ⇒ 現役期　高齢期

第2期世代 ⇒ 現役期　高齢期

第3期世代 ⇒ 現役期　高齢期

◀—— 第1期 ——▶◀—— 第2期 ——▶◀—— 第3期 ——▶◀—— 第4期 ——▶

出所）鈴木（2009、p. 83）。

会においてはこの方式が成り立たなくなるおそれが生じているのである。具体的には、2000年では現役世代4人で1人の高齢者を支えてきたのに対し、2060年では現役世代1.2人で1人の高齢者を支えなければならなくなると推計されている。

　社会保険は、本来、**収支相等の原則**（$np = rZ$）が保たれるように仕組まれている[2]。しかし、そこで少子高齢社会においてこの方式を続け、収支を均衡させるための方策を考えてみよう。

　まず1つ目は、現役世代の負担の増加である（pを引き上げる）。これは、給付水準を維持させるため、現役世代が負担する保険料を増加させることを意味する。2つ目は高齢世代の給付の抑制である（Zを引き下げる）。これは、現役世代の保険料負担を現水準で維持し、高齢世代が受け取る年金額（保険金）を削減させることを意味する。ただし、現役世代にこれ以上の負担を強いることはもちろんのこと、高齢世代の給付額の削減にも限界が生じてきている。3つ目は数式上で均衡させるにはrを引き下げれば収支相等は保たれ

2　収支相等の原則については本書1部2章 2-②を再度確認されたい。

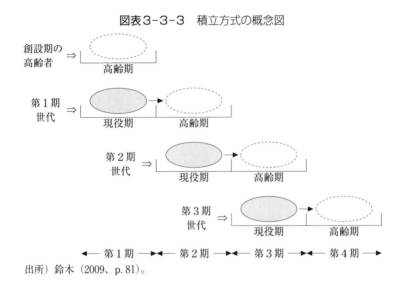

図表3-3-3　積立方式の概念図

出所）鈴木（2009、p. 81）。

る。しかしこれは現実に行うことは不可能である。そこで最後に考えられるのがnを増加させることである。これへの取り組みとしては3部5章で論じるが、簡単な話ではない。

　そこでこのような現行賦課方式で行われている年金の財政方式に対し、**積立方式**への移行案が議論されているのである。積立方式とは、現役時代に自分の老後に必要な年金を積み立てておくという財政方式である。簡単にいえば、自分の老後は自分で面倒をみるということである（図表3-3-3）。この方式に移行した場合、少子高齢化の影響を受けることはなく制度の運営ができるとともに、個々の保険料負担の公平性がより明確なものとなる。

　しかし、現行制度である賦課方式から積立方式への移行にはさまざまな問題が生じることとなる。その最たる問題が**二重の負担**である。この問題は、改革期において、現役世代が支払っていた保険料は賦課方式のため年金としてすべて高齢世代に支払われる一方、自分たちの老後のためにも保険料を積み立てなければならないのである。つまり、自分のためと高齢世代のために保険料を二重に負担しなければならないことになる。これを国債でまかない、約60年とか100年かけて償却するとの方法も論じられているが、これは後

平均寿命と健康寿命

日本人の**平均寿命**（0歳の平均余命）は、1947年の臨時国勢調査をもとに作成された第8回生命表によると、男性が50.06年、女性が53.96年であり、男女とも初めて50年を上回った。その後、1970年から75年にかけて、男性が70年、女性が75年を超え、2022年には男性が81.47年、女性が87.57年と過去最高を更新し、現在では世界有数の長寿国となっている。男女とも世界2位である。

ところで、最近、平均寿命や平均余命とは別に、**健康寿命**という言葉を耳にしたことはないだろうか。健康寿命とは、「健康上の問題で日常生活が制限されることなく生活できる期間」のことである。

日本人の健康寿命は2019年時点で男性が72.68年、女性が75.38年と男女ともに世界1位となっている。

しかし、ここで問題となるのが、平均寿命と健康寿命との差である。2019年時点での平均寿命と健康寿命の差は、男性が8.73年、女性が12.07年である。この差が意味することは何か。それは、「健康上に問題があり日常生活が制限された生活を送らなければならない期間」ということである。さらに、この差の拡大は不健康な期間にかかる医療費や介護費用などの負担増をも意味する。

2019年3月、厚生労働省は2040年までに2016年比でこの健康寿命を3年以上延ばす目標を掲げた（「健康寿命延伸プラン」2019年5月）。

WHO憲章では、「健康とは、肉体的、精神的および社会的に完全に良好な状態であり、単に疾病または病弱の存在しないことではない」と健康の定義がなされている。そんな健康で肉体的にも精神的にも安定できる社会を作り上げるのが社会保障制度の役割である。老後の所得保障である年金制度の充実も、健康寿命に影響を及ぼす要因の一つなのではないだろうか。

世代へ大きな負担を残すこととなる[3]。また、この問題の他に積立方式の場合、積立金の範囲内で確実に終身の年金を支給することができるのか、さらに、想定を超えたインフレーションや賃金上昇が起こった場合、生活水準を維持できるような実質的価値のある年金を支給することができるのかといった問題もある。

結局のところ、給付の抑制、年金積立金の効率的運用[4]などにより負担と

3　賦課方式から積立方式への移行についての詳細は、鈴木（2009）を参照のこと。なお、この問題については古くから論じられており、より深く追究したい方はFeldstein（1974）、八田・小口（1999）、村上（1999）などを参照されたい。

給付のバランスを図りつつ公的年金の維持・存続を図らなければならないのである。

4 社会保険方式と税方式（社会扶助方式）

　社会保障財政の危機、負担と給付の不均衡、後世代の負担増などの問題に対し、従来のような保険料の引上げ、給付の引下げといった方策では、もはや社会保険の制度維持は困難であるとの主張があった。そこから、国民の基礎的ニーズである基礎年金を**税方式**による財源調達にすべき、すなわち**社会扶助方式**への転換が主張され、そこで提出された改革案が、年金一元化と最低保障年金構想であった。この改革案は全国民に共通の所得比例年金を適用し、税財源による最低保障年金を創設することであった。すなわち、全年金を統合・一元化し、社会保険方式に加え、現行の国民年金は最低保障年金として税方式に移行しようとするものである。

　税方式にすることにより、国民年金の空洞化が解消され、無保険者の救済が図られることで皆年金が達成できることや、第3号被保険者にも負担を求めることができるようになる。しかし、現行の社会保険方式から税方式に移行するのに伴い、さまざまな問題も生じることとなる。

　その問題とは、

①給付と負担の関係が明確ではなくなることにより、権利性が損なわれ、必要以上に給付が増加するおそれがあり、制度の健全性、持続可能性が低下する、

②莫大な財源・税投入が必要となる、

③全国民の所得把握が難しく、負担の公平性に対し**クロヨン問題**[5] などが

4　年金積立金の管理・運用は、厚生労働大臣から寄託を受けた年金積立金管理運用独立法人（GPIF：Government Pension Investment Fund）が行っている。その目的は、厚生年金保険事業および国民年金事業の運営の安定に資することであり、長期的に維持すべき資産構成割合を定め、これを適切に管理し、安全かつ効率的な運用に努めている。2001年度以降の累積収益は、収益率プラス3.91%（年率）、収益額はプラス126兆6826億円（累積）、2023年度第2四半期末現在の運用資産額は219兆3177億円である。

発生する、

④仮に税財源を消費税でまかなうのであれば、**逆進性**[6] の問題が発生する、

⑤国民全体の負担は変わらないが、事業主負担分（厚生年金の基礎年金部分の労使折半分）の保険料がなくなり、その分も税負担に回るため、多くの世帯が負担増となる、

⑥無保険者の救済に関し、過去の未加入・未払いの人に対し、同一給付を行うのであれば、さらなる不信感が醸成される、

ことなどが挙げられる。

社会保険方式であれ、税方式であれ、どちらの方式でも給付に見合う負担をしなければならない。大切なことは、給付と負担の水準について国民の間での合意が必要であるということである。

なお、全額税方式を導入している国はあるが、社会保険方式から税方式に移行した国は今のところどこにも存在しない。

練習問題

1　国民年金の空洞化問題を解決するためにはどうしたらよいかを答えなさい。
2　賦課方式と積立方式のメリット・デメリットについて答えなさい。
3　社会保険方式と税方式に対し、わが国の社会保障制度がどうあるべきかについて答えなさい。

5　クロヨン問題とは、給与所得者に対しては所得のうち課税対象として9割（ク）が把握できるのに対し、自営業者では6割（ロ）、農業漁業者では4割（ヨン）しか把握することができないといわれている問題のこと。同様のことをさらに強調してトーゴーサンピン（10割、5割、3割、1割）という場合もある。この場合、給与所得者10割（トー）、自営業者5割（ゴー）、農業漁業者3割（サン）、そして1割（ピン）は政治家や個人開業医などである。なお、マイナンバー制度導入により、この問題は解消される可能性はある。

6　ここでいう消費税の逆進性とは、消費税のようにすべての所得階層に対し同じ税率が課せられた場合、相対的に低所得者に対する負担が高くなることを指す。たとえば、年収1000万円の人が負担する消費税20%と年収100万円の人が負担する消費税20%を考えてみればよくわかるであろう。また、逆進性の反対の意味として累進性があり、累進課税という言葉は聞いたことがあるであろう。

●引用・参考文献

石田重森著（2006）『改革期の社会保障』法研

石田重森・庭田範秋編著（2004）『キーワード解説　保険・年金・ファイナンス』東洋経済新報社

大谷孝一編著（2008）『保険論（第2版）』成文堂

小塩隆士著（2005）『人口減少時代の社会保障改革』日本経済新聞社

権丈善一著（2009）『社会保障の政策転換』慶應義塾大学出版会

下和田功編（2004）『はじめて学ぶリスクと保険』有斐閣ブックス

『週刊社会保障　社会保障読本（2019年版）』第73巻第3034号、法研

『週刊社会保障社会保障読本（2023年版）』第77巻第3231号、法研

辛坊治郎著（2007）『誰も書けなかった年金の真実』幻冬舎

鈴木亘著（2009）『だまされないための年金・医療・介護入門』東洋経済新報社

近見正彦他著（1998）『現代保険学』有斐閣アルマ

近見正彦他著（2006）『新・保険学』有斐閣アルマ

中垣昇・大杉芳正・近藤龍司編著（1995）『最新経営会計事典』八千代出版

庭田範秋著（1973）『社会保障論』有斐閣

庭田範秋編（1989）『保険学』成文堂

庭田範秋編（1993）『新保険学』有斐閣

八田達夫・小口登良著（1999）『年金改革論』日本経済新聞社

細野真宏著（2009）『「未納が増えると年金が破綻する」って誰が言った？』扶桑社新書

堀勝洋編著（1999）『社会保障論』建帛社

村上雅子著（1999）『社会保障の経済学（第2版）』東洋経済新報社

村松容子（2017）「2016年健康寿命は延びたが、平均寿命との差は縮まっていない～2016年試算における平均寿命と健康寿命の差」ニッセイ基礎研究所

椋野美智子・田中耕太郎著（2015）『はじめての社会保障（第12版）』有斐閣

Feldstein, M.（1974）Social Security, Induced Retirment and Aggregate Capital Accumulation, *The Journal of Political Economy*, Vol. 82. No. 5, pp. 905–926.

厚生労働省『厚生労働白書（令和5年版）資料編』(https://www.mhlw.go.jp/wp/hakusyo/kousei/22-2/dl/all.pdf)

厚生労働省「健康寿命のあり方に関する有識者研究会報告書」2019年3月(https://www.mhlw.go.jp/content/10904750/000495323.pdf)

厚生労働省「2040年を展望し、誰もがより長く元気に活躍できる社会の実現に向けて」(https://www5.cao.go.jp/keizai-shimon/kaigi/minutes/2019r/0531/shiryo_02.pdf)

4章

高齢社会における日本の医療保険と介護保険

● キーワード ●
介護保険制度、社会的入院、老人医療費支給制度、老人保健制度、後期高齢者
医療制度、高齢者保健福祉推進十か年戦略、措置制度、予防重視型システム

1 高齢社会と医療保険

1 高齢者医療の特徴

　加齢は医療費の増加に影響を与える要因の一つである。「令和3年度　国
民医療費の概況」のデータでは、2021年度の65歳未満の1人当たり医療費
は19万8600円であるのに対し、65歳以上の1人当たり医療費は75万4000
円と約3.8倍になっている。ここからも若者と高齢者との医療費の差が、相
当なものであることがわかる。高齢者の割合が多くなることは、医療費に大
きな影響を与えることとなる。

　また図表3-4-1から明らかなように、国民医療費に占める高齢者の医療
費の割合が増加し続けている。医療費増加の原因は医療技術の高度化や高額
化といったことも考えられるが、高齢者医療費の増加は、高齢者人口の増加
が主たる原因であるといえる[1]。

　高齢者が医療費を多く使う理由として、当然のことながら、人間は年をと
ればとるほど体が弱くなることが挙げられる。老化が進めば病気や怪我もよ
くするようになり、医療機関を受診することも多くなる。また、治癒力も若

---

[1]　わが国の高齢化率は、1980年から9.1%（1980年）、12.0%（1990年）、17.3%（2000年）、
　23.0%（2010年）、28.8%（2020年）、となっており、『高齢社会白書（令和5年版）』によると、
　直近の2022年では29.0%になっている。

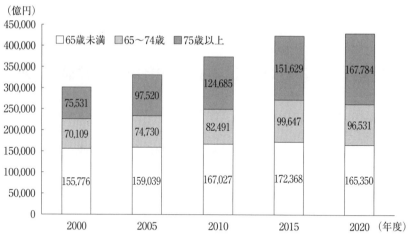

図表3-4-1　国民医療費に占める高齢者医療費

（億円）

出所）厚生労働省『国民医療費（平成12・17・22・27年度および令和2年度版）』を参照
して筆者作成。

いころに比べれば弱くなるので、通院や投薬の期間も長くなり医療費に差が
出ることは当然といえる。

　しかも、高齢者の病気や怪我は慢性化するものも多く、また身体の不調の
原因が老化そのものであることもあり、完治が見込めない場合も多い。つま
り、高齢者の慢性化した病気や怪我は、完治させるというよりも、その進行
を遅らせたり、日常生活に支障が出ないようにしたり、といったことに重点
が置かれる。極端なことをいえば、寿命や他の要因で死亡するまで継続した
医療を行うこともある。こうした点が若者の医療との大きな違いである。

　本来医療は病気などを完治させ、健康の回復を目標としている。これを達
成すべく、医療保険では「最低水準」ではなく「適正水準」を保障しようと
している。しかし高齢者への医療の場合、健康の回復が目標とはいえない状
況も多く、提供する医療の「適正水準」がわかりにくい。なぜなら、高齢者
への医療は疾患の完治というよりも、その疾患と付き合って生活していくた
めに必要とされることが、若年者に比べ多いからである。その場合、必要と
されるものは、疾患の完治という「本来の医療」というよりも、予防活動や

生活援助のようなものであろう。そこで 2000 年から**介護保険制度**が実施され、福祉的なニーズが強い症状のものは介護保険が対応していくことになった。しかし、それがない時代は医療保険がその代わりを務めていた。そのため、**社会的入院**が問題となった。社会的入院とは、医療の果たす役割は終わっているにもかかわらず、退院しても自宅で暮らしていく態勢が整っていないため、退院せずに病院に長期入院している状態のことである。こうした問題の解消を目的の一つとして介護保険が導入されたのである。

② 老人医療費の無料化から老人保健制度へ

ここで高齢者医療を取り巻く状況の変化についてより詳しくみていく。1973 年に創設された**老人医療費支給制度**により、高齢者の医療費の自己負担は無料となった。この政策によって、それまで経済的理由で受診を控えていた高齢者が受診できるようになり、医療ニーズが顕在化した。通院はもちろん入院や手術も無料となったため、このころから、自宅で療養しにくい高齢者を無料となった病院に入院させるという選択がとられ、社会的入院が問題となった。これはある種の**モラルハザード**である。この結果、高齢者の医療費は国民医療費の伸びを上回って上昇するほどになった。そのため、1983 年には**老人保健制度**が実施され、高齢者医療の新たな形が実現した[2]。

この制度の主な特徴は、高齢者に一部負担を求めたこと、すべての保険者で老人医療費にかかる費用の 50% を拠出金として分担して負担するようになったことである。また「**保健** (health care)」の役割として、治療だけでなく、40 歳以上の者に疾病予防や健康増進のための保健事業を実施していった。それまでの医療保険制度では病気にならなければ給付されない仕組みの中で、こうした事業が展開されていったことは大きな改革であったといえる。

③ 後期高齢者医療制度とその問題点

高齢者医療無料化の後、急増した医療費を抑えるために導入された老人保

---

2 老人医療費支給制度から老人保健制度に至る内容は、本書3部1章も参照されたい。

高齢者のみを対象としている日本の医療保険と介護保険

　本文でも述べたように、日本では医療保険制度と介護保険制度の加入者を年齢によって制限している。医療保険制度では「高齢者医療制度」として 65 歳以上（前期）、75 歳以上（後期）で適用される制度が変わる。特に 75 歳以上の後期高齢者医療制度は、高齢者のみが加入する保険となる。介護保険制度は 40 歳から加入することになり、65 歳からは被保険者の区分が変わる。40〜64 歳では特定の疾患による要介護状態に当てはまる場合しか、介護保険の給付は受けられず、いかなる原因でも要介護状態になったら介護保険のサービス給付が受けられるのは 65 歳以上からである。そのため日本の介護保険制度は実質的には「高齢者介護保険」といえる。

　このように公的医療・介護保険制度への加入を年齢で制限している国は珍しい。たとえば、イギリスは税で全国民を対象とした医療保障制度を実施しており、介護は自治体による福祉サービスを中心に行われているが、双方とも税財源であるため、年齢による制限なくサービスの給付が行われる。ドイツやフランスの医療保険制度も年齢の区分なく加入することとなっている。介護についてドイツでは全年齢を対象にした社会保険でまかなっており、フランスでは税で 60 歳以上を対象とした介護サービス給付を行っている（60 歳未満にも税による福祉制度で対応している）。

　「人々の健康を保ち、生活の質を維持した暮らしを生涯行えるようにする」という目的は同じでも、それを保障するサービスのあり方は国によってかなり違いがあることにも注目してもらいたい。またそうした制度の違いは、各国のどのような歴史や社会背景、国民性に起因するのかを調べたり考えたりしてみるのも面白いだろう。

健制度であったが、その後の高齢化の進展などもあり、度重なる改正が行われた。改正は主として高齢者の一部負担の引上げであったが、根本的な解決には至らなかった。

　老人保健制度における問題点としては、

　①高齢者医療費の急増に対し市町村単位での運営が困難になったこと、

　②高齢者と若者の負担割合が明確でなかったこと、

　③給付は市町村が行う一方、財源は公費と保険者からの拠出金であるため、
　　財政運営の責任が不明確であったこと、

などが挙げられる。そこで 2008 年 4 月から**後期高齢者医療制度**（**長寿医療制**

度）を創設し、これらを解決することを目指した。

　後期高齢者医療制度とは、75歳以上の後期高齢者を被保険者とする制度である。保険料は被保険者の所得で負担額が決まる所得割額と、被保険者に等しく負担を課す被保険者均等割額で決まり、年金から天引きされる。また、患者の一部負担は原則1割とされているが、所得が一定水準より高い場合には2割、3割となる。

　この後期高齢者医療制度では、先に示した老人保健制度の問題点を解決すべく、都道府県単位の「後期高齢者医療広域連合」を運営主体とし、財政運営の安定化と責任を明確化した。さらに高齢者の医療給付費は公費（5割）、若年者の保険料による後期高齢者支援金（4割）、高齢者の保険料（1割）とし、負担割合を明らかにした。

　しかしながら、疾病のリスクが高まる75歳以上の高齢者のみを対象にした保険は先進国では例がない。また、今後高齢化の進展に伴い、高齢者の保険料が引き上げられるおそれもある。民主党政権時代（2008〜2012年）に新たな高齢者向け医療制度を設けようと、後期高齢者医療制度を廃止する提案があったが、結局廃止には至らなかった。その後、後期高齢者医療制度については、2013年8月にとりまとめられた社会保障制度改革国民会議の報告書で、「創設から5年が経過し、現在では十分定着しているので、現行制度を基本とし必要な改革を行っていくことが適当」という趣旨の検討結果が示された[3]。その後の後期高齢者医療制度改革については、3部5章で述べる。

2　高齢社会と介護保険

1　介護保険の成立経緯

　心身の障害により日常生活を営むことが困難になった場合、その人を介護していくことは、長らく家族（特に主婦）の役割であった。しかし、1960年代以降、核家族化や女性の社会進出なども増え、家族内での介護を難しくし

3　『社会保障制度改革国民会議報告書―確かな社会保障を将来世代に伝えるための道筋』p. 35参照。

ていくことになった。そのため高齢者を介護する役割は、福祉と公的医療保険によって果たされてきた。先述した社会的入院がその例である。

このような社会状況の中、1989年には「**高齢者保健福祉推進十か年戦略（ゴールドプラン）**」が策定された。これは市町村中心で、在宅介護を重視する高齢者介護システムのための方針を打ち出したものであった。1994年には市町村が策定した「老人保健福祉計画」を集計し、「新・高齢者保健福祉推進十か年戦略（新ゴールドプラン）」が策定された。その結果、在宅サービスが増加し、施設サービスの整備も進んだ[4]。

以上のように、高齢者介護サービスを提供する基盤は整備された。しかし、こうした介護サービスの利用には、利用者がサービスを受ける要件を満たしているかどうかを行政が審査する仕組みがあり、要件を満たした場合のみ行政の判断により、サービスが提供されることとなっていた。このような制度を**措置制度**と呼ぶ。この措置制度は、税を財源として行われるため、サービスが画一的になりやすく、利用者のニーズが反映されにくいことや、行政による審査を**スティグマ**と感じ、利用を避ける場合があるなどの問題があった。

こうした仕組みの問題点の改善には、介護サービスを受ける権利を保障する必要があった。さらに当時はバブル経済の崩壊もあり、政府の財政負担が厳しくなった。そのため、社会保険という「保険料」を財源とした介護サービス提供を実施することは、サービス受給の権利性と財源の2つを同時に得られる一石二鳥の政策であった。そうした社会背景もあり介護保険が実現化する機運が高まっていったのである。

2 介護保険成立後の展開

介護保険制度は2000年の実施時から5年後に大きな改正をすることが定められていた[5]。つまり発足から5年の経過の後、制度の利用状況や社会の

---

4 この時期の詳細なデータは堀（2004、p. 249）を参照されたい。一例を挙げると、1988〜1999年で、高齢者100人当たり訪問介護の年間利用回数は39.3回から201.3回に増加し、特別養護老人ホームの定員数は1989〜2000年で15万6000人から30万人に増加した。
5 介護保険料や介護報酬については3年ごとの改定が定められている。

状況を踏まえ、制度を見直していくことが予定されていたのである。その2005年の改定では、主なものとして**予防重視型システム**への転換や施設給付の見直しなどが行われた[6]。

　予防重視型システムへの転換とは、軽度の要介護者に対し、要介護状態を改善していく新たな予防給付を行うものである。図表3−4−2をみればわかるように、それまでの介護保険では要支援・要介護1の軽度の要介護者が急増していた。このことは高齢化の進展との関わりも認められるであろうが、それまでサービスを受けていなかった人々が、介護保険制度に基づいて給付される介護サービスの存在や内容を知り、新たに申請する人が増えたことも考えられる。

　しかし、軽度の要介護者が受けるサービスは、要介護状態の改善につながっていない可能性があるという指摘を受け、それまでの要介護1の者のうち、新予防給付の効果が期待できる者を「要支援2」とし、それまで要支援の者は「要支援1」とされた。これらに該当する人々を、「新たな予防給付」の対象者とし、急増する軽度要介護者の介護状態の悪化を食い止めようとした

図表3−4−2　要介護度別認定者数の推移（単位：千人）

（各年4月末）

	2000年	2005年	2010年	2015年	2020年	2021年
総　　数	2,182	4,108	4,870	6,077	6,693	6,842
要支援	291	674	−	−	−	−
要支援1	−	−	604	874	933	966
要支援2	−	−	654	839	944	951
要介護1	551	1,332	852	1,176	1,352	1,408
要介護2	394	614	854	1,062	1,157	1,168
要介護3	317	527	713	793	882	909
要介護4	339	497	630	730	821	855
要介護5	290	465	564	604	603	585

出所）『保険と年金の動向（2022／2023年版）』p.197をもとに筆者作成。

6　その他にも、「新たなサービス体系の確立」、「サービスの質の確保・向上」、「負担のあり方・制度運営の見直し」が行われた（『保険と年金の動向（2018／2019年版）』pp.217-218参照。）。

のである。

　施設給付の見直しとは、施設介護を受けている人の居住費と食費を保険給付対象外としたものである。これは施設サービス利用者が介護保険利用者の4分の1程度なのにもかかわらず、保険給付額の約半分を占めていることから、在宅と施設の利用者負担の公平性、介護保険と年金給付の調整の観点から行われた[7]。それまでは、在宅介護を受ける人は居住費や食費が実費となるにもかかわらず、施設介護を受ける人がそれらを保険給付でまかなえることになっており、そういった不公平さを是正したものである。

　介護保険は制度発足以降、利用者が増加し続けている。これは制度が広く認知された結果といえる。2005年以降も高齢化の進展や制度の利用状況、社会状況を踏まえての制度改定が行われ続けている。さらに前節でも取り上げた「社会保障制度改革国民会議」や、2013年に成立した社会保障制度改革プログラム法（持続可能な社会保障制度の確立を図るための改革の推進に関する法律）においても医療と介護の連携の重要性が示され、その提供体制が議論されてきた。この点については、今後の高齢者医療との関連ともあわせて3部5章4で論じる。

> ### 練習問題
>
> 1　今後の高齢者医療制度としては、どのようなものが望ましいと考えるか、その理由とともに答えなさい。
> 2　措置制度と保険制度の違いを比較しながら示し、双方のメリット・デメリットを挙げなさい。

●引用・参考文献

一圓光彌編（2013）『社会保障論概説（第3版）』誠信書房
厚生労働統計協会（2009）『保険と年金の動向（2009／2010年版）』
厚生労働統計協会（2018）『保険と年金の動向（2018／2019年版）』
厚生労働統計協会（2022）『保険と年金の動向（2022／2023年版）』

7　『保険と年金の動向（2018／2019年版）』pp. 217-218参照。

『週刊社会保障（2010年2月22日号）』第64巻第2568号、法研

『週刊社会保障（2017年8月14-21日号）』第71巻第2936号、法研

内閣府（2023）『高齢社会白書（令和5年版）』

二木立（2017）『地域包括ケアと福祉改革』勁草書房

堀勝洋編（2004）『社会保障読本（第3版）』東洋経済新報社

厚生労働省（2015）「誰もが支え合う地域の構築に向けた福祉サービスの実現—新たな時代に対応した福祉の提供ビジョン」（https://www.mhlw.go.jp/file/05-Shingikai-12201000-Shakaiengokyokushougaihokenfukushibu-Kikakuka/bijon.pdf）

厚生労働省（2019）「後期高齢者医療事業状況報告」（https://www.mhlw.go.jp/stf/seisakunitsuite/bunya/iryouhoken/database/seido/kouki_houkoku.html）

厚生労働省（2021）「令和3年度 国民医療費の概況」（https://www.mhlw.go.jp/toukei/saikin/hw/k-iryohi/21/dl/data.pdf）

社会保障制度改革国民会議（2013）「社会保障制度改革国民会議報告書—確かな社会保障を将来世代に伝えるための道筋」（https://www5.cao.go.jp/keizai-shimon/kaigi/special/tenken/06/shiryo06.pdf）

5章

社会保障・社会保険の将来展望

● キーワード ●

集団主義、社会責任、弱者救済的扶養性・福祉性、平均保険料方式、所得比例
方式、垂直的所得再分配機能、国民負担率、社会保障負担率、社会保障給付費、
付加価値税、軽減税率、非ケインズ効果、社会保障・税の一体改革、マイナン
バー制度、全世代型社会保障制度、異次元の少子化対策、こども家庭庁、こど
も未来戦略方針

　わが国の社会保障制度は、これまで社会保険を中核としてその体制を維持
し、国民の基礎的生活保障をなす必要不可欠な制度として発展してきた。し
かし、社会保障・社会保険を取り巻く環境は少子高齢社会などを背景にその
バランスを失い、国民に安心を与えられない状況に陥っている。そこで国民
一人ひとりが今一度原点に戻り、社会保障の基礎理念、社会保険の機能など
を再認識し、自分の問題として考えることが重要であろう。

1 社会保障・社会保険に対する意識改革の必要性

　社会保険導入に際し、わが国が保険の原理・技術を用いた理由には次の5
つが挙げられる。①資本主義的精神に合致、②被保険者および雇い主の保険
料負担、③給付に対する権利性、④保険者機能の発揮による適正な給付、⑤
主要先進国の社会保険方式の採用、の5つである。保険の原理・技術を用い
てはいるが、一般の私的保険とはその性格が異なり、**集団主義・社会責任・
弱者救済・強制・非営利**的な性格などを有している。

　そして、社会保険の特徴を大きく捉えると次の2つを挙げることができる。
まず1つ目は、**弱者救済的扶養性・福祉性**が確保されていることである。個

人が負担する保険料はもちろんのこと、私的保険とは異なり、社会保険では保険性を大幅に後退させ、雇い主も保険料負担をするとともに、国庫負担も行われ、社会全体でこれらを確保していることが挙げられる。これは、私的保険における個人主義・自己責任・自己救済的な性格とは異なり、社会保険は、**集団主義・社会責任・弱者救済的性格**を有している制度であることを再確認する必要がある。

2つ目に、個々の危険率とは無関係な**平均保険料方式**で保険料が算出されたあと、さらに**所得比例方式**を用いることにより、より強く**垂直的所得再分配機能**が発揮され、過度の不公平が是正されていることである。

これらを通して、本来、収支相等の原則が保たれるように仕組まれているのである[1]。

社会保障・社会保険では、扶養性や所得再分配などの要素が加味され、同世代間あるいは異なる世代間の助け合いが行われているのである。しかし、国民年金の空洞化が進むのは、こうした社会保障の理念や社会保険の機能が十分に理解・認識されていないことも大きな要因といえる[2]。

また、わが国の社会保障では、年金・医療・介護・雇用・労災とも社会保険として実施されていることから、保険理論や保険技術の理解なくしてはこれらの適切な運用や活用ができないのである。社会保障・社会保険に対する意識改革や保険・年金教育が今まさに必要とされるのである。

2　持続可能な社会保障・社会保険を目指して

国民生活に直結する社会保障・社会保険は長期的制度であり、ますます進展する少子高齢社会に応じた社会保障改革が必要となるのである。

そのためには①明確な理念に基づいた社会保障の姿、②長期的視野に立った社会保障政策、③財源を明確にし制度の基盤を強固なものとして、社会保障制度の安定と永続化を図ること、が重要視される。このような社会保障政

1　伊藤（2009、pp. 174-175）。
2　石田（2006、p. 61）。

国民負担率、付加価値税と軽減税率の国際比較

[国民負担率＝租税負担率＋社会保障負担率］［潜在的な国民負担率＝国民負担率＋財政赤字対国民所得比]

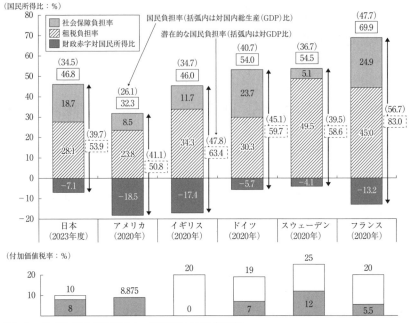

注）　1　日本は 2023 年度見通し。諸外国は 2020 年実績。
　　　2　財政収支は、一般政府（中央政府、地方政府、社会保障基金を合わせたもの）ベース。
　　　　　ただし、日本については、社会保障基金を含まず、米国については、社会保障年金信託
　　　　　基金を含まない。
資料）　日本：内閣府「国民経済計算」等。諸外国：OECD "National Accounts"、"Revenue Statis-
　　　　tics"、"Economic Outlook 112"（2022 年 11 月）。
出所）　財務省「国民負担率の国際比較」および「付加価値税率（標準税率及び食料品に対する
　　　　適用税率）の国際比較」より筆者作成。

　　わが国の**国民負担率**は 46.8％、そのうち**社会保障負担率**が 18.7％ を占めている。
しかも**社会保障給付費**の約９割が社会保険で占められている。
　　諸外国と比較するとわが国は相対的に国民負担率が低い水準にとどまっている
ことがわかる。さらに**付加価値税**（消費税）率も比較するとかなりの低税率である
こともわかる。
　　2019 年 10 月より消費税が 10％ に引き上げられると同時に、所得の低い方々へ
の配慮の観点から、飲食料品（お酒・外食を除く）等の購入に係る税率については８％
とする**軽減税率**制度が導入された。軽減税率はすでに EU 諸国の多くの国が採用し

ている。たとえば、筆者が留学した当時のイギリスでは、カフェでハムと野菜の
サンドウィッチを購入し店内で食べると価格が£2.40であったのに対し、持ち帰
り（イギリスでは take away という）といって購入すると£1.99であった。これは軽
減税率がかけられたことにより、同じ商品でも安く購入することができたのであ
る。しかし、同店で隣の棚に並ぶ温かいクロワッサンやスープは贅沢品として扱
われており、お店で食べようが持ち帰ろうが価格に相違は発生しなかった。また、
日常的な食べ物であるビスケットやケーキには軽減税率がかけられているが、チ
ョコレートがけビスケットや伝統のアフタヌーンティになると贅沢品として20%
の付加価値税がかけられていた。

　わが国の場合、消費税率が標準税率の10％と軽減税率の8％の複数税率となっ
た。しかし、この軽減税率によって日々の生活において幅広い消費者が購入する
飲食料品や新聞（定期購読契約された週2回以上発行されるもの）に係る消費税率が8％
のまま据え置かれたことから、家計への影響はある程度は緩和されることとなっ
た。

　軽減税率の対象品目である飲食料品の範囲を見てみると、テイクアウト・宅配
等は軽減税率の対象となる一方で、外食は標準税率の対象。また、有料老人ホー
ムでの飲食料品の提供や学校給食などは軽減税率の対象になるのに対し、ケータ
リング・出張料理等は標準税率の対象となる。

　消費税率の引上げに伴い、少子化対策のひとつでもある幼児教育・保育の無償
化や高等教育の無償化などが行われる一方で、育児に関わるオムツや絵本、おも
ちゃや育児用品、学校で必要になる文房具などは軽減税率の対象とはなっておら
ず標準税率がかけられている。少子化対策をもっと踏み込んで行うのであれば、
それらは8％の軽減税率の対象としても良かったのではないだろうか。もっと言
及するのであれば、イギリスのように飲食料品や文房具・本などは0％でもよか
ったのではないだろうか。

　今後の社会保障制度のあり方や税制度を考えたとき、国民負担率、消費税率、
軽減税率はどうあるべきなのであろうか。

策を確立することが、国民に安心感を与えることととなる。国民の信頼、特に
税や保険料負担層の信頼を失うならば、社会保険・社会保障は存在し得ない
のである。また、負担が増えても、将来に向け社会保障の安定、生活保障の
展望があれば、安定した生活設計が可能となり、国民は消費を増やすと考え
られ、増税でも景気が上向く、**非ケインズ効果**が作用すると考えられる[3]。
このままでは、かつて国家の危機を救った社会保険・社会保障により、逆に
国家・社会の危機をもたらすことにもなりかねない。

そこで政府は、社会保障の充実・安定化とそのための安定財源確保と財源健全化の同時達成を目指した「社会保障・税一体改革成案」を提出し、2011年7月1日に閣議報告がなされた後、さまざまな議論を経た上で2012年2月17日に「社会保障・税一体改革大綱」が定められた[4]。

　その内容は、「中規模・高機能な社会保障」を目標とし、①国民相互の共助・連帯の仕組みを基本としつつ、②給付の確実性と負担の最適化を図り、③世代間のみならず世代内での公平を重視しながら、④社会保障改革と経済成長との好循環を実現し、⑤地域や個人のさまざまなニーズに的確に対応が図られるよう制度全般にわたる改革を行うこと、とされていた。

　2012年8月、民主党・自民党・公明党の3党合意を経て、社会保障制度改革推進法および税制抜本改革法が成立。さらに、子ども・子育て関連3法と年金関連4法が成立することにより、消費税収全額が社会保障の財源とされるとともに、国民年金国庫負担割合が2分の1へと引き上げられることとなった。

　次いで、2013年12月に社会保障制度改革プログラム法（持続可能な社会保障制度の確立を図るための改革の推進に関する法律）が成立し、これらの流れを受け、2014年の通常国会では医療介護総合確保推進法（地域における医療及び介護の総合的な確保の促進に関する法律）が成立、さらに2015年の通常国会において医療保険制度改革関連法（持続可能な医療保険制度を構築するための国民健康保険法等の一部を改正する法律）が成立することにより、少子化対策・医療・介護・年金の社会保障4分野すべての法改正が行われた。

　この一連の法改正を踏まえ、内閣に設置された社会保障制度改革推進会議では、さらなる検討課題として、①人口の「高齢化」に対する社会保障、②「経済と財政」と両立する社会保障、③「地域に相応しいサービス提供体制の構築」や「地域づくり・まちづくり」に資する社会保障、④「女性や高齢

3　石田（2010、p. 29）。非ケインズ効果とは、不況時に政府による財政支出の削減や増税をすることで景気やGDPにプラスの影響を与える現象のこと。不況時は財政支出や減税により有効需要を補うべきと主張したケインズ理論と逆の効果。

4　成案の取りまとめから大綱決定がなされるまでの経緯については前章3および『厚生労働白書（平成24年版）』pp. 292-293などを参考にされたい。

者の活躍」や「様々な働き方」と調和する社会保障、⑤きめ細やかな「セーフティネット機能」を発揮する社会保障、⑥その他「制度横断的」の6つの課題が提示され、今後、団塊の世代が後期高齢者となる2025年を見据えたさらなる制度改革が行われていくこととなった[5]。

　この**社会保障・税の一体改革**においては、消費税率の引上げに伴う増収分を全額社会保障財源に充てることとされ、消費税が10％に引き上げられた際には4％程度を社会保障の安定化、1％程度を社会保障の充実に充てることとなっていた（図表3-5-1）。2017年度においては、消費税率8％への引上げに伴う増収分の8兆2000億円が社会保障の充実・安定化に充てられた。また、これらと同時に給付等の重点化・効率化も進められており、後期

図表3-5-1　消費税5％引上げによる社会保障制度の安定財源確保

○　消費税率（国・地方）を、2014年4月より8％へ、2017年4月より10％へ段階的に引上げ
○　消費税収の使い途は、国分については、これまで高齢者3経費（基礎年金、老人医療、介護）となっていたが、今回、社会保障4経費（年金、医療、介護、子育て）に拡大
○　消費税収は、すべて国民に還元し、官の肥大化には使わない

1％程度

社会保障の充実
+2.8兆円程度

4％程度

社会保障の安定化
+11.2兆円程度

○基礎年金国庫負担割合1/2の恒久化
　3.2兆円程度

○後代への負担のつけ回しの軽減
・高齢化等に伴う自然　7.3兆円程度
　増を含む安定財源が
　確保できていない既存の社会保障費

○消費税率引上げに伴う社会保障4経費の増　0.8兆円程度
・診療報酬、介護報酬、
　子育て支援等についての物価上昇に伴う増

○子ども・子育て支援の充実　0.7兆円程度
−子ども・子育て支援新制度の実施による、幼児教育・保育と地域の子ども・子育て支援の総合的推進・充実、「待機児童解消加速化プラン」の実施など

○医療・介護の充実　1.5兆円程度
−病床の機能分化・連携、在宅医療の推進等、地域包括ケアシステムの構築、医療保険制度の財政基盤の安定化、保険料に係る国民の負担に関する公平の確保、難病、小児慢性特定疾病に係る公平かつ安定的な制度の確立など

○年金制度の改善　0.6兆円程度
−低所得高齢者・障害者等への福祉的給付、受給資格期間の短縮など

出所）『週刊社会保障　社会保障読本（2017年版）』（p.9）をもとに筆者作成。

5　『週刊社会保障　社会保障読本（2015年版）』pp.6-11。

高齢者支援金の全面総報酬制の導入や一定以上所得者の介護保険利用負担の見直しなども行われた。それによって 2017 年度予算においては、4900 億円程度の財政効果が生じており、社会保障の充実の財源に充てられた。

さらに社会保障の充実・強化に関する議論として、待機児童を解消し、子育てと仕事を安心して両立できる社会の実現も課題として採り上げられた。そして 2017 年 6 月 9 日に閣議決定された「経済財政運営と改革の基本方針 2017」には、「幼児教育・保育の早期無償化や待機児童の解消に向け、財政の効率化、税、新たな社会保険方式の活用を含め、安定的な財源確保の進め方を検討し、年内に結論を得、高等教育を含め、社会全体で人材投資を抜本強化するための改革の在り方についても早急に検討を進める」という一文も盛り込まれた。

また、社会保障・税一体改革の議論の一環として検討が進められてきた**マイナンバー制度**が 2015 年 10 月に施行され、2020 年までに本格運用を目指すとされた。

マイナンバー制度により、国民一人ひとりに 12 桁の番号が通知され、行政の効率化、国民の利便性の向上、公平・公正な社会の実現を目指すとされており、さらに、世界最先端の ICT ネットワーク社会を構築するための基盤になるものとしてマイナンバーの利用範囲の拡大等が検討されていた。

2018 年 3 月より年金の資格取得や給付、医療保険の給付請求、雇用保険の資格取得や確認、給付、福祉分野の給付、生活保護など、社会保障に関する行政手続きや、被災地生活再建支援金の支給や被災者台帳の作成事務などの災害対策、税務当局に提出する確定申告書などの税の行政手続きを行うときにマイナンバーが原則必要となる。

さらに、将来に向けてのマイナンバーの利用範囲の拡大が検討されており、預貯金口座への付番や特定健康診断等でのマイナンバーの利用が決定しているほか、戸籍、パスポート、在外邦人の情報管理など公共性の高い業務に順次拡大が検討され、医療等の分野においても、保険者間の健診データの連携、予防接種の履歴の共有がマイナンバー法の改正案に盛り込まれた。

また、個人番号カードとして、健康保険証などの各種カード機能の一元化

や、2017 年から稼働されたマイナポータル[6]を利用活用することにより、年金、医療、介護などの自己情報が確認でき、年金、税金等の手続きがワンストップで可能とはなった。

　ただし、マイナンバー制度は、個人情報・プライバシーの保護の観点などの問題も含まれていることから、マイナンバーと個人情報保護制度を監督する特定個人情報保護委員会が設置され、マイナンバー法（行政手続における特定の個人を識別するための番号の利用等に関する法律）における個人情報保護対策が講じられている。

　しかし、社会保障・税の一体改革で想定されていた予算は、その後の 2017 年 12 月に閣議決定された「新しい経済政策パッケージ」に使途変更され、消費税率 10％ への引上げに伴う 5 兆円強の増収分の半分を、従前からの一体改革の充実メニューと新しい経済政策パッケージで示された幼児教育の無償化、子育て安心プランの前倒しによる待機児童の解消、高等教育の無償化、介護人材の処遇改善等に充て、もう半分は、消費税率引上げに伴う社会保障 4 経費（年金、医療、介護、子育て）の増加と後代への負担のつけ回しの軽減に充てられることとなった。

　そして 2019 年 10 月に消費税が 10％ に引き上げられ、その消費税増収分が 10 兆 3000 億円程度となり、これが全額社会保障の充実と社会保障の安定化に充てられた。まず、社会保障の充実には 2 兆 1700 億円程度が充てられ、子ども・子育て支援の充実、医療介護の充実、年金制度の充実、幼児教育・保育の無償化、待機児童の解消、介護人材の処遇改善などに充てられた。また、社会保障の安定化に向けては、基礎年金国庫負担割合の 2 分の 1 の恒久化のための安定財源として 3 兆 3000 億円程度、消費税引上げに伴う社会保障 4 経費の増加に 4700 億円程度、後代への負担のつけ回しの軽減に 4 兆 4000 億円程度が充てられた。

　消費税率 10％ への引上げにより、団塊の世代が全員 75 歳以上の後期高齢者となる 2025 年を念頭に進められてきた社会保障・税の一体改革は、一応

6　情報提供等記録開示システムのことで、インターネット上で個人情報のやりとりの記録等を確認することができるシステム。

の区切りをみることとなった。

2018年5月に今後の社会保障改革に向けて、高齢者人口がピークを迎える「2040年を見据えた社会保障の将来見通し（議論の素材）」が内閣官房・内閣府・財務省・厚生労働省から示された。そこで2018年10月に「2040年を展望した社会保障・働き方改革本部」が設置された。そのとりまとめによると、2040年を展望すると、高齢者の人口の伸びは落ち着き、現役世代が急減することから、「総就業者数の増加」とともに、「少ない人手でも回る医療・福祉の現場の実現」が必要とされる。

それを受け、国民誰もが、より長く、元気に活躍でき、すべての世代が安心して生活ができる**全世代型社会保障制度**の構築に向けての検討が行われ、2019年9月、「全世代型社会保障検討会議」が設置された。

具体的には、2040年を展望し、誰もがより長く元気に活躍できる社会を実現するために、現役世代の人口急減という新たな局面に対応した政策課題として、①多様な就労・社会参加の環境整備、②健康寿命の延伸、③医療・福祉サービスの改革による生産性の向上が挙げられ、社会保障・税の一体改革から引き続き取り組む政策課題として、④負担と給付の見直し等による社会保障の持続可能性が挙げられている。

また、社会保障の枠内で考えるだけでなく、農業、金融、住宅、健康な食事、創薬にも範囲を拡げ、関連する政策領域との連携の中で新たな展開を図っていくことが掲げられている。

その後2021年に「全世代型社会保障構築会議」が設置され、2022年末に報告書がまとめられた。その報告書には、「全世代型社会保障の基本的な考え方」が掲げられ、「目指すべき社会の将来方向」として、①「少子化・人口減少」の流れを変える、②これからも続く「超高齢社会」に備える、③「地域の支え合い」を強める、といったポイントが掲げられ、将来方向を踏まえた基本理念として、次の5つの理念が掲げられた[7]。①「将来世代」の安心を保障する、②能力に応じて、全世代が支え合う、③個人の幸福とともに、

7　『週刊社会保障　社会保障読本（2023年版）』pp. 6-11、および内閣官房 HP「全世代型社会保障構築会議報告書」pp. 5-7 参照。

社会全体を幸福にする、④制度を支える人材やサービス提供体制を重視する、⑤社会保障のDX（デジタルトランスフォーメーション）に積極的に取り組む、以上である。

　この内容を踏まえた各分野の具体的な取り組みが、「こども・子育て支援の充実」、「働き方に中立的な社会保障制度等の構築」、「医療・介護制度の改革」、「『地域共生社会』の実現」である。ここでは「こども・子育て支援の充実」を取り上げ、検討することとする。

　2023年1月、岸田首相が年頭会見で、こども・子育て支援政策の強化に向けた具体策の検討を進めていくという**異次元の少子化対策**を表明し、この発言を受け、3月末に「こども・子育て政策の強化について（試案）」がとりまとめられた。さらに、4月には**こども家庭庁**が新設されたほか、「こども未来戦略会議」も設置され、6月に「**こども未来戦略方針**」が閣議決定された[8]。

　戦略方針では、①若い世代の所得を増やす、②社会全体の構造・意識を変える、③すべてのこども・子育て世帯を切れ目なく支援する、の3つの基本理念が掲げられ、今後3年間の集中的な取り組み（「加速化プラン」）として、①ライフステージを通じた子育てに係る経済的支援の強化や若い世代の所得向上に向けた取り組み、②すべてのこども・子育て世帯を対象とする支援の拡充、③共働き・共育ての推進、④こども・子育てにやさしい社会づくりのための意識改革、の4つが「加速化プラン」として掲げられ、2023年年末に「こども未来戦略」が策定された。

　今後、「こども未来戦略」に関する議論が深まっていくこととなるが、ここで改めて本書3部3章で考えた収支相等の原則におけるnについて、「次元の異なる少子化対策」を本気で行っていかなければならない時期が到来している。

　「こども・子育て支援の充実」についてみてきたが、現在2040年を見据え、このような政策を通じ、すべての世代が安心して暮らしていける「全世

8　内閣官房HP「こども未来戦略方針」参照。

代型社会保障制度」の構築に向けて、さまざまな改革が模索されているのである。

3 今後の公的年金

[1] 2020 年公的年金制度改正

2020 年 6 月 5 日に公布された年金制度改正法（年金制度の機能強化のための国民年金法等の一部を改正する法律）[9] において、長期化する高齢期の経済基盤の充実を図るため、短時間労働者に対する被用者保険の適用拡大、在職中の年金受給のあり方の見直し、受給開始時期の選択肢の拡大、確定拠出年金の加入可能要件の見直しなどの措置が講じられた。

被用者保険の適用拡大においては、短時間労働者を被用者保険の適用対象とすべき事業所の企業規模要件について、段階的に引き下げることとなっている。2022 年 10 月から企業規模要件を 500 人超から 100 人超へ、さらに 2024 年 10 月からは同じく 50 人超規模の企業への短時間労働者の被用者保険への適用拡大が行われる。

受給開始時期の選択肢の拡大においては、2022 年 4 月より繰下げ支給の上限年齢が 70 歳から 75 歳へと引き上げられ、受給開始時期の選択肢が 60 歳から 75 歳の間に拡大された。

また、2020 年年金制度改正法附則などの検討課題として、被用者保険の適用範囲のほか、基礎年金の水準、保険料免除の検討、繰下げ受給の周知、年金生活者支援給付金の額などの検討すべき事項として盛り込まれている。さらに、老齢基礎年金の算定の基礎となる年齢の上限を 45 年とする基礎年金拠出期間の 45 年への延長についても検討課題として挙げられている[10]。

[2] 全世代型社会保障構築会議「報告書」での公的年金制度の検討課題

2022 年 12 月 16 日にまとめられた全世代型社会保障構築会議での「報告

9　厚生労働省 HP「2020 年改正の施行について」。
10　『週刊社会保障　社会保障読本（2023 年版）』pp. 92–99。

書」では、公的年金制度について働き方に中立的な社会保障制度等の構築に向け、勤労者皆保険の実現に向けた取り組みが検討課題として盛り込まれた[11]。

　具体的には、短時間労働者への被用者保険の適用に関する企業規模要件の撤廃、個人事業所の非適用業種の解消、週労働時間 20 時間未満の短期労働者への適用拡大、フリーランス・ギグワーカーについて、デジタル技術の活用、女性就労や高齢者就労の制約となっている社会保障制度や税制度の見直し、被用者保険適用拡大のさらなる推進に向けた環境整備・広報の充実が課題として取り上げられている。

　また、今後の改革において次期年金制度改正に向けて検討・実施すべき項目として、①短時間労働者への被用者保険の適用拡大（企業規模要件の撤廃など）、②常時 5 人以上を使用する個人事業所の非適用業種の解消、③週所定労働時間 20 時間未満の労働者、常時 5 人未満を使用する個人事業所への被用者保険の適用拡大、④フリーランス・ギグワーカーの社会保険の適用のあり方の整理が検討課題として取り上げられている[12]。

③ 「こども未来戦略方針」で取り上げられた公的年金制度の検討課題

　前節で取り上げた「こども未来戦略方針」の「加速化プラン」①のライフステージを通じた子育てに係る経済的支援の強化や若い世代の所得向上に向けた取り組みにおいて、いわゆる「年収の壁（106 万円/130 万円）」への対応として「年収の壁」を意識せず、働くことが可能となるよう、短時間労働者への被用者保険の適用拡大、最低賃金の引上げについて取り組むこと[13] や「加速化プラン」③の共働き・共育ての推進において、自営業・フリーランス等の育児休暇中の経済的な給付に相当する支援措置として、国民年金の第 1 号被保険者について育児期間に係る保険料免除措置を創設することとし、免除期間や給付水準等の具体的な制度設計の検討を早急に進め、2026 年度までの実施が目指されている[14]。

11　内閣官房 HP「全世代型社会保障構築会議報告書」pp. 13-15 参照。
12　内閣官房 HP「全世代型社会保障構築会議報告書」p. 16 参照。
13　内閣官房 HP「こども未来戦略方針」p. 15 参照。

世界一高額な薬ゾルゲンスマの登場と公的医療保険

2019年5月22日、スイス製薬大手ノバルティス社が販売するCAR-T細胞（キメラ抗原受容体T細胞）を使った免疫治療製剤「キムリア」が日本での公的医療保険の適用となった。その薬価は3349万円である。この薬は、血液がんの「B細胞性急性リンパ芽球性白血病」（約5000人の患者）と「びまん性大細胞型B細胞リンパ腫」（約2万人の患者）が治療の対象で、患者から採取した免疫細胞（T細胞）を遺伝子操作して体内に戻し、がん細胞を攻撃させる薬であり、薬剤の投与は1回で済む。その効果は白血病で約8割、リンパ腫で約5割の患者の症状が大幅に改善した。現在、さらなる研究が進められ、「オプジーボ」と同様に今後適用範囲が拡大される可能性がある。

そんな中、2019年5月24日、FDA（米食品医薬品局）が脊髄性筋萎縮症（SMA）の遺伝子治療薬「ゾルゲンスマ」を承認した。2歳未満のSMAに罹患している子どもに投与が認められたこの薬は、疾患を引き起こしている突然変異の遺伝物質と遺伝子の正しいコピーが入れ替わることにより、1時間の点滴で1回投与すれば希少疾患の治療が終わる薬である。その後は死に至る症状は出ない。FDAで承認されたこの薬の価格を製造元であるノバルティス社は212万5000ドル（約2億3200万円）に設定し、世界一高額な治療薬となった。

FDAは2025年までに年間10〜20件の細胞・遺伝子治療製品の製造を見込んでおり、遺伝子治療の臨床試験は現在、38カ国で約2600件行われている。

ゾルゲンスマは日本でも2020年5月20日から保険適用となり、その価格は1億6707万7222円で、国内最高額の薬となっている。ちなみに乳児期から小児期に発症するSMAの罹患率は10万人当たり1〜2人である。

こうした高額治療薬の開発により完治不能な難病や病気が治る時代に突入した。ここで改めて保険に適しているリスクとはどのようなものなのかを考えてみよう。

保険が最も適しているリスクとは、発生頻度が低く、経済的影響度が高いリスクである。10万人に1〜2人が罹患するというリスクはこれに当てはまり、リスクの分散が図られることとなる。一方、風邪などの発生頻度か高く、経済的影響度が低いリスクはどうであろうか。市販で購入できるような薬は保険適用のままでよいのであろうか。保険適用範囲の拡大・縮小についても考える時期に来ているのではないであろうか。

このように、公的年金制度をめぐる諸問題に対し、検討課題が挙げられ、今後の年金制度が模索されている。

14　「こども未来戦略方針」p. 22参照。

4 今後の医療保険・介護保険制度

1 近年の医療保険制度の動向

前節で社会保障制度に関わる近年の改革や法案を取り上げたが、本節ではそれらの医療や介護に関する内容を掘り下げる。社会保障・税一体改革大綱では、団塊の世代がすべて 75 歳以上になり、最も高齢化が進展すると考えられる「2025 年問題」に対応する日本の医療のあるべき姿として、どこに住んでいても適切な医療・介護サービスを受けられる社会の実現、さらに疾病・介護予防を進め、「治す医療」と尊厳を持って生きるための「支える医療・介護」の双方を実現することを提示していた。

その後の社会保障制度改革プログラム法では 70～74 歳の患者負担を 2 割にすることや、後期高齢者支援金の全面総報酬割の段階的な導入に加え、「地域包括ケアシステム」の構築が提案された。この地域包括ケアシステムとは、「要介護状態となっても、住み慣れた地域で自分らしい暮らしを人生の最後まで続けられるよう、住まい・医療・介護・予防・生活支援を一体的に提供」できるネットワークのことである。それを受け医療介護総合確保推進法では、地域包括ケアシステム構築のため医療と介護の連携強化や、地域における効率的な医療提供体制の確保などが盛り込まれた。

医療保険制度改革関連法では、2016 年度から入院時食事療養費の自己負担額引上げといった既存の負担の増加と同時に、紹介状なしで大病院を受診する場合に、定額の自己負担が必要となる新たな制度も設けられた。この紹介状なく大病院を受診する際の定額自己負担は、フリーアクセスを一定程度制限することになるが、医療サービスの適切な配分のためには必要な策ではある。本来、大病院は重篤な患者が受診する高度な医療機関であるため、軽症な患者が安易に受診すると、本来診察を受けるべき重症な患者がスムーズに治療を受けられなくなる。そのため、紹介状（高度な治療が必要であるという証拠となる）がない患者には、追加的な経済的負担を課すことで、まずは診療所などを受診するよう促すことができる。これに加え、国内未承認薬などを保険外併用療養として使用したい場合に、患者からその使用を申し出るこ

とができる患者申出療養も創設された。また、2018 年度からは国保の都道府県単位化が実施され、都道府県が財政運営の責任主体となり、運営の中心的役割を担い、財政の安定化も図ることとなった。

　以上のような医療保険全体への改革に加え、後期高齢者医療制度関連では、70 歳以上の高額療養費の自己負担上限額について現役並み所得の者には 2018 年 8 月以降は現役世代と同額にするとした。また、一般区分の者は 2018 年 8 月からは外来と入院医療費を合算した自己負担額の上限を 5 万 7600 円とした。

　これらの改革の多くは負担額の引上げが中心となっている。政府は、2019 年 10 月の消費税率引上げで 2025 年を念頭に進められてきた社会保障・税一体改革が完了し、今後は団塊ジュニア世代が高齢者となる 2040 年を見据えた検討を進めることが必要であるとしている。そのため、厚生労働省は 2019 年 2 月に「今後の社会保障改革について―2040 年を見据えて」を出し、今後のさまざまな改革の方向性を示している。その中でも医療と介護の連携は重視されている。

　2023 年 5 月に成立した全世代対応型社会保障制度改正法（全世代対応型の持続可能な社会保障制度を構築するための健康保険法等の一部を改正する法律）では、後期高齢者医療制度に納付される現役世代からの支援金（若年者の保険料）の伸びが著しいことを問題視している。そこで、後期高齢者の医療給付費を後期高齢者と現役世代で公平に支え合うため、後期高齢者の負担率の設定方法について、後期高齢者 1 人当たりの保険料と現役世代の後期高齢者支援金の伸び率が同じになるように見直すことが決定した。この手法は介護保険と同様のものである。この法律でも、医療と介護の連携および提供体制等の基盤強化が掲げられており、10 年以上にわたって医療と介護の連携に関する整備が行われている。

② 近年の介護保険の動向

　日本の高齢化はこれからも進展するため、介護に関しても今後さまざまな課題も生まれてくると予想される。高齢化とともに、一人暮らしの高齢者や

認知症高齢者が増加することに伴い、老老介護（高齢者同士の介護）や認認介護（認知症患者同士の介護）も問題となる。そのため、「医療介護総合確保推進法」では、2013年度から開始されたオレンジプラン（認知症施策推進5か年計画）のさらなる推進を行い、認知症の早期診断・対応・相談などを進めることが示された。その後、2015年に新オレンジプラン（認知症施策推進総合戦略—認知症高齢者等にやさしい地域づくりに向けて）を策定、続いて2019年には「認知症施策推進大綱」が策定され、認知症の発症を遅らせ、認知症になっても希望を持って日常生活を過ごせる社会を目指し、認知症の人や家族の視点を重視しながら「共生」と「予防」を軸とした施策の推進が掲げられた。

　また、今以上に介護従事者が不足することを想定し、介護従事者の処遇改善を行い、介護職に従事する人を増やすことも進められている。2009年および2015年の介護報酬改定では介護従事者の処遇改善が行われ、給与の引上げも行われているが、介護従事者の大幅な不足は2023年になっても続いており、解消の目処はたっていない。

　高齢化が進展していく中で、事後的な介護サービスの重要性もさることながら、軽度の要介護者の悪化予防や改善を重視していく姿勢も忘れてはならない。そのためにも予防給付に力を入れ、住み慣れた地域での在宅介護ができるようにしていく必要もある。それらを踏まえ社会保障制度改革プログラム法や医療介護総合確保推進法では、医療・介護・予防・住まい・生活支援サービスを連携させた切れ目のない包括的な支援を行う「地域包括ケアシステム」の構築・整備が必要とされたが、順調に進んでいるとは言い難い状況にある。

　また、費用負担については、低所得者では保険料の負担軽減割合を拡大したが、2015年8月から一定以上所得者（単身世帯なら年280万円以上など）の利用者負担は1割から2割へと引き上げられ、応能負担の要素が取り入れられた。さらに2018年8月からは、特に所得の高い現役並み所得の者（単身世帯で年340万円以上）は3割負担となった。

　2025年には団塊の世代がすべて75歳以上になるが、こうした世代は質の高い介護サービスのニーズも予想されるため、より広い視点からの給付内容

やサービス供給体制などの改正を念頭に介護サービスを充実させる必要がある。これを実現していくためにも、先述した「地域包括ケアシステムの強化」が進められている。このシステムで重要となる医療と介護の連携については次項で述べる。

3 医療と介護の連携と 2040 年を見据えた改革

高齢者にとって、医療と介護には密接な関連があり、その境界もあいまいな点がある。高齢者が住み慣れた地域での生活を継続できるようにするには、医療と介護の連携を強化し、切れ目のないサービス提供を行い、地域包括ケアシステムの構築を進める必要がある。

医療保険制度改革関連法により、2016 年度から後期高齢者医療広域連合は、高齢者の心身の特性に応じ、保健指導を行うように努めなければならないことが明確にされ、介護保険を実施する保険者である市町村や他の医療保険者と連携をとることが規定された。

2018 年度の介護保険法改正により、費用負担や財政面での改革だけでなく、「介護医療院」の創設が決定した。これは介護療養病床の廃止に伴い創設されるもので、6 年間の移行期間が設けられた[15]。この施設は、医療的な機能を維持しつつ生活施設も兼ね備えた介護保険施設（医療法上では医療提供施設）である。これらは表面的には時代の逆行にみえるが、新たな時代の要請に従った改革といえる。

また、「共生型サービス」を創設し、障害福祉サービスの事業所でも介護保険の給付が行えるようになった。これはホームヘルプサービス・デイサービス・ショートステイを「共生型サービス」とし、障害者や高齢者といった垣根をなくし困難を抱える人を一体的に支えることを目指したものである。

これらの改正は、2017 年の介護保険法改正にある「介護保険制度の維持可能性を高め、地域包括ケアシステムの強化を図る」こととも関連している。介護医療院については地域包括ケアシステムのうち、医療・介護・生活支

15　介護療養病床の廃止は 2006 年に決定し、2011 年までに廃止することが定められていたが、思うように進まず、2024 年 3 月までの移行期間が設定された。

援・住まいの機能を持った施設となっており、住み慣れた地域での、長期療養を可能とするサービスが提供可能となる。共生型サービスの創設により、従来の障害福祉事業所の利用者は65歳を過ぎると介護保険事業所に移らないといけなかったのだが、障害福祉事業所でも介護保険サービスを提供できる事業所としての指定を受けられるようになるため、障害福祉事業所の利用者も馴染みのある施設で引き続きサービスを受けやすくなる。

　今後地域包括ケアシステムを進めていくためには、物理的な面での医療と介護の連携だけでなく、医療と介護の間での情報共有も重要となる。異なる組織間の情報共有がスムーズにいくと、さらに連携が深まっていくであろう。この点は、2023年の「全世代対応型社会保障制度改正法」で、医療保険者と介護保険者が、被保険者等の医療介護情報の収集提供を一体的に実施することや、医療法人や介護事業者に経営情報の報告義務を課し、データベース整備することが示されている。これらを元に医療保険者と介護保険者が、被保険者に関わる医療や介護の情報収集・提供を一体的に実施することとしている[16]。地域包括ケアは高齢者に限定せず、その地域に暮らす住民誰もがその人の状況に合った支援を受けられる、新しい地域包括支援体制を構築していくことも想定されている[17]。

　2018年度は診療報酬と介護報酬が同時改定された。診療報酬については、2025年を見据えて地域包括ケアシステムの構築と推進、医療と介護の連携強化と効率的なサービス提供体制の構築、急性期から回復期・慢性期・在宅医療までの医療機能分化・連携の推進、オンライン診療などの活用による効率的な医療・介護の提供といった面が強化された。

　2021年度の介護報酬改定では、感染症や災害への対応力強化（新型コロナウイルスの影響）、地域包括ケアシステムの推進、自立支援・重度化防止の取り組みの推進、介護人材の確保・介護現場の革新、制度の安定性・持続可能性の確保、の5つの視点を踏まえ0.70％のプラス改定（その内0.05％は新型コロナウイルス対応のための特例措置で、2021年9月末まで）となった[18]。その中の

16　尾形（2023）p.11参照。
17　二木（2017）pp.21-32参照。

地域包括ケアシステムの推進では、限界集落といわれる山間地域、都市部、離島などの地域の実情に応じたサービスの確保が指摘された。そのためにも地域包括ケアシステムの構築が、準備すべき最重要の課題といえるであろう。しかし、地域包括ケアシステムには難しい問題もある。それは 2040 年以降、医療と介護の需要が減少していくということである。介護と医療の需要は団塊の世代や団塊ジュニア世代が高齢者となる 2040 年までは不足するが、そのあとは高齢者が減るため、今病院や介護施設を大量につくると 20 年後には余る事態となることが考えられる。そのため大量に施設をつくったり、医師や看護師を増やしたりすることは難しい[19]。こうした人口の変化も踏まえて社会でどう対応するのかも考えていかねばならない。

　しかし、現在不足している介護人材の確保は喫緊の課題である。2022 年 10 月以降、介護職員 1 人当たり月 9000 円の処遇改善策がとられた。さらに 2024 年 2 月から 5 月を対象に、介護職員の処遇改善支援補助金が実施され、月 6000 円の賃上げが行われている。同年 6 月以降も新たな処遇改善加算を設けられ、この賃上げは継続されるが、不足する介護人材の確保をするのに十分な効果があるとは考えにくい。2024 年には介護報酬と診療報酬の同時改定が行われたが、今後も分野横断的な議論を進め、人材確保策を考案する必要があろう。

　先述したように、政府としては 2025 年までの改革は完了し、今後は 2040 年に向けた改革を行っていくことになる。「今後の社会保障改革について―2040 年を見据えて」では、2040 年は現役世代の減少が最大の課題となり、高齢者の若返りがみられることで就業率も上昇すると予測されており、国民誰もがより長く元気に活躍できるような社会づくりを目指している。

　これからピークを迎えるであろう、医療と介護の需要に対して、わが国がどのように対応すべきなのか、さらに 2040 年以降の需要が下降し始める時代も踏まえ、医療や介護の提供体制から根本的に考えていく必要があるのではないだろうか。

---

18 『週刊社会保障　社会保障読本（2023 年版）』p. 81 参照。
19 『週刊社会保障　社会保障読本（2019 年版）』p. 81 参照。

1 社会保障の基礎理念と社会保険の機能について答えなさい。
2 持続可能な社会保障・社会保険に必要とされることを答えなさい。
3 マイナンバー制度の課題と利用範囲拡大について自分なりの考えを述べなさい。
4 公的年金・医療・介護保険の今後の展望を述べなさい。

●引用・参考文献

石田重森著（2006）『改革期の社会保障』法研

石田重森（2010）「社会保障の潜在的窮状化」『週刊社会保障』第 64 巻 2567 号、法研、pp. 28-29

伊藤豪（2009）「公的医療保険の保険理論」『保険学雑誌』第 606 号、日本保険学会、pp. 173-190

尾形裕也（2023）「全世代対応型社会保障制度改正法に関する考察」『健康保険』第 77 巻 7 号 pp. 6〜13　健康保険組合連合会

権丈善一著（2009）『社会保障の政策転換』慶應義塾大学出版会

厚生統計協会『保険と年金の動向（2016／2017 年版）』

厚生統計協会『保険と年金の動向（2022／2023 年版）』

厚生労働省『厚生労働白書（平成 30 年版）資料編』

厚生労働省『厚生労働白書（令和 5 年版）資料編』

国立社会保障・人口問題研究所編（2009）『社会保障財源の制度分析』東京大学出版会

国立社会保障・人口問題研究所編（2009）『社会保障財源の効果分析』東京大学出版会

『週刊社会保障　社会保障読本（2015 年版）』第 69 巻第 2843 号、法研

『週刊社会保障　社会保障読本（2017 年版）』第 71 巻第 2936 号、法研

『週刊社会保障　社会保障読本（2019 年版）』第 73 巻第 3034 号、法研

『週刊社会保障　社会保障読本（2023 年版）』第 77 巻第 3231 号、法研

中垣昇他編著（1995）『最新経営会計事典』八千代出版

二木立（2017）『地域包括ケアと福祉改革』勁草書房

西村周三・井野節子編著（2009）『社会保障を日本一わかりやすく考える』PHP

宮島洋・西村周三・京極高宣編（2009）『社会保障と経済 1 企業と労働』東京大学出版会

宮島洋・西村周三・京極高宣編（2010）『社会保障と経済 2 財政と所得保障』東京大学出版会

厚生労働省（2012）「社会保障・税一体改革で目指す将来像」（https：//www.mhlw.

go.jp/seisakunitsuite/bunya/hokabunya/shakaihoshou/dl/shouraizou_120106. pdf)

厚生労働省「年金制度の機能強化ための国民年金法等の一部を改正する法律の 概要（https : //www.mhlw.go.jp/stf/seisakunitsuite/bunya/0000147284_00006. html)

厚生労働省（2019）「今後の社会保障改革について―2040 年を見据えて」（https : //www.mhlw.go.jp/content/12601000/000474989.pdf)

厚生労働省「2020 年改正の施行について」（https : //www.mhlw.go.jp/content/ 12500000/000718593.pdf)

こども家庭庁「子ども・子育て支援制度」（https : //www.cfa.go.jp/policies/ kokoseido/）

財務省（2023a)「国民負担率の国際比較」（https : //www.mof.go.jp/policy/budget /topics/futanritsu/sy202302b.pdf)

財務省（2023b)「付加価値税率（標準税率及び食料品に対する適用税率）の国 際比較」（https : //www.mof.go.jp/tax_policy/summary/consumption/102.pdf)

内閣官房（2022)「全世代型社会保障構築会議報告書―全世代で支え合い、人口 減少・超高齢社会の課題を克服する」（https : //www.cas.go.jp/jp/seisaku/ zensedai_shakaihosho_kochiku/dai5/bessi.pdf)

内閣官房（2023)「こども未来戦略方針―次元の異なる少子化対策の実現のため の『こども未来戦略』の策定に向けて」（https : //www.cas.go.jp/jp/seisaku/ kodomo_mirai/pdf/kakugikettei_20230613.pdf)

あとがき——「新訂版」上梓にあたって

　『読みながら考える保険論［増補改訂第4版］』を上梓して4年が経過した。今まではほぼ2年おきに増補改訂を行ってきたにも関わらず、今回は4年も経過し、しかも［増補改訂第5版］ではなく、［新訂版］とさせていただいた。その理由は編者であり私（田畑康人）の無二の親友であった岡村国和氏が、肺がんのため2021年4月下旬に彼岸の人となってしまったからである。そのためⅡ部「経済社会と保険経営」の改訂執筆が不可能となってしまった。

　しかし執筆者一同はなんとかⅡ部を含めた「第5版」に近いものを上梓したいと考えた。それで岡村氏の教え子でもあった根本篤司氏に原稿を依頼したが、「荷が重すぎて不可能」の様子に、本書では保険経営および損害保険論等の部分の執筆を断念せざるを得なかった。しかも根本氏が執筆者に加わってもらうこと自体も不可能になってしまった。それでも残された伊藤豪、田畑雄紀の二人は何とか「第5版」に類するものを世に送り出したいと考えた。なぜならば、この間の政治、経済、社会そして自然環境の変化、ITの想像を絶する発展や、予想だにしなかった国際紛争の激化を含む世界の変動があまりにも大きかったからである。入門書といえども、時代や環境の変化、あるいは保険とその関連分野の変化をできる限りカバーすることは不可欠であろう。

　第2版の改訂時に最も大きな衝撃を与えたのは、東日本大震災とそれに続いた福島第一原子力発電所の爆発と放射能漏れという大惨事であった。ここからの完全復興はいまだなされていない。ここではあえて詳細には触れないが、第4版を上梓するころも時代を取り巻く環境変化も大きかった。そして「新訂版」上梓を前にして現代を象徴するキーワードを思いつくままに挙げてみれば、「地球温暖化」とそれに伴う「異常気象」や「自然災害の増加」、「南海トラフ巨大地震」など巨大地震の可能性、「少子高齢化」による「人口減少時代」の到来と「2025年問題」や「2040年問題」、世界的な「ポピュリズム（大衆迎合主義）の台頭」と「格差拡大」、ウクライナへのロシア侵略、

「情報通信技術（ICT）」の加速的発展に伴う「AI」「IoT」利用拡大とChatGPTに代表される人工知能「生成AI」の驚異的な発展、イスラエルとガザ地区の紛争激化などがあり、その変化の多様性と重大性には枚挙に暇がないほどである。しかし「保険は知識と情報とアイデアからなる産業である」といわれる。そうであるならば、保険の各種の限界を考慮しようとも、保険の未来には大きな可能性があると信じたい。

なお、新訂版上梓の年に当たって、絶対に忘れられないことは1月1日16時10分ごろに発生した最大震度7の能登半島地震である。その被害の甚大さは今もなお（1月末現在）その詳細がつかめないほどである。この地震によって犠牲になられた方々に衷心より哀悼の念を捧げるとともに、多くの被災者の皆様が1日も早く元の生活に戻れるよう心の底から祈らずにはいられない。

また、本書の執筆者は伊藤豪と田畑雄紀の二人になってしまい、監修を田畑康人が担当したが、多くの部分が削除され、片肺飛行のような入門書になってしまったことを正直に打ち明けねばならない。しかし、締め切り厳守の中で二人はぎりぎりまで努力した。特に2部や3部全体の加筆修正、データの差し替え等にも努力を費やした。それによってどれほど成果を上げたのか、その判断は本書を読みながら考えて下さった読者諸賢に委ねたい。

2024年2月下旬
「春一番」の便りを聞き、能登半島地震の被災者の皆様に思いを寄せながら

田 畑 康 人

索　引

●監修者紹介●

田畑康人（たばた・やすひと）

執筆担当　1部1章〜4章・6章・7章、2部1章・2章・4章
最終学歴　1980年、慶應義塾大学大学院商学研究科博士課程単位取得満期退学
現　　在　愛知学院大学名誉教授
主要著書
『人口減少時代の保険業』（共編著）慶應義塾大学出版会、2011年
『保険学のフロンティア』（共著）慶應義塾大学出版会、2008年
『商学への招待』（共著）ユニテ、2006年
『現代保険学の諸相』（共著）成文堂、2005年
『キーワード解説保険・年金・ファイナンス』（共著）東洋経済新報社、2004年
『保険の産業分水嶺』（共著）千倉書房、2002年

●執筆者紹介●

伊藤　豪（いとう・たけし）

執筆担当　1部5章、2部、3部2章・3章・5章1〜3
最終学歴　2004年、福岡大学大学院商学研究科博士課程後期単位取得満期退学
現　　在　福岡大学商学部准教授
主要著書・論文
『人口減少時代の保険業』（共著）慶應義塾大学出版会、2011年
「日本におけるインシュアテックと公的医療保険」『保険学雑誌』第648号、2020年、
pp.53-68

田畑雄紀（たばた・ゆうき）

執筆担当：1部1章〜4章・6章・7章、3部1章・4章・5章4
最終学歴　2011年、関西大学大学院経済学研究科博士課程後期課程修了、博士（経済学）
現　　在　山口大学経済学部准教授
主要著書・論文
『東アジアの医療福祉制度—持続可能性を探る—』（共著）中央経済社、2018年
「イギリスの予防接種政策および患者の権利と責任」『健保連海外医療保障』第132号、
2023年、pp.36-52

＊重なっている担当箇所は共著である

読みながら考える保険論 [新訂版]

2010 年 7 月 8 日　第 1 版 1 刷発行
2024 年 4 月 5 日　新訂版 1 刷発行

監修者—田　畑　康　人
発行者—森　口　恵美子
印刷所—壮 光 舎 印 刷 ㈱
製本所—㈱ グ リ ー ン
発行所—八千代出版株式会社
　　　　〒101
　　　　-0061　東京都千代田区神田三崎町 2-2-13
　　　　TEL　　03-3262-0420
　　　　FAX　　03-3237-0723
　　　　振替　　00190-4-168060

＊定価はカバーに表示してあります。
＊落丁・乱丁本はお取替えいたします。
ISBN978-4-8429-1864-8